# 戦時・占領期における映像の生成と反復

# 戦時・占領期における映像の生成と反復

## ――メディアの生み出す社会的記憶――

原田健一著

知泉書館

# はじめに

## ――生成・反復する戦時・占領の記憶と映像――

端緒は、岡田桑三というプロデューサーの研究から始まっている。岡田桑三は戦前、映画俳優・山内光として活躍する一方で、コミュニズムの運動に深く関わりつつ、木村伊兵衛、原弘などとともに揺籃期の写真、グラフィズムの世界に関わり、戦時中はプロパガンダ誌『FRONT』を刊行した。そして、戦後は東京シネマ社を設立し科学映画の確立に寄与し、プロデューサーとして世界的に活躍した。ところで、私が岡田桑三の仕事に興味をもったのは、共産主義運動に関わりをもつ一方で、戦時のプロパガンダに関わる振幅の大きさであり、同時に、その仕事の姿は映画俳優、グラフィズム、科学映画と変転しつつも、その仕事のスタンスを変えない一貫性にあった。岡田桑三とその仲間たちは、戦前・戦時・戦後を通して形を変えつつも、執拗に同じ歌を何度も変奏しながら「反復」し繰り返しているかのように、私は感じたのだった。しかし、その反復性を説明しようとすると、何か難しさがともなう。多分、それはあの時代を生きた人びとの通奏低音としてあったものであり、彼らが映像メディアのプレイヤーとして表現しようとするとき、否応なく現れる。

当時のメモを見ると、調査は一九九四年に岡田桑三の子息・岡田一男と会うところから始まっている。岡田一男は優れた映像制作者であるのだが、私と初めて会ったとき、「一九八九年のベルリンの壁の崩壊、さらには一九九一年のソビエト連邦の消滅によって、イデオロギーのとばりが取り除かれたとき、岡田桑三が代表する人びとの姿もまた違った姿をもって現れるだろ。多分、父・岡田桑三のことも客観的に論じる時期にきたのかもしれない」と述べた。確かに、この時期、時を同じくして、一九九〇年代から戦時の総力戦の体制が現代・戦後社会の原型を形づくものであったとする山之内靖らによる『総力戦と現代化』（山之内他 1995）、野口悠紀夫による『一九四〇年体制』（野口 [1995] 2010）などの議論があらわれ、戦後社会そのものを問い、さらには捉え直す必要があることが、問題提起されたのだった。私はそうした研究に親近感を感じていたことは間違いないし、影響のもとにあったといえる。

ところで、岡田桑三の仕事をまとめた『岡田桑三 映像の世紀――グラフィズム・プロパガンダ・科学映画』（原田・川崎 2002）は、プロデューサー論として人脈を中心にし、人間関係の社会的、文化的意味や配置が議論され問題とされているのだが、彼らが表現した内容が戦時・占領・戦後のなかで姿形を変えつつも繰り返される反復性が、どう顕れ、また、消えたのかについて十分に議論していなかったように思う。

江藤淳は戦時・占領期の文学を問題にした『昭和の文人』において、「昭和」の持続性と断続性を明らかにするために、福沢諭吉が一八七五（明治七）年に刊行した『文明論之概略緒言』で、江戸から明治へと移った現実について「一身にして二生を経るが如く一人にして両身あるが如し」（江藤 1989b, 12）とした言葉をあげている。江藤は昭和の六〇年という長い期間を通して、明治初期と同じような現実があり、多くの文人がそうした共通する経験をしてきたとする。つまり、そこには自ら戦争をし、占領され、敗者として戦争前のあり方を否定するかのごとき姿になることで生き延び、そして文学を展開するという共通の経験があるとし、書かれた小説においてそれをどう、文学者は表現してきたかと問うている。

しかし、それは文学者に限ったことではない。福永文夫は『日本占領史 1945-1952』（福永 2014）において、中国青島の陸軍病院で敗戦を迎えた、その後、落語家になるある傷病兵のことを語っている。彼が佐世保に着いたときこう考えたというのだ。

「一人の兵隊が短くなった煙草を捨てた。すると五十年輩のキチンとした服装の人が、つかつかとそばに寄ってきて、その煙草を拾って吸った。私はがくぜんとした。戦争に負けるということは、人間をこんなにいやしくするのだろうか。（略）日本は今後どうなるのだろう……と考えた。日本に外国の娯楽を与え、日本人をホネぬきにするのかナ……と考えた。そんなことをいっている人もいたのだ。地名も建物もみんな英語にかきかえ、日本語も奪い去るのだろうか……とも思った。（略）「好きな落語家になろうか」とも考えたが、日本語のなくなるはずの日本で、しかも〝八ッつぁん熊さん〟の出る古い落語など、とても通用しないだろう……。（略）〝だが待てよ〟と考え直した。日本軍に占領されていた中国で、中国の人は全部中国服を着て中国語で話していたではないか。民族の誇りなど、そうたやすくなるものではないだろう。アメリカが日本にはいってきて日本人に英語を押しつけても、日本人は逆に日本語に愛着を持つにちがいない――。そうなれば落語など、かえって盛んになるかもしれない。」（春風亭 [1969] 2005, 317-319）

ここには敗戦のなか、生き抜こうとする庶民的なリアリズムがある。そして、そのリアリズムの底には占領者としての経験があり、それが被占領者になったときの生き方、立ち振る舞いを生み出している。当たり前のことであるが、占領は二重化されることで、庶民のリアリズムが生み出される。

今日、日本において、帝国主義を支持するものはいない。しかし、戦前において帝国主義は肯定されるべきものとしてあった。そこに東アジアの涯に位置する国家の近代化の現実があった。そこには戦争があり、また、占領されないために、自ら占領することを選んだ国家、あるいは国民化された人びとがいた。日本における映像メディアの近代は、そうした現実の構造を基盤とする。昭和の時代とは、映画人、写真家に限らず多くの映像に携わる人びとが、戦争し占領することを経験し、そして敗者となり自らが占領されることを共時的に通過し、その現実を映像で記録するものであった。敗戦後の占領の記録は初めてではなく二度目であり、その意味で占領の記憶は二重化されているだけでなく、二度目は自らの立場が替わったことが記憶されるものであった。残された記録（映像）から人びとがどういう記憶をもっているかをたどることは、既視感のように二重化された記憶を、その生きてきた痕跡を浮かび上がらせる。忘れてはならない矛盾が記憶にはあるのだが、その意味でも、失ってはならないのは、映像が保持する記録ではなく映像が創発する記憶なのである。

これまで、戦時におけるメディア研究は、制度、あるいは社会システムの側面からのものが大半を占める。しかし、本書はそうした側面より、なにより表現の位相において、総力戦の矛盾したあり方が、どう顕現したのかを明らかにしたい。総力戦論の成果をもとに敷衍すれば、(1) 帝国主義、あるいはファシズム下における民主主義（デモクラシー）と都市化、さらにはメディアの普及という矛盾した構造そのもののが社会的抗争の場を形成しており、そうした状況のなかで、写真、映画などの表現はどう複層化した意味を創発し映像となり、社会へと顕現したのか、あるいはまた、その映像はどう受容されたのかを明らかにする必要があるのだ。

大きく現実と表現との関係を考えた時、表現は日常におけるさまざまな現実、生活の堆積から生み出されると同時に、表現されたものは現実から離陸し、ある一定の自律性をもつ。やっかいなのは、近代になり、さまざまなメディアが展開し、各メディアが時に競合し、時に参照しあいながら、社会環境そのものを形成していったことによる。つまり、メディアの表現領域は、メディアの普及とともに拡大し、活発化し、現実の世界へと食いこんでいく。表現者はこうしたメディアの大きな波のうねりの波頭に乗るサーファーのようであり、時に、時代を先導する水先案内人のようであり、象徴的な行為者であるかにみえる。もちろん、それはメディアが生み出した幻想にすぎないといえるのだが。

本書の方法的な規準は、既に『映像社会学の展開　第二版』（原田 2012）で示している。映像表現を捉えるのに、日常生活の現実から表現領域を見返すことでその社会的意味作用を明らかにし、表現が現実に対し直立し、現実そのものを相対化しようとする機能を明確しようとすることは変わらない。

もう少し具体的、論争的に書けば、映像の表現をめぐって、現実と映画とのあり方について、占領期、北村洋（北村 2014）は映画から現実（社会）を捉えている。本書と逆の立場であるが、そのことは立場や方法論上の問題を越え、見えてくる戦争、あるいは占領というものの風景を大きく変えることになる。ここでは目に見える文化再建ではなく、目に見えない社会的記憶が主題化される。

本書の第Ⅰ部と第Ⅱ部では、表現者である送り手固有の問題を分析する。具体的には、第Ⅰ部では岡田桑三の生涯の盟友であった木村伊兵衛が、自らの写真表現の領域になぜプロパガンダを持ち込んだのかその過程をたどってみる。第Ⅱ部では、映画において日本でもっとも近代的な製作会社として設立された東宝の山本嘉次郎、黒澤明、今井正の映画を、戦前・戦時・戦後の長い期間のなかで、どう戦争の記憶が揺り動かされ映像が紡ぎ出されたのかを議論する。第Ⅲ部と第Ⅳ部では、映像メディアそのものとその表現を受け取る側が、どういった社会的位置にあったかを分析する。第Ⅲ部ではプランゲ文庫の占領期の資料をもとに、戦時から占領における映画というメディアが置かれていた社会的文脈を明らかにする。また、第Ⅳ部では、占領軍による日本人の「再教育・

再方向付け」としての民主主義の普及としてのＣＩＥ映画の実態を、占領期における映像空間のあり方から、さらには地域社会の局面から明らかにする。

映像メディアの持続と断絶は、戦時・占領・戦後の日本社会の持続と断絶を基盤とし、時に反映し、時に逸らされ表現の領域へと架橋する。個々の論考はそうした表現の微細な過程を克明に実証的に迫ろうとするものであり、映像メディアが生み出す社会的記憶の深奥へと至ろうとするものとして構想された。

注

（1）一九九〇年代に総力戦論は多くの批判を受けつつ、現在においても展開しつつある。特に本書で総力戦論が提起した問題について述べることはしないが、歴史学では雨宮昭一（雨宮 1997）、高岡裕之（高岡 2011）、中村元（中村 2018）、メディア研究では佐藤卓己（佐藤卓 2018）、吉見俊哉（吉見 2016）などの諸研究から多くを得ているだけでなく、批判的に展開している。

# 目次

## 第Ⅳ部　新しい現実と古い現実――占領期における映像空間

# 戦時・占領期における映像の生成と反復

## ――メディアの生み出す社会的記憶――

# 第Ⅰ部　写真家の誕生と戦時・占領

色川大吉は木村伊兵衛について、「大正十四年に生まれ、昭和の時代を「自分史」として生きてきた私のような人間には、木村伊兵衛の作品は「自分史」と「民衆史」との接点を示してくれたもののように思える」（色川 1984, 192）と評価しつつ、木村の写真集『王道楽土』（一九四三年）に触れ、この書名が「日本帝国主義による「満州国」建国讃美の書名であり、それを正面から批判するような作品を収めていない」とし、「同じころ、亀井文夫は『戦ふ兵隊』や『上海』のような痛烈な写真（映画）を撮っていた」とし、「植民地満州で中国人や「満人」への扱いのむごさに彼（木村）は気づかなかったのだろうか」と問うている。色川はこうした写真の政治性について木村が答えることがなかったことを捉え、「その沈黙によって彼のリアリズムの質が問われている」（色川 1984, 190）とした。こうしたもっともな問いは、通常、戦争責任として「一般化」される。しかし、それは多分、適切ではない。そうした一般化こそが戦後固有の問題形成のあり方を表している。色川の問いは、違った文脈で問われなければならない。

ここで、問題を違った観点から捉えてみよう。現在、映像はその記録性によって、人びとの記憶の外部装置として機能している。それは現実を写し、また、写されたときから変わらないことで過去のある時点として参照される。記録は通時的な構造のなかで蓄積される。不変であることに価値があるのだ。映像が色川の言う「自分史」と「民衆史」の接点となるのは、そうした残された膨大な量の映像の記録性が「自分史」と「民衆史」の接点を担保していることによる。しかしながら、一方で、映像の記録には必ずなんらかの偏りがある。映像を写すものは、カメラという器械を通して、つまりはフレームという枠で現実のある瞬間を切り取る。さらに、新聞、雑誌、あるいは映画というマス・コミュニケーションにおいては、そうした映像は選択され、さらには編集によって加工され、どういった人びとに見せるか想定することで公開される。こうした過程には、メディアがもつ機械的システム的な編制があるだけでなく、経済的な市場による統制も加わる。そして、そうした構造のもと伝達される映像（情報）は政治的文脈によって規制され、また、写されたものへの道徳的倫理的な規範といったものも加上される。

しかし、こうした映像メディアの複雑で複層的な構造は、最初から実体化していたわけではない。営業写真師として写真を始めた木村伊兵衛が、太田英茂との出会いから花王石鹸の広告写真を始め、さらには名取洋之助などとの関係から報道写真へと、写真のもつ記録性とその表現の可能性を、写真の領域を切り広げていった過程は、そのまま、日本における映像メディアが普及する過程と重なる。それは写真という映像が新聞、雑誌、広告といったさまざまなメディアと複合化されることで展開していった時期、つまり、写真表現が各メディア――新聞、雑誌、広告などに領域化すると同時に、互いに競合することでその表現の質を練り上げていった時期でもあった。木村や名取らはそうした競合化する映像状況のなかで、報道写真という一筋の道を作り出した。戦時・占領・戦後は、写真家という職業そのものが実体化するものであり、過渡そのものを顕す過程でもあった。

既に領域化された映像学、メディア研究、ジャーナリズム研究、広告研究といった研究領域の立場から、そうした過程を捉えることは映像の複雑な運動の実態を取り逃すことになる。ここではこうしたことに留意しつつ、何を写し、何を写さなかったのか、あるいは何を残さなかったのかという観点から、映像（写真）のもつ政治的文脈を分析するだけでなく、映像が複数のメディアを媒介することで普及していった過程そのものを明らかにし、そうした様態そのものが映像表現の多様さを生み出していることを分析する。

# 第一章　戦争とプロパガンダ
## ——木村伊兵衛の上海・南京——

### 第一節　東日暮里という場所で

木村伊兵衛が一九二四年に自宅で写真館を開業した後、一九三〇年にライカを入手し、一九三〇年代から四〇年代にかけて写真家になっていく過程は、そのまま日本社会において写真が普及し社会化する過程ともいえる。ここでは、最初にまず、その過程を三つの観点から整理しておきたい。一つ目は生まれ育った東日暮里の文化風土であり、二つ目は太田英茂との出会いによる広告写真であり、三つ目は雑誌『光画』との関わりから報道写真へと展開したことである。

まず、一つ目であるが、木村伊兵衛は一九〇一（明治三四）年一二月、東京の台東区下谷に生まれ、九歳の時に少し離れた荒川区東日暮里に移り、そこに生涯、住んだ。ところで、木村伊兵衛が終の棲家とした東日暮里は、南に花柳街である根岸があり、さらに南なら上野となる。根岸から西なら谷中の墓地の脇を上がり、東大の裏側にあたる高台の根津へ、あるいは、東なら生まれた下谷から新吉原、あるいは繁華街の浅草という至極便利な場所である。東京の山の手と下町との境に位置し、このあたりは「東京市街地住民の全く異なる階層と職業とをもつ人びとの日常が接触する場所であった」（千葉・萩原 1981, 341）。特に、一九二三（大正一二）年九月一日の関東大震災をはさんで、一九一〇年から一九四一年に戦争が始まるまでの約三〇年間は、ここは、経済的、文化的に東京の一つの中心地であった。当時、大きな工場は根津より北の小石川か、浅草から隅田川を越えた本所あたりが中心であったが、この辺は染織、メリヤス、帽子、印刷、製本、印刷活字、紙製品、飲食物工業など、小さな町工場が多く点在するだけでなく、関東大震災の復興もあって、需要があった大工、履物、指物などの職人も多く住む、新旧さまざまな業種と人びとが混在する職人的な雰囲気を色濃く残す地域であった。木村伊兵衛の父親も、組紐や帯締めなどをつくる職人を多く雇い営んでいた。

木村が物心ついた時、目の前の日常では、近代以前の江戸からの気風を受け継ぐ人びとのたたずまいや服装、身のこなしを見ることができるだけでなく、近代以降に東京に流入し新しい工場労働者となった人びとの服装や姿、体の動かし方も同時に目にすることができるような場所だった。木村はカメラを持つ前からこうしたさまざまな人びとの姿、仕草を観察することに飽きなかったと思われる。

ところで、東京という都市が近代化する過程で、東日暮里の周辺の地域で作られる物は、都市住民に向けられたさまざまな生活用具だけではなく、例えば、かつての江戸の和紙がコップ敷のコースターとなって輸出されるなどして、旧い技術が新しい物の技術となり甦り、世界へとつながることで、経済と文化の豊かさを持続させている場所でもあった。ローカルであると同時にグローバルでもありえたのは、練り上げられた腕一本の技術が可能にした。こうした練り上げられた技術は、どこにいっても通用するという確信は、こうした文化風土にいた木村にとって生得的なものであり実感といってよいものであった。木村のインターナショナルでグローバルな世界に通用する写真の質を支えているのは、そうした技術や文化への信頼があったといえる。

さて、木村伊兵衛の写真人生の始まりは、台湾で営業写真館の技術をおぼえ、帰京し、関東大震災後の一九二四年に東日暮里で写真館を開いたところからだろうが、本格的には、一九三〇（昭和五）年、三五ミリ小型カメラのライカA型に出会ってからといってよいだろう。木村が、当時最先端のカメラであったライカに惹かれたのは、目の前の日常生活でくりひろげられているささいだが、興味深い現実を映像として定着したいという欲望があってのことだろう。また、一方でそれを実現するためにライカを買い換えながら、それを使いこなすためのさまざまな技術を修練し努力する姿勢は、まわりに腕一本で世渡りする職人気質の風土、環境があって、自然に手数や暇をおしまない態度を身につけていたことによる。

どちらにしても、そうして身につけた技術によって、それまでの芸術写真から、写真の機能を駆使した新興写真、そしてリアリズム写真へと、新たな表現の領域へと確信をもって歩み進めると同時に、自宅がある東日暮里周辺の地域を、これもまたあきることなく歩き、戦前、戦中、戦後を通して写し続けることになる。そこでもローカルなものこそ、グローバルになり得るという確信がある。

## 第二節　石鹸と写真——生活革命と広告

一九三〇（昭和五）年、花王石鹸では、二十四歳の二代目長瀬富郎社長と二十七歳の太田英茂広告部長のもと、新製品のキャンペーンの準備を始めていた。そのキャンペーンのために新しい広告写真を撮れる写真家を探していた。写真家仲間では、既に知られていた木村伊兵衛に、声がかかることになる。木村の写真人生において大きな影響を与える最初の一人である太田英茂は、一八七七（明治一〇）年長野県南安曇の農家に生まれた。十六歳の時、出奔した父を探しに上京したが会えず、本郷教会の海老名弾正に引き取られ、キリスト教に入信し修道生活と伝道活動をすることになった。一九二〇年、海老名が同志社大学総長に赴任するのにともない、雑誌『新人』の編集を太田にまかせたが、関東大震災後、資金不足のために廃刊となる。太田は、一九二六年、花王石鹸の長瀬富郎の誘いを受け、広告文案係として入社する。

花王での太田の最初の仕事は、旧弊な年季奉公的な社員の意識改革であり、未知の領域であった宣伝広告について欧米のさまざまな資料をもとに研究し、新たな広告宣伝の方策を練ることであった。一九三一（昭和六）年三月一日より、花王の石鹸を十銭売りの大衆商品として売り出し、庶民大衆の生活革命を起こそうという壮大な広告キャンペーンが始められるが、そこには太田の伝道活動の中で培った貧者や弱者への共感をベースに、欧米の宣伝広告の考え方や手法を日本的に換骨奪胎し、庶民のための世直しをしようとする意図があった。具体的なキャンペーンの方法は、商品そのもののデザインのみならず、それを宣伝するポスター、チラシ、新聞・雑誌の広告、アドバルーンの利用など多様な手法を組み合わせ、新製品の販売自体をイベント化して広告をするものであった。ちなみに、そうした様子は映画によって記録され、現在見ることができる。

太田によれば、木村と初めて会った時、「ビロードの服かなんか着込んだ三十歳の青年伊兵衛が、ちょこなんと席についた。幾日かはキョトンとして、やたらに眺めまわしていたが、そのうちにおっぱじめたのが何と猥談であった。その巧妙を極めた話術には、聞入るもの悉く感嘆した」（太田 1956, 33）と語っている。いかにも下町人間らしい風情だが、キリスト教の説教師であった太田はそんなことにかまわず真面目に写真の現実を見せる力によって、人びとの意識を覚醒させ、新たな社会意識へと人びとを導く広報性にこそ写真の使命があると説いたことは間違いない。木村は太田にアジられ、すっかり仕上げられたと語っているが、実際は、太田は木村に現実の生活を写真で摑み出せと後押ししただけにすぎない。木村はのちに「花王石鹸の工場が亀戸にあった関係上、工場地帯を随分歩いた。浅草、上野、銀座といった所よりも、隅田川の向う岸いまの江東地区へ出掛けることが多かった。（略）私の住んでいたところも町工場の町であり、職工の町である。それが親しみをもたせた」（木村 1956, 98）と語っている。

農村生まれの太田が、生活革命を訴える宣伝対象である都市労働者について、その生活の機微を本当に理解していたか、微妙である。それは、多分、一つの理念を述べたものにすぎない。太田にとって、木村は生活の機微を実感をもって写真で切り取ることができる写真家であり、必要な人材であった。太田は木村の写真を社会変革のために利用し、また、色づけるのである。太田は自分の信念と商品の宣伝広告の素材として木村の写真を自由に切り貼りしたが、木村が知らん顔で怒ることがなかったことをあっぱれと思い、そのスタッフぶりに感謝したと言っている（太田 1956, 33）。当然のことながら、花王の宣伝に使われた写真は誰が写したかクレジットはない。こうしたことに木村が頓着したとは思えない。写真というものに対する社会的な位置付けの低さということもあるが、木村が太田の説く宣伝広告としての写真をどう理解したかが、そこからうかがえる。しかし、一方で、木村は、商品である長方形の石鹸を撮るために、カメラの位置やレンズを変えて、何度も丹念に撮り、カメラというものがいかなるものかを理解し、鍛えられたと語ってもいる（木村 1956, 96）。木村自身が何より職人であろうとしたし、また、太田も宣伝広告の工房として、その集団製作の一員としての写真家を必要としていたともいえる。

時代的な背景を言えば、一九二五年三月の普通選挙法と治安維持法の成立にはじまり、翌一九二六（昭和元）年初頭には、東京小石川の共同印刷で約二ヵ月におよぶ労働争議、一九二八年三月の日本共産党への大弾圧、一九二九年三月五日、治安維持法に反対した労農党代議士山本宣治の暗殺、同年一〇月の世界大恐慌の到来と、労働運動や共産主義運動と国家権力とが激しく対抗する状況にあった。巨額の費用をかけた花王のキャンペーンはこうした社会状況のなかでもくろまれたものだが、当初予定されていたような経済効果はすぐに上がらず三ヵ月後には、太田は花王を辞職し、共同広告事務所を設立することになる。

## 第三節　報道写真との出会い

一九三二年、野々宮写真館の野島康三が主催となり、木村伊兵衛、中山岩太を同人として、新たな写真のゆくえを探るべく、写真雑誌『光画』を聚楽社より刊行することになった。木村は生涯にわたって影響を受ける伊奈信男と『光画』で出会うことになる。伊奈は、一八九八（明治三一）年、愛媛県松山の代々医者を務める裕福な家に生まれ、一九二二（大正一一）年、東京帝國大学文学部美学美術史科を卒業後、聖心女子大学などの講師をしていた。伊奈は、この『光画』創刊号に、それまでの絵画的主題を手本とするような芸術写真の考え方を否定し、新しい写真の行くべき方向を論じた「写真に帰れ」を載せ、写真芸術における機械メディアの特性を強調し、写真の本質を機械であるカメラの背後にある人間の社会性に求めた（伊奈 1932 [2005]）。

ところで、伊奈の論文の背景には第一次世界大戦以後の未来派、ロシア・アヴァンギャルド、ダダ、バウハウスなどの芸術を戦争という現実と直面させ、それまでの芸術概念を破壊し、新たな機械と生産の美学を構築しようとする前衛芸術の流れがあった。その一方で、写真の機材の技術革新とともに、写真というメディアそのものが広く社会へと普及し、さまざまな表現のあり方が可能になりはじめていた。既に述べたように一九二四年に三五ミリ映画フィルムをスチールカメラに転用するライカA型が発売され、それまでの大型カメラでは撮影不可能に思われていた、自由なカメラポジションとフレームワークによる表現が可能になった。さらには、写真印刷をおこなう、ハーフトーン印刷機の発達により、写真とタイポグラフィとデザインとの結合を印刷メディア上で実現することが可能になる状況が出現していた。伊奈にとって、木村の写真はこうした技術的革新を背景にした新しい写真のあり方を実践するものであった。

さらに、木村は『光画』でもう一人重要な人物、名取洋之助と出会うことになる。名取は一九一〇年、東京市の実業家名取和作の三男として生まれ、一八歳でドイツに渡り、ドイツのウルシュタイン社の契約写真家となった。一九三三年、帰国した名取は野島が慶應義塾大学の先輩であることから野々宮写真館に出入りしており、『光画』の同人たちと親しくなる。名取は、ドイツでの体験をまじえ、欧米の写真ジャーナリズムでおこなわれていたルポルタージュ・フォトについて語るとともに、その技法として、何枚かの写真を組み合わせ、キャプションを書き、レイアウト、デザインをする組写真の方法を紹介した。これは、写真とタイポグラフィー、デザインとが結合する場所——さまざまな職能の技術者を集合させるものでもあった。実践家であった名取は、欧米のグラフィズムの製作過程をそのまま日本に移植すべく、『光画』同人であった木村伊兵衛に呼びかけ、伊奈信男、太田英茂、デザイナーの原弘、プランナーであり俳優であった山内光（岡田桑三）によって、一九三三年八月、第一次日本工房を設立する。

伊奈は早速、名取の実践を受けルポルタージュ・フォットを「報道写真」と訳すとともに、それを論文「写真に帰れ」などによって示したものを包含する概念とした。伊奈は論文「報道写真に就いて」で「印刷化された写真によるイデオロギー形成の力は絶大である」と写真の宣伝＝煽動性に着目し、「写真の表現形式は大衆的に最も理解し易い。だから個人の体験は直ちに国民の体験となる。否、その形式に特有な国際性によつて、個人の体験はまた直ちに全世界大衆の体験となる」とし、「報道写真を、ある意図の下に用ふる時は、それは政治的、経済的、又は党派的宣伝煽動の最も強力なる武器となり、或は対外宣伝、観光客誘致の絶好の手段ともなり得る」（伊奈 1934 [2005], 92-93）としたが、それは写真の領域に政治、社会的文脈を引き寄せ、ある種の危険性を含み込むものであった。

第一次日本工房は人間関係がもとで瓦解し、一九三四年六月、木村伊兵衛、伊奈信男、原弘、岡田桑三によって、中央工房が結成され、中央工房内に対外向けの機関として国際報道写真協会が設立される。名取は太田からの紹介でデザイナーの山名文夫を加え、一九三五年には土門拳が入るなどして、第二次日本工房を再建することになる。

## 第四節　一九三〇年代の政治とメディア状況

ここで、一九三〇年代の政治状況を整理しておこう。一九三一年九月一八日、関東軍は柳条湖付近の満鉄線路を爆破し、中国兵によるものとすることで満州へと越境し、満州を制圧すると、翌一九三二年三月一日には溥儀を執政に迎えて満州国を建国する。さらに、関東軍は満州国の領土を確定するために、翌一九三三年三月に満州から南下し熱河方面で軍事行動を展開し、五月三〇日に塘沽で中国軍と停戦協定を結び、一旦は軍事行動が停止することになる。再び、中国との戦争が再開するのは、停戦から四年後の一九三七年の七月七日である。北京西南方向の盧溝橋で日本軍と中国国民党軍とが衝突し、戦線が中国全土へと拡大し、ついには日本と中国とが全面的な戦争へと突入することになる。泥沼化する中国問題をどう解決するかが、日本の将来のゆくえを決定するものだろうことは、当時一定の知識があれば理解できるものだったといってよい。

こうした状況のなかで、マス・メディアはどう戦争と向き合ったであろう。当時のメディアの中心は出版メディアであったが、一九二五年に刊行された雑誌『キング』は一九二六年には発行部数一〇〇万部を越え、一九二六年改造社が刊行した『現代日本文学全集』は一冊一円の廉価な全集として、二三万の予約を受け、各社からさまざまな全集が出され、いわゆる円本ブームとなった。しかし、一九二九年一〇月の世界大恐慌を経て、こうしたブームは沈静化しつつあった。

戦争はこうした経済的不況を変えるものであった。一九三一年、中国との戦争がおきるとこれを報じた新聞各社は一様に売上げを伸ばすことになる。朝日新聞を例にとってみると、一九三一年の発行部数は約一四四万部であったが、翌年の一九三二年には約一八二万部と一・二七倍となり、そのまま右肩上がりをしつづけ一九三七年には約二四四万部となる。その後も発行部数は伸び続け、太平洋戦争が始まる一九四一年には約三五〇万部と十年間で二・四倍という急成長をみせる（朝日新聞 1995, 321）。戦争は国民的関心事であり、自分の身内や知り合いが出征しているとなれば、安否を含めた情報を知りたいと思うのは普通である。朝日新聞が、新聞社として現地の戦争情報を取材するために、中国戦線の拡大にともなって軍に随行する特派員、カメラマン、記事や写真を運ぶ連絡員を増員し、さらにはそれらの人員を維持し軍との関係を良好に保つためにも、派手な戦況報告や戦意が高揚するような写真を掲載するのもまた当然といえる。新聞社も経営体としての会社である以上、収益の増大は会社を潤す。また、一方で、現場の技術者であるカメラマンなどは潤沢な資金を背景に、技術的な錬磨をもたらし、ルーティンワークや一定のパターンをともないつつも、新しい映像の表現領域、映像の記録性を拡大していたことも事実だとしなければならない。メディアにおける経済成長――量的な拡大は、同時に質的な飛躍を生み出す。

名取や木村らが主張する「報道写真」は、新聞などによる「ニュース写真」とどう違うのかという差異化が求められたといってよい。その意味で、新聞社による「ニュース写真」が国内の人びとに向けたものであるが、名取や木村らの「報道写真」の社会的文脈は、必ずしも国内向けというより、国外に向けたものであったことは注意しなければならない。

一九三二年の満州国の建国に対して、日本政府は国際社会からの批判を受け、翌一九三三年三月二七日には国際連盟を脱退し、国際政治のなかで孤立することになる。そうした孤立化を緩和するために、日本政府は国際文化交流関係諸機関の制度化を促進するために、一九三〇年に設立された鉄道省国際観光局、一九三一年の国際観光協会などを助成するだけでなく、一九三四年には国際文化振興会、一九三五年には日本ペンクラブなど多くの機関を設立した。こうした流れのなかで、一九三五年七月、外務省文化事業部内に第三課が新設され、これらの国際交流機関に補助金を交付することで、指導、管理することになった。この第三課に、美術、写真などの担当として伊奈が嘱託で入ることになる。これを機に一九三四年八月に対外宣伝を目的として結成された国際報道写真協会を、一九三七年には改組をし、伊奈はしりぞき、岡田桑三、木村伊兵衛、渡辺義雄、光吉夏弥の四人の経営組合とした。そして、伊奈の回旋によって、国際報道写真協会は、外務省文化事業部の後援、助成を受けることになる（原田・川崎 2002, 229-234）。

一九三七年一一月二〇―二九日には国際報道写真協会主催・外務省文化事業部後援で「日本を知らせる写真展」（写真木村伊兵衛）が、銀座三越をはじめとし大阪、名古屋、海外主要都市へ巡回する。国際報道写真協会は、この展覧会の写真を基にした"Japan through a Leica"を、翌一九三八年一一月二五日に三省堂から刊行している。さらに、一九三七年一二月に、木村伊兵衛、渡辺義雄が外務省情報部の委嘱により、南京陥落、ならびに上海を対外宣伝のために撮影を行った。このときの、写真をもとに、翌一九三八年三月二一―三〇日には国際報道写真協会主催・外務省情報部後援で「南京上海報道写真展」（写真木村伊兵衛・渡辺義雄、構成原弘）を銀座三越でおこなっている。

ところで、この南京上海報道写真のために一九三七年一二月一〇日から一九三八年一月一三日にかけて行った「支那民情撮影旅行」とはいったいどういったものなのだろう。木村によれば「外務省の情報部が、今迄外国の新聞や雑誌で支那側のひどい抗日宣伝写真ばかり出してゐるので本当の日本人は斯ういふような事で戦をしてゐるとか、斯ういふ文化施設に対しては爆撃をしないとか、実際戦争をして居るけれども、戦争に無関係の支那の人とはこれだけ平和に暮してゐるとかさういつたやうな事を、日本から有りの儘の写真と映画で外国に送るのが主たる目的であります」（木村 1938a, 245）としている。木村の言から、この外務省の撮影は写真だけでなく、映画も同時に撮影・製作していたことが分かる。映画班は同時録音による撮影で、八〇〇〇尺、約一三〇分近く廻したとするが（木村 1938, 246）、この時の外務省による映画が編集され公開されたか不明である。

本章は、この木村と渡辺による「南京上海報道写真展」の写真を問題にし、その政治的、社会的文脈を明らかにしようとするものだが、これを問題にするにあたっていくつかの補助線を引いておく必要がある。

## 第五節　中国における新しい戦争をどう認識し、位置づけたか

一九三一年から始まった日本と中国との戦争がどういった形態のものであったのか、最初に整理しておきたい

と思う。軍事史において、日本と中国との戦争において、中国共産党軍の八路軍や新四軍の戦いの中心が遊撃戦（ゲリラ戦）であったことはよく知られている。しかしながら、近年、もう一方の中国国民政府軍においても同様であったこと明らかになりつつある（菊池 2009）。つまり、圧倒的な近代兵器の物量差による「速戦速決」を目指した日本軍に対抗して、中国軍はゲリラ戦（遊撃戦）によって戦争を泥沼化させ持久戦に持ち込んだ。二〇世紀の戦争の流れをアジアにおいてみたとき、日本と中国との戦争における総力戦は、日本軍においては正規戦として展開したにもかかわらず、中国側による遊撃戦（ゲリラ戦）によって戦争は長期化し、さらには長期化することで日本の敗北を決定的なものにしたことは、アジアの他の諸国にとって大きな教訓となった。その後の、朝鮮戦争における限定戦争を経て、ベトナム戦争における限定戦におけるゲリラ戦へとアジア地域での戦争は展開していく。こうした軍事史的な配置のなかで日本軍を捉えたとき、結果的に日中戦争において、正規戦で「日本軍は中国に対しては強力な近代兵器という軍事力で屈服させようとし」たがゲリラ戦となり、他方、圧倒的に物量に勝る「アメリカに対しては「神風特攻」などを包括する精神力で戦う」という「ダブルスタンダード」（菊池 2009, 51）をとることになる。つまり、日本軍は明らかに中国との戦争から学ぶことができず、正規戦にこだわり、時代遅れの軍事戦略しかとることができなかった。

当時の新聞記事をみると、日本軍は強力な近代兵器によって中国軍を屈服させているかのような記事によってうめつくされている。しかし、時に従軍した記者の談話にはこうした正規戦の様相とは違うゲリラ戦の姿が語られる。「脇坂部隊がある部落に戦火に戦く老幼婦女五六十人を保護してゐる、そのうち七十余りの老婆の懐中を調べると驚くなかれ数個の手榴弾と信号弾をもつてゐた、この老婆は夜な夜な支那軍砲兵陣地に対し皇軍の宿営部落を信号弾で知らせ見つけたら手榴弾を投げつけて逃走しようとしてゐたといふのだ。中支では老婆にも抗日精神がかくの如く浸み込んでゐた、こんな実例が中支戦線では実に多い」（平松 1937）。

ところで、陸軍報道部の馬淵逸雄中佐は、派手な戦意高揚を意図する新聞記事やラジオ・ニュース、ニュース映画に対し、当事者である兵士自身が戦争のリアリティを語ることこそが、何より国内の人びとに戦時であることを覚醒させ、戦いへと誘うものであると認識し、『糞尿譚』で芥川賞を受賞したばかりの火野葦平に従軍記を書くことを慫慂した（馬淵・火野 1953）。火野は一九三八年五月四日から五月二二日かけて、徐州作戦に参加しその記録を『麦と兵隊』として発表する。そこには、中国におけるそれまでの戦いとは違ったゲリラ戦の様相、つまり同じ東洋人どうしの戦いの姿が、ユーモアともいえるような筆致によって描かれている。「行軍中、梅本君はすぐ傍《そば》の暗闇で銃声がしたので駭《おど》いた。聞くと、それは敵の敗残兵を射つたのだと、いふことであつた。馬を引つ張つて行軍していた兵隊が自分の傍を歩いていた兵隊に話しかけた、疲れているので、それまでは黙々として歩いていたのであろうが、何かを思いだし、ふと話がしたくなったのだろう、ところが話しかけられた兵隊が返事をしない、もう一度声をかけた、何とかと返事をした、それが支那語だった、おかしく思って捕えてみると支那の兵隊だった、日本の兵隊は駭《おどろ》いて、敗残兵が紛れ込んどるぞ、と怒《ど》鳴《な》つた。すると外にも列の中から逃げ出そうとした者があった、捕えると支那の兵隊だった、五六人居た」（火野 1938a, 220）。

しかし、一方で、広大な中国での見えない敵との戦いは、己の体力との戦いでもあった。「昨日ここに着いた時に靴を脱いでみたら、私は跣足《はだし》で軍靴を履いていた。靴下は泥水に浸って濡れたままのを、靴など脱ぐ間が無かったため、そのまま歩いているうちに、ちぎれ、溶けてなくなってしまったのだ。私の足は豆を踏みつぶし、板のようになった。爪は黒くなってはげてしまった」（火野［1938b］1979, 69）。こうした行軍の実態のなかで、「私は苦しくてたまらず、歯を噛み、唇を噛み、機械のごとく歩いて行った。私はただ倒れまいとする努力ばかりに操られて動いていたのである。やがて、ありがたいことに、戦争がはじまった。ありがたいことに、そのために我々の部隊は停止した」（火野 [1938b] 1979, 49）という兵士の心のありようへと至る。『麦と兵隊』（一九三八年）『土と兵隊』（一九三八年）『花と兵隊』（一九三九年）のいわゆる「兵隊三部作」が書き記した、こうした兵士のリアリスティックな思いは銃後の世界へと届けられ二〇〇部を越えるベストセラーとなる。また、一九四〇年には英訳され二十カ国に翻訳され、日本兵士の心的構造を最も明らかにする資料としても使われることになる。

こうした兵士の心的構造を踏まえつつ、私たち日本人は、なぜ中国人が日本人にゲリラ戦を挑んできているのか、その意味を学ぶことができなかったことを考える必要がある。日本兵の便衣隊（ゲリラ隊）に対する意識を問題にした黒羽清隆は、兵士の手記などを分析し、「なぜ、日本軍兵士は、またその妻は、じぶんが（またはじぶんの夫が）「便衣隊」に殺されたくないと思うのか。また、なぜ、戦没者名簿の編者たちにとって、「便衣隊」に殺されることは、正規軍と交戦して死ぬこととちがって、「不幸」な死なのか」と問う。つまり、日本兵は自分たちに挑んでくる非正規兵を非正規であるが故に、その事実を無いものとしたかったというのだ。その心の底にあるものを、「あえて分析的にいうなら、「便衣隊」が「便衣」というふだん着の（その英訳は“plain cloth”であるらしい）、たとえ「みせかけ」とはいえ「町人」の、日本の軍隊用語（？）でいう「地方人」の兵士であるところに、つまり兵士でない兵士であるところに、かれらへの（否、かれらに殺されることへの）嫌悪の一条件があるのではないか。いいかえるならば、「便衣」「町人」「地方人」というのは、召集ないし志願以前の日本軍兵士そのものの規定語なのであって、（略）そこからやっとぬけだした「帝国軍人」としてのじぶんがかつての日の自己の同類に殺されるのは「堪らない」と、出血多量の意識のなかですら感じるのではないか」（黒羽 1979, 112）とした。つまり、日本軍がゲリラ戦を理解することができないダブルスタンダードをとる奥底には、近代における日本人のねじれたナショナルな心の構造がある。

こうした心的構造をもつ日本人のカメラマンが、目の前の戦争（日中戦争）を勝者として記録し、中国を占領するとき映像によって何を写し、何を写すまいとするのか。「ニュース」「報道」から「プロパガンダ」へと転移する過程が、そこにみえてくる。

## 第六節　映画『上海』と『南京』

映画『上海』は、一九三八年二月一日に公開された撮影・三木茂、編集・亀井文夫のドキュメンタリー映画である。興行的にヒットしただけでなく高い評価を受け、今日においても戦前の日本のドキュメンタリー映画の傑作とされる。なお、東宝は、この時、『上海』上映後すぐの二月二〇日に『南京』を撮影・白井茂、編集・秋本憲で公開しており、この『上海』『南京』の二作は初めからセットで企画され制作されたものであった。当時、外務省に限らず、さまざまな機関で日中戦争（支那事変）の日本政府の正当性を広報するために、求められる企画であったことが分かる。

ここで、映画『上海』の制作状況について詳しくみておこう。既に述べたように一九三七年七月七日、北京西南方向の盧溝橋で日本軍と中国国民党軍とが衝突し、その後、戦線は中国全土へと拡大する。八月一三日には上海で戦闘が始まることになる。第二次上海事変である。国際都市上海は、フランス租界と日英米伊独の共同租界があり、上海の三分の一近い住民が租界に住んでいた。中国人の住む大上海は城内、閘北、江湾、南市、浦東であった。戦争が始まると、日本軍は共同租界の大部分を占める揚樹浦と虹口を占拠し軍事基地とし、中国人が住む大上海地域において戦闘を行った。フランスの租界や他の共同租界は権益が守られ、人びとはそれまでの日常生活を続けながら租界の外で繰り広げられる日本軍と中国国民党軍との戦争を間近で望見するような状況にあった。エドガー・スノーは「百万に近い人間が参加する殺人試合をリングサイドで眺める」（Snow 1941=1988, 42）ようだったという。映画の弁士であった松井翠聲は第二次上海事変が起きると『モダン日本』誌の特派員として上海をたびたび訪れ、摩訶不思議な国際都市上海とその戦争について口演を行っており（松井 1938, 15-16）、それを聞いた東宝の製作部の金指英一らはニュース映画とは違い「戦争と国際都市上海を対照させたら面白くないだろうか」（三木他 1938, 10）と思いつきドキュメンタリー映画として企画したという。

この「世界最大のショー」（Snow 1941=1988, 42）は一一月九日、中国国民党軍が上海から撤退することをもって終わることになるが、その戦闘の終結に間に合わせるかのように撮影・三木茂、録音・藤井慎一、製作事務・米沢秋吉、そして松井翠聲を加えた四人からなる撮影班が、一一月一二日に上海に到着し撮影にかかった。なお、編集の亀井文夫は同行していない。映画『上海』の東宝による宣伝広告に載せられた「『上海』製作日誌」によれば、

「十一月〇〇日　上海着、沿岸の風景撮影、陸・海将校の案内にて激戦の跡をロケハン、閘北一帯、北站停車場、八字橋、愛国女塾、商務迎員館等ロケハン
同　〇〇日　日本人街の雑踏シーン及び、主として復興風景の撮影
同　〇〇日　〇〇飛行場及び〇〇司令官撮影、上海市政府ロケハン
同　〇〇日　猛雨のため撮影できず、辛うじて大山大尉の墓を撮るのみ

同　〇〇日　呉松、快速自動車隊宿舎、軍工路、トーチカ、敵前上陸戦跡、クリーク情景等の撮影
同　〇〇日　雨のため撮影不能
同　〇〇日　同右
同　〇〇日　陸戦隊本部にて柳原中佐以下の慰霊撮影
　　　　　　大川内司令官の祭文、同時撮影。その他各場面同時撮影
同　〇〇日　雨のため撮影不能
同　〇〇日　宝山城撮影。
　　　　　　〇〇飛行場にて佐賀少佐に戦没報告の場面。偵察将校出動場面、戦地の飛行場風景各撮影完了
同　〇〇日　オルガンと支那児童の合唱。農村風景。その他風景同時録音撮影完了
同　〇〇日　作文をする生徒、本を読む教室。砲弾痕のある廊下。赤十字看護婦の事変懐古談。病院等々の同時録音撮影。

（以下後便にて……〇〇日上海において）」（東宝 1938, 339）

とあり、戦跡を求めて着々と撮影を進め、一二月一八日の三木の帰国まで約四〇日にわたる撮影を行った。

ここで前提となる問題だが、藤井が指摘するように当時、ドキュメンタリー映画において、監督は同行することはなく、基本的にはカメラマンが、事前に渡されたシナリオあるいは指示書に基づきながら、現場で判断して撮影するのが普通であった。つまり、カメラマンが現場での演出を行っており、実質的に監督といってよい立場にあった（藤井 2001）。

ところで、中国との戦争が再開されると、それまで各新聞社などが製作していたニュース映画は、「事変」ニュース映画として戦況を報道するようになった。映画館では娯楽映画を見に行くというより、ニュース映画を見に行く状況、ブームが巻き起こった（古川 2003, 60-64）。既に述べたように、東宝製作部が松井の口演に触発されてたてた企画は、最初から新聞報道やニュース映画とは違うことが前提となっていた。つまり、新聞・雑誌などによるニュース写真、さらにはニュース映画によって戦争そのものは報道され上映されており、ニュースではなく、そのニュースの事後を問題にすることが狙いとされた。映画『上海』は「かつて行われた戦闘をひたすらその痕跡」を写し、「今は風が吹きぬけるばかりのかつての戦場に立てられた卒塔婆、泥濘に転がるあるじなき喇叭や鉄兜——観客はこうした痕跡を通じて、あらかじめ複数のメディアによって媒介された知識を頼りに、過ぎ去った壮絶な戦いを独自に想像／創造する」ことが前提にされていた。藤井が指摘するように、ひとりひとりの観客がつくりあげられた想像の〈上海〉に「観客自身を光源としてスクリーン上の映像に重ねて投射」（藤井 2004, 106-107）することが可能になった背景には、新聞やニュース映画などが社会に普及し、映像メディアが生み出す社会的記憶が拡大し一般化し蓄積されていたことがある。そして、そうしたことを含めた政治的・社会的文脈の上に、映画『上海』の戦争後の廃墟と化した都市の映像が受け入れられ、評価された。

しかし、こうした藤井のメディア論的な指摘の一方で、一九七一年のNDU（日本ドキュメンタリストユニオン）の「風景論」をめぐるシンポジウムにおいて、白井佳夫は『上海』と足立正生他『略称 連続射殺魔』（一九六九年）が似ているとし、「クリークの風景、トーチカの風景などの執拗な撮影態度にそのことを感じる」（平岡 1971=1973, 280-281）とした。平岡正明はこの言を受けつつ、「淡々と戦場跡を撮ったものであるが、それが、〝夏草や強者どもが夢の跡〟といった日本のニヒリズムの美意識ではなく、異国を侵略し、徹底的に破壊してしまう、しかも勝利した帝国主義者の眼」として映画『上海』はあるとした。つまりそれは、「上海戦における日本軍の勝利を前提にし」、国際都市上海であるがゆえに、他国の眼をもって日本軍の勝利を客観的に見ることが可能であった「日中戦争、太平洋戦争と通じてただ一回だけあった機会、勝利した日本帝国主義の余力のある眼によって成立した」（平岡 1972, 139）ものだとする。

平岡は「後半、冬の薄日のなかで鈍く光るクリークや、土盛りした墓の下に偽装された中国側の陣地や、トーチカや、壁を抜いて縦横に走る軍用通路や、前線（南京をめざして進撃する部隊）から帰ってくる将兵の乗る汽車と北停車場（略）、中国の大地にぶちこまれた夥しい日帝の鉄の量と破壊されたトーチカなどが、いささかもぶれずに、雨に濡れた肌をみせて次々と捕えられるうちに、プロパガンダの最良の形態は武装闘争であるという真理が、敵の側から突きだされてくる」とし、日本軍の圧倒的な力が映画『上海』を成り立たせていると指摘する。つまり『上海』は「帝国主義戦争の映画であり、制作当事者たちの薄皮まんじゅう状に張りつけられた聖戦イデオロギーがなくても、当時の左派が反戦映画を期待し、右派が危惧したことをも無視して、中国の人民と国土とを、ぶちこわされつつある風景として撮影した優秀な帝国主義映画なのである」（平岡 1972, 153）とした。つまり、圧倒的な近代兵器の物量差による完膚なきまでの堂々たる日本軍の勝利を記録したとする。

次に、映画『南京』の制作状況をみてみよう。上海での二ヵ月半にわたる戦闘により日本軍は戦死者九千一一五人、戦傷者三万一二五七人の約四万人にのぼった（秦 2007, 65）。しかし、上海派遣軍は首都南京が陥落すれば中国国民党軍は降伏するだろうという見通しのもと、撤退する中国国民党軍を一一月一九日より追撃することを独断で開始した。同日、中国政府は首都を重慶に移すことを決定し次々と南京を去り、一二月七日には蔣介石夫妻も漢口に移った。日本軍は旧都南京へ侵攻し一二月八日には南京を包囲し、一三日には南京城が陥落すると、一二月一七日午後一時三〇分、中支那方面軍司令官であった松井石根大将は、朝香宮鳩彦王上海派遣軍司令官、柳川第十軍司令官と共に入城式を行う。こうした状勢に合わせ『上海』の撮影に途中から合流した白井茂は三木茂から撮影機材を引き継ぎ、録音・藤井慎一、製作事務・米沢秋吉はそのまま同行し、編集は亀井と同様同行していない秋元憲が行うことになった。三人は、一二月一二日に上海を発ち、一三日の南京陥落の翌一四日に南京に到着し、一七日の入城式などを撮影し、翌一九三八年の一月四日まで撮影を行った。撮影日数は約二〇日で『上海』の半分である。

ところで、映画『南京』の大半を占める入城式は、首都（この時には既に旧都であったが）南京陥落ということもあり、約二〇〇人の新聞記者、カメラマンが集まったとされ、朝日新聞は「万歳の嵐・けふ南京入城式の壮観」として、一七日午後一時三〇分の入城式を撮影した写真（フィルム）を飛行機で輸送し、午後五時七分に福岡の支局前に投下し、即日即刻一七日の第二夕刊に載せている。明らかに即時性において、新聞は圧倒的な力を発揮していたといってよい。映画『南京』は同時進行的なニュース映画的な内容と、名誉ある戦いの跡を訪ねる『上海』的な内容によって構成されているが、既に新聞のニュース写真などによって速報されている入場式の場面が不自然に長くなっている。また、藤井が指摘するように、『南京』では「支那人」の姿が写されることは少ない（藤井 2004, 114）。つまり、そこには何か写されない大きな欠落があった。

カメラマンの白井は晩年、一二月一四日の南京到着のことを振り返って、「午後南京に近づくにつれ戦禍のあとがなまなましくあたりに展開されてくる。異臭が鼻を」（白井 1983, 136）ついたと書いている。この異臭は屍臭であるが、その臭いは焦土化した南京の全てに漂っていた。同行した米沢は「戦争に負けた国の街が、こんなになるんだ。掃蕩は至るところで行われてゐる。ここに書けない様な生々しいことがやられるし、我々が負けたら、我々の兄弟が、父母や子供が、こんな惨めさに逢ふのだ。恐ろしいことだ。どんな犠牲を払っても、どんな事をしても、戦争には絶対負けられない」（米沢 1938, 63）と記している。

白井は、「見たものを全部を撮ったわけではない。また撮ったものも切られたものがある」と率直に虐殺のことを語り、「よく聞かれるけれども、撃ってたのを見たことは事実だ。しかし、みんなへたなのが撃つから、弾が当たってるのに死なないのだ、なかなか。そこへいくと、海軍の方はスマートというか揚子江へウォータシュートみないな板をかけて、そこへいきなり蹴飛す。水におぼれるが必ずどっか行くと浮く、浮いたところをポンと殺る。揚子江に流れていく。そういうやりかただった」（白井 1983, 137-138）という。どちらにしても、南京陥落後、皇族である朝香宮も参加する入城式を無事挙行する目的で、日本軍が群集に混じった便衣兵を掃討するために無差別の殺戮を繰り返したことは間違いない（秦 2007, 105）。よくも悪くも国際的な監視下にあった国際都市上海と、中国政府機関が抜け出し空洞化した旧都南京の違いは大きかった。上海では堂々の正規戦をもって戦うことをよぎなくされた日本軍は、南京ではしなくもゲリラ戦という新しい戦争に不適応を起こしていた実態をさらけだし、無差別的な虐殺を繰り返したといってよい。そして、また、その現実を写しだした映画も、写せない現実を前に映画『上海』とは非対称的な姿となって表れることになる。

## 第七節　南京上海報道写真

ここで、木村伊兵衛と渡辺義雄の一九三七年一二月一〇日から一九三八年一月一三日にかけて行った「支那民情撮影旅行」を詳しくみてみよう。木村、渡辺、外務省の写真班三人と映画班五人は一二月一〇日に東京を発ち、一三日に上海に着いている。南京陥落の日である。入城式に間に合わせるために一五日には軍艦に便乗し出航し、一七日の入城式に間に合わせた。その後、二〇日まで南京に滞在し、二一日夕方に上海に戻った。木村はそのまま上海で撮影を行ったが、渡辺は再び一九三九年一月五日から七日まで南京で撮影し、八日から蘇州と無錫に行き一〇日の夜に上海に戻った。そして、一三日に一緒に上海を発ち長崎に戻っている。

帰朝したばかりの対談で木村はこの撮影でだいたいフィルム二五本、約九〇〇枚程度写真を写したとし、渡辺も同じくらいだとしている。そして、いつこの写真を発表するかについて、木村は「我々の撮つたものでも大部分発表出来るかどうか、検閲がありますから――まだ発表するには時機が早過ぎるものを大部撮つて居ります」（木村他 1938a, 246）と答えている。当然のことだが、撮った写真には「支那の平和の姿、それから軍の色々な救恤とか宣撫とかさういつたやうなものばかり」（木村他 1938a, 246）とは言えないものがあった。口ごもるだけの現実があり、木村もまた、白井と同じようにカメラマンとして、「見たものを全部を撮ったわけではない。また撮ったものも」公開できないものがあると判断していたと考えられる。ちなみに、このインタビュー「支那民情撮影旅行談を聞く」は『カメラ』一九三八年三月号に載せられ、渡辺義雄の写真が四枚掲載されている。映画『上海』『南京』が一九三八年二月に立て続けに公開されたが、木村・渡辺の写真も三月二一―三〇日には「南京上海報道写真展」として銀座三越で展示され、さらには、雑誌グラビアとして原弘編集構成「報道写真―上海」（『改造』一九三八年三月）、「和平の芽ぐみ」『写真週報』（一九三八年五月一一日号）が掲載されることになる。特に『改造』のグラビアは展示と合わせて、同時並行的に、その内容を構成したものである。外務省の仕事として、日本の正当性を主張すべく国家宣伝をすることを木村も渡辺も受け入れたといってよい。

木村の戦前のフィルムは戦災のため焼け、ほとんど残っていないため、木村が何を撮り、何を撮らなかったのかは推測の域をこえることはできない。しかし、残された資料だけが全てなのだと考えるのと、そうでないものがあったことを前提に考えるのでは、残された資料の見方は変わる。木村の「我々は詰り新聞社も軍も撮らないやうな、おこぼれの平和な姿とかいふやうなものを撮つたのです」（木村他 1938a, 248）という言も、こうした文脈のなかで異なったものとなる。

もう一度、当時の映像状況から考えてみよう。中国との戦況を伝える新聞のニュース写真は速報性をもって、また大量に印刷され流布されている。その内容は、ニュースとしてのトピック性や新奇性、インパクトの強いものが求められる。木村が自ら撮影した写真が「新聞社も軍も撮らないやうな、おこぼれの平和な姿とかいふやうな」写真であるという言は、ニュース写真を前提にした発言とみてよい。もちろん、既に述べたように、映画『上海』が一定の時間をおくことで、戦争の事後の風景を前景化しドキュメンタリーとして成功したように、報道写真も事後の中国をテーマにすることは可能だ。しかし、戦争後の平和な姿は新聞社においても占領が無事に進んでいることを示すものとして、繰り返し写され掲載されてもいる。「事変」ニュース映画と事後のドキュメンタリー映画との関係はここでは成り立ちにくい。さらに、三五ミリの小型写真機による写真は、そのまま写真が大衆化する過程であり、報道写真の専売特許というわけではない。日中戦争に従軍した兵士の多くが自らカメラを携え、行軍の合間に撮影していたことは見逃すことができない現実である。火野の従軍記録が陸軍の検閲、統制を受けた官製の記録であったとしても、なお、兵士自らの意思でその実態の一部であるにしても書き残しえたことは当事者の記録として重要なように、こうして行軍の合間に兵士自らが撮影した写真も、同じように重要である。アサヒカメラ編『戦線写真報告』（一九四〇年）はこうした兵士が撮影した写真を集めたものであり、火野の撮影した写真も掲載されている。例えば、宣撫工作の一環として食物の配給をしている時の写真1-1は、一見すれば戦火がおさまり平和な生活へと戻りつつある村の日常を写したものにみえなくもないが、同時に写されている人びとのなかに便衣兵がいるかもしれない緊張感をもっている。当然のことながら、木村が写す「おこぼれの平和な姿」も同様な緊張関係の中にあるといってよい。

写真1-1　火野葦平「皇軍の白米施与」（火野 1940）

ここで、グラビア「報道写真—上海」（写真1-2）を見てみよう。グラビアは観音開きになっており、一扉は約五〇センチで見開き②③とはつながっており約一メートルになる。まず、右側の扉表（見開き①）には、「春たちかへる上海の街は新らしい秩序のもとに甦ってきた。その新鮮な建設へのいぶきを伝へるべくここに報道写真家の鬼才木村氏に依嘱して最新のグラビア画報を編輯した」（木村 1938b）とある。写真は揚子江に沿って河から上海を概観しているが、右下から「東浦江の外国船」、中央上の「支那軍に破壊された豊田坊」、中央下は「仏租界を警備するフランス軍艦」、左は「波止場に群る苦力——ジャンクで昼休み」とあり、フランス租界を中心に構成されている。右側の扉裏（見開き②）も引き続きフランス租界（FRANCE TOWN）で、右から「仏租界の街角」「バンド側仏租界入口の平和の女神」とあり、「CHINA TOWN」とあるところから共同租界となり、中央上「郷土租界の交通巡査」、下「支那の国旗屋」、左上の「街の

見開き①

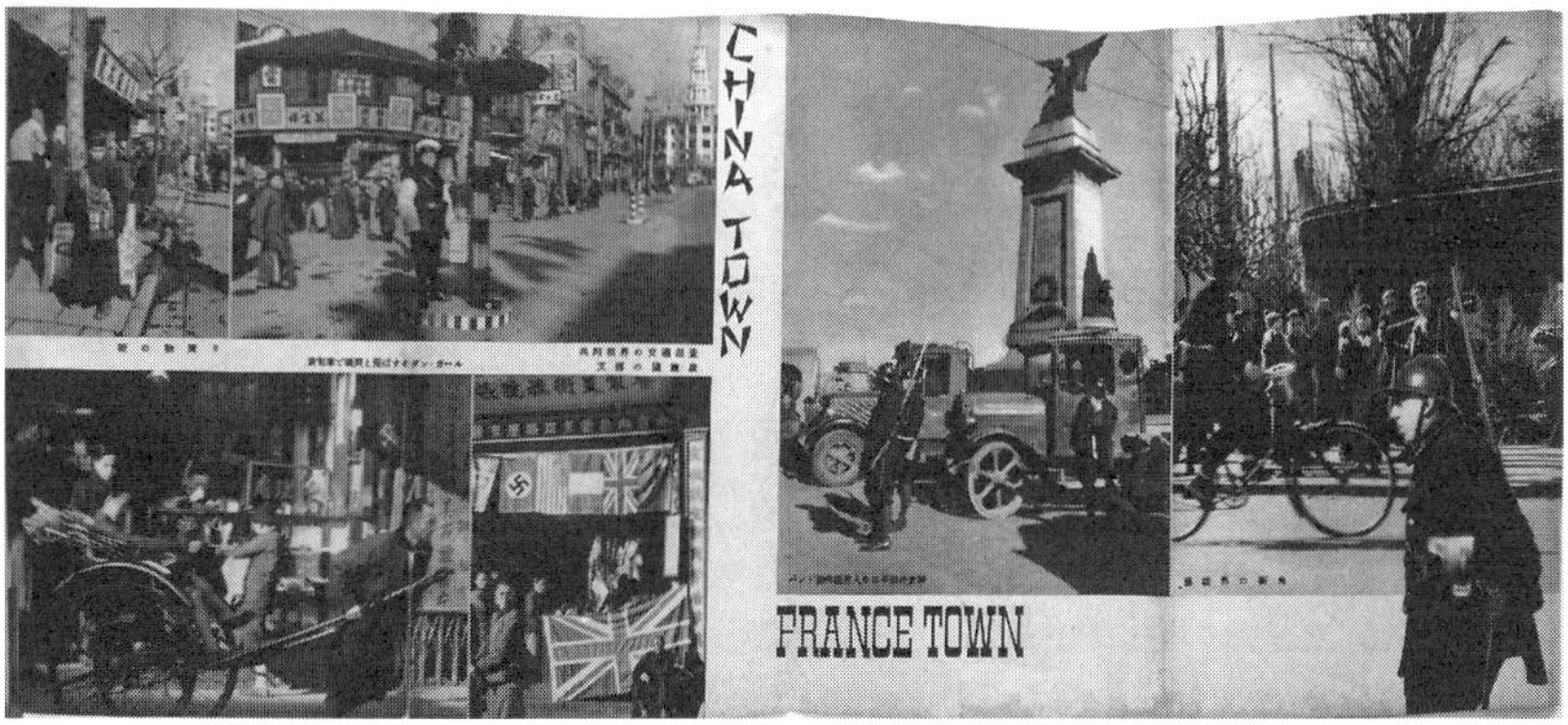


見開き②

写真1-2　木村伊兵衛写真・原弘編集構成「報道写真—上海」（木村 1938a）

見開き③

見開き④

物売り」、下「黄包車で颯爽と飛ばすモダン・ガール」となる。右側の扉裏（見開き③）は大上海の中国人街となり、右上「南京街の雑音」、下「両替屋の日向ぼっこ」、中央上「支那芝居の招牌」、下「黄包車の車夫」は、木村の言うところの「おこぼれの平和な姿」といってよい。しかし、左上「バンドの市風景」は傷痍した中国人を手押し車に乗せているものであり、左下「速製の日の丸腕章を巻いた支那老人」さらには、「食料品を配給する陸戦隊」はあからさまに、日本占領時、連合国軍のアメリカ兵が食糧の配布を子どもたちに行い「ギブ・ミー・チョコレート」を意図的に演出していたことと重なる。これは占領が平和裡に進んでいることを示す、明らかな国家宣伝＝プロパガンダにほかならない。最後の右側の扉表（見開き④）の「陸戦隊員と仲良しの子供」「配給を受けて喜ぶ子供達」は、映画『上海』の最後半部分のシーンと重なる。占領の正当性を表象しようとするとき、子どもの笑顔が使われるのはプロパガンダの鉄則である。そして、グラビアの最後は「光輝ある南京入城式」が掲げられる。何を意味しているのかは明らかといえる。写された写真は、明らかにモンタージュされることで、ストーリーをつくりプロパガンダと機能している。これは、日本国内へのプロパガンダであると同時に、言葉を介さずとも写真のみでその意図することを伝えているという意味でも日本国外へのプロパガンダの可能性も考慮においたものだったことが分かる。このグラビアは『ＦＲＯＮＴ』の前哨戦というべき位置にある。写真家である木村伊兵衛と、それをデザインした原弘の製作意図は明確だといってよい。

映画『上海』『南京』は、制作中に陸軍省、海軍省の後援を得たものであり、企画意図からして、必ずしも自覚的に国家宣伝＝プロパガンダが目ざされていたわけではなかった。それは、外務省の企画においても同じであり、戦争の苛酷な現実が国家宣伝＝プロパガンダへの道を開いていったにすぎない。それは事後的に認知された。つまり、彼らが戦争という大きな社会的過程のなかで、自分たちの映像における新しいチャレンジ、表現を試したいという意欲は、戦争が引き起こすメディアの競合という状況のなかで、プロパガンダという形式をとることしかできなかった。もちろん、ゆっくりと事件を振り返る時間があり、自分たちがそれをどう表現すべきなのか、また、その表現したものの社会的意味はどうなるのかを客観的に考える余地・時間があれば、違った選択肢がみえてきたかもしれない。

木村や渡辺、原といった人びとが戦前の日本社会において、リベラルで良識的で反戦的な人びとであったことは間違いない。しかし、そういう彼らが国家宣伝＝プロパガンダを受け入れたのは、米沢のように「我々が負けたら、我々の兄弟が、父母や子供が、こんな惨めさに逢ふ」と思ったのか。やはり、ゆっくりとどうするべきか考える時間がなく、選んでしまったにすぎなかったのか、今となっては推測の域をでない。人は、人生において重要なことをしばしば無自覚に行う。つまり、彼らは戦争という大きな現実に追い立てられるようにして、自覚的にではなく「南京上海報道写真展」＝グラビア「報道写真─上海」で国家宣伝＝プロパガンダに手をつけてしまった。そして、この現実が彼らを動かす。戦時期において『王道楽土』（一九四三年）、『FRONT』（一九四二年─）（本書第二章参照）と、自分の行為を反芻・反復するかのように国家宣伝＝プロパガンダへと進めることになった。こうした過程のなかで、リベラルで良識的で反戦的な彼らは誰よりも戦争を肯定する人間となったのだ。

# 第二章　勝者のプロパガンダ
## ――木村伊兵衛の満洲――

### 第一節　研究の前提となる問題

加島卓は近年の戦時期の広告史、あるいはデザイン史の研究状況を踏まえ、「一九九〇年代から二〇〇〇年代にかけては戦時期までの史料の復刻がすすむようになった。また、戦争体験者が当時の所蔵品を売却し始め、それらをアーカイブとして公開する動きも広がり、さらにはインターネットを経由した古本の入手可能性が急上昇したことで、史料そのものの稀少性や史料への接触可能性が大きく変わり始めた」（加島 2014, 33）としている。

これについて、自分自身の研究を振り返りながら、整理しておこう。この領域の最初の復刻本は『FRONT』（一九八九―九〇年）であるが、その後、『プレスアルト』（一九九六年）、『NIPPON』（二〇〇二―〇五年）など次々と刊行されている。名前のみは聞いていても、これらの資料を見ようとすると、自ら古本屋を歩き廻り買い集める財力と時間が必要とされ、そうでなければ、そうした資料を収集し、研究に協力的なコレクターをみつけるしかなかった。復刻版の刊行は、その意味で、研究者の間口を広げるものであった。また、さらに、当時、各大学図書館、関連機関の所蔵データが公開され、web-cat による検索が可能になると、資料閲覧の可能性の規模は一挙に広がることになった。

難波功士『撃ちてし止まむ』（一九九八年）は、一九九〇年代においてこの領域の端緒をなす成果といってよいが、加島はそれまで戦前と戦後の断絶を強調していた広告史研究において、「戦前と戦後の断絶を問題にして、戦前の総力戦体制から戦後日本の民主主義への連続性を指摘」したものであり、このような「戦後の歴史記述を反省する動きは領域横断的に展開されていた」（加島 2014, 32）ものであったとする。

難波と同時期に研究をしていた井上祐子『戦時グラフ雑誌の宣伝戦』（二〇〇九年）は、その後の研究状況について、「『ＮＩＰＰＯＮ』と『ＦＲＯＮＴ』については研究が積み重ねられている。その一方で、他誌については、近年少しずつ研究が進められるようになってはきているものの、まだまだ遅れている。それは、グラフ誌が写真家あるいはグラフィックデザイナーの作品・業績としてとらえられてきたことと関係があると思われる。（略）二〇〇〇年代に入ってからは、その背景にある作り手たちの思想にまで研究の範囲は広げられたが、それでもそのような研究は、作者が特定されるものに限られる。つまり、これまでの研究では、写真史の研究同様、作家論的な観点がとられていたため、作り手が特定されず、特定の作者の表現とみされない新聞社のグラフ雑誌などは見過ごされてきた」（井上祐 2009, 11）としている。

加島は『ＮＩＰＰＯＮ』と『ＦＲＯＮＴ』の復刻を前提にして、「未だ取り上げられていない史料の存在が問題に見え始めたのである。ここではそれが「作家論的な観点」と書かれているが、より正確に言えば、書き手と史料のバランスが変わり始めたのである。つまり、これ以前においては史料そのものが稀少であったため、少数の書き手がそれぞれの専門分野から記述してみるという配分であった（そのことが「作家論的」と表現されている）」（加島 2014, 33）としている。この状況はさらに進展しており、「二〇一〇年代においては、あたかも一次資料を見たかのように復刻版やデジタル・アーカイブを活用できるわけで、このような「歴史記述そのものの歴史性」

に言及しない研究は、（略）歴史研究としては評価されにくくなるだろう」（加島 2014, 49）と指摘する。

加島はそうした史料空間の変化を踏まえ、「別なる史料の実証研究」ではなく、「これまでに記述されてきたことその当時における史料の関係を問い直す研究を行」う、歴史社会学を実践することになるのだが、ここでは、こうした加島の議論とは少し違った観点から考えてみよう。ここで興味深いのは、「書き手と史料のバランスが変わり始めた」という点にある。メディア状況が変容する過程で、史料空間そのものも変化し、書き手と史料のバランスが変わったことは、加島に限らず、多くの研究者が意識・無意識を問わず感じていることである。しかしながら、そのことで、研究者の研究的な枠組みが変わったわけではない。

一九九〇年代、難波の『撃ちてし止まむ』は、メディア研究、あるいはメディア史研究に立った研究であったが、その際、写真研究、映像学などの研究はほとんど参照されることはなかった。難波の著書は必ずしも、領域横断的な内容ではなかった。そこには、写真研究、映像学、メディア研究、メディア史、歴史社会学など、それぞれの専門分野には一定の研究的なディシプリン、考え方、アプローチ、さらにはそれを支える研究手法の違いがあり、また、自ずと明らかにしようとするものの違いを含んでおり、学際的な研究を行いにくい問題があったからだ。二〇〇〇年代に入り、加島の言う、「書き手と史料のバランスが変わった」ことで、さまざまな研究領域の研究者が、同じように大量の史料を扱わなければならなくなり、互いの研究を参照せざるを得なくなる状況になった。井上の言は、相互に研究を参照する関係になった時、芸術学的な研究のアプローチが「作家論的な観点」としてその限界性をみせたということであり、それはそのままそれぞれの研究領域の手法の違い、さらにはその手法が含む問題点が明らかになったことを示している。

私が木村伊兵衛、原弘と共に東方社を設立し、初代理事長になった岡田桑三の評伝的研究『岡田桑三 映像の世紀』（二〇〇二年）を書く時に考えていたのは、メディア研究において、異なった研究領域をどう交差させ、学際的な研究を行うことができるかということであった。そのために、作家論として成り立ちにくいプロデューサー論という一つの視点を提示し、さらに複数（川崎賢子との共著）の書き手によって議論するという戦略を考えたことになる。ある一定の成果を示すことができたと言えるだろうが、当然のことながら、その後のメディア状況の変化はさらに、事態を加速させている。膨大な資料の集積体である（デジタル・映像）アーカイブは、加島の言う「歴史記述そのものの歴史性」が問われる、あるいは、ただ単にそれをどう使うかという利便性を越えて、研究のあり方そのものを問うものとなりつつある。

## 第二節　映像・アーカイブの研究の曖昧さを考える

ここで、通常の活字メディアを扱うアーカイブと映像メディアを扱うアーカイブとの違いを考えておこう。活字メディアを伝達する記述内容から考え、ニュース・ノンフィクション・フィクションの三つに大別してみよう。大まかに研究領域を分ければ、ニュースはメディア研究、あるいはジャーナリズム研究、歴史学の範囲内に入り、ノンフィクションはメディア研究、あるいはジャーナリズム研究、フィクションは文学研究ということになる。ところで、映像メディアでは、写真の場合、ニュース写真・フォト・ルポルタージュ（報道写真）、グラフィズム・芸術写真となり、動画（映画・放送）の場合、ニュース・ドキュメンタリー・ドラマとなる。しかしながら、その研究領域はメディア研究、あるいはジャーナリズム研究、歴史学、写真研究、映像学、文化人類学、民俗学、博物館学など多様な領域にまたがる。活字メディアと比べたとき、映像のもつ、多義的・多層的な構造はさまざまな研究領域を横断させることになる。映像を扱うことは事の善し悪しに関係なく、他領域の研究分野に関わることになる。このことの意味を研究者は自覚するとともに、常に他領域の研究成果に目配せをする必要がある。

加島は「戦争体験者が当時の所蔵品を売却」あるいは寄贈し、「それらをアーカイブとして公開」し始めていることを指摘している。確かに、日記や手記など個人資料なども公開されるようになり、アーカイブ研究において、文書資料の裾野は明らかに広がっている。しかし、映像のアーカイブの場合、微妙に、上記の映像のもつ多義的・多層的な構造と共に、違ったニュアンス、領域の振幅がある。

市原のオコナイという民俗行事の写真について考察した鵜飼正樹は、「写真とは、ある人やものやことのある一瞬の状態を、あるアングルとフレームで切り取」ったものであり、「何を、どんな瞬間に、どのようなアングルとフレームで撮影するか、それは撮影者が選択する」とし、そこに「撮影者の意図が濃厚に反映している」とする。その上で、現在、民俗行事に多くのアマチュアカメラマンが殺到し、同じような写真を、他の人の撮ったものを参照することなく写し続けている状況を指摘する。そして、それらの写真の「すべてが公表されるわけではない。公表されるのはその一部」に過ぎないとし、ほとんどの写真は、「私蔵＝死蔵され」る。「プロのカメラマンであれ、研究者であれ、公表された写真の背後には、膨大な私蔵された写真がある」。「つまり、写真は、意図的に選択された上で、公表され」（鵜飼 1993, 202）ているとする。これは写真に限らず、映像メディアにおいて、公開されるということは、どういうことなのかを述べた意見といってよい。

しかし、現在、こうした私蔵された写真はネガごと、あるいは動画は未編集のものが、膨大な資料として、寄贈されデジタル化されることで、見ることができるようになりつつある。つまり、写真に限らず、映像メディアにおいて、いわゆる公表されたもの以外の映像から、公表された映像について考えることができる状況になりつつある。こうした状況は、映像メディアを考える上で、看過できない大きな意味をもち始めている。

## 第三節　映像アーカイブの映像を分析するための方法論

佐藤健二は、写真撮影（映像）が社会学の方法たりうるかを問い、社会学における理解とは「現象を現前させている構造の理解こそが、目標である。そうした現象の原因ともいうべき構造そのものは、ほとんどのばあい写真にとれるような実在ではない。それはことが＝概念を組み合わせることを通じてしか、描写できない関係性であり、因果関係であり、認識」だとする。それに対して、映像は見えるものを対象としている以上、それを使うには、映像（写真）が「何を写したテクストであるのか」、さらには「いつ、どう写したのかという記録を添えることはデータ化の第一歩」（佐藤健 1996a, 237）だとする。そうした写真とことばとの対応づけの事例として、有賀喜左衛門のモノグラフによる写真の事例をあげる。歴史学や民俗学などでよく用いられる方法といってよい。これは、映像のもつ多義的で多層的な構造を一義的に写されたものによって規定したもので、映像を極めて限定し、標本的に扱う手法となる。

当たり前のことだが、映像は見えるものと見えないものとの関係性のなかで、生起している。研究方法として見える部分だけを利用することは可能だが、映像メディアは基本的に写すものと写されるもの、さらにはその映像を見るものという三者の関係性を内包しているテクストである。関係性を「読む」（佐藤健 1996a, 236）ことは、そのまま現象を媒介している構造性そのものを明らかにする前提となる。本来、社会学が明らかにすべきなのは、写された内容の分析だけではなく、そうした内包した関係性が、いかに社会的に機能しているのかを分析することである。なぜなら、映像メディアは見えるものを通して、見えない社会関係、構造を現出しているからだ。

既に述べたように、現在の資料空間において、映像は一枚一枚の単体ではなく、群としての映像となって残され、公開される資料として現れてきている。これまで以上に、一枚一枚の写された内容を分析するだけでなく、なぜ残され、どう公開され、どう利用されるべきなのかの問いを含めた、大量の群としての映像資料につきあい、それを読む方法が模索されなければならない状況にある。ここでは、簡潔に三つの視点を提示しよう。

① 映像を単体で扱うのではなく群（かたまり）として扱う。

コレクターの嗜好によって集合化された資料群ではなく、当事者がもっている資料、必ずしも映像のみにこだわらない全資料のコレクション化の必要がある。他の研究領域の研究者との連携による資料整理も必要となる。映像の分析ではなく、コレクションの分析であり、作品単体、一枚一枚、一本一本ではなくコレクションとして分析する方法の必要性である。

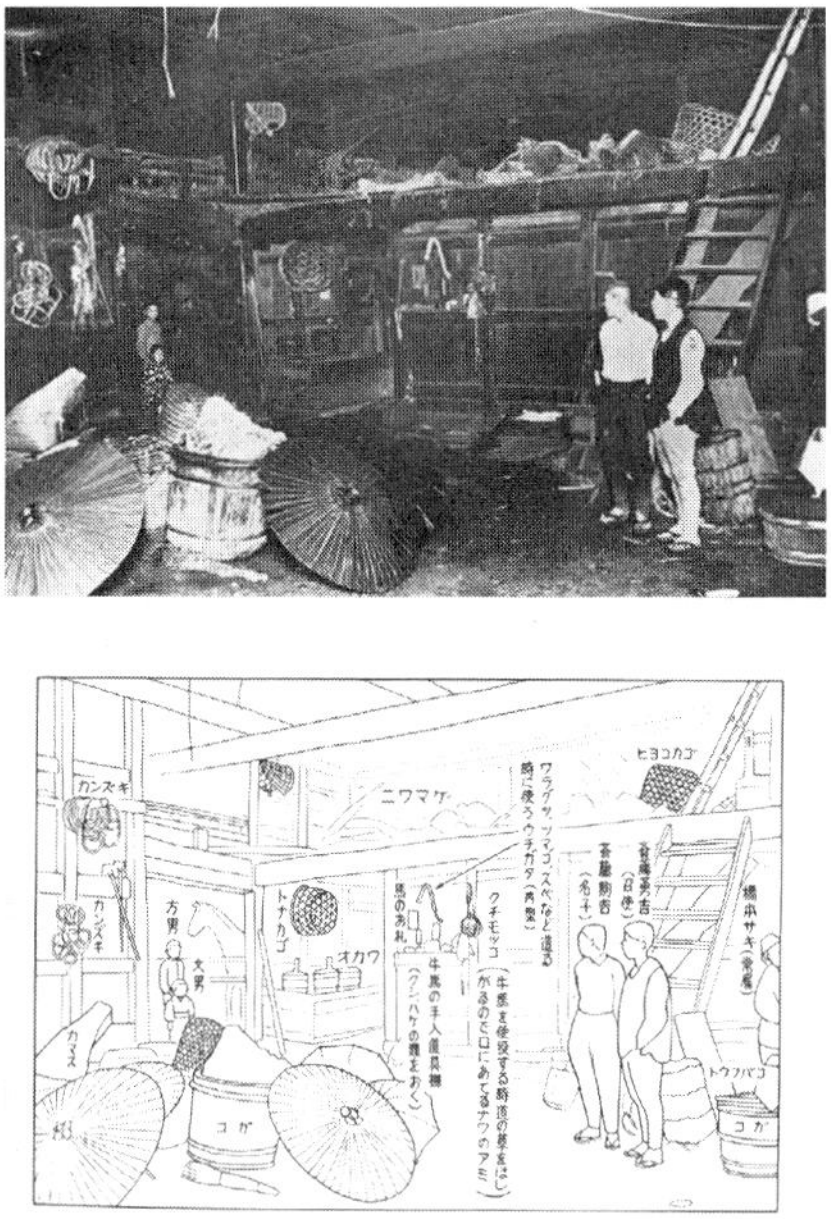

写真2-1　有賀喜左衛門の写真のデータ化
（有賀，1939［1967］，写真8）

② 関係性から映像を読み解く。

ロラン・バルトが指摘するように、あらゆる映像には、写すものと、写されるものとの関係性があり、次に、その写された映像を見るものとの関係が現れる。映像を見ることは、目の前にある映像に、過去に写すものと、写されるものとの関係性があり、その関係性を内包した映像を見ることを意味する。それは日常生活のなかで、モノとしての映像がある限り、不断に可能性として関係性をつくり続ける（Barthes 1980=1985, 訳93）。映像に埋め込まれている関係性を解きほぐすことは、そのまま映像を生み出している社会的な関係性、場のコンテクストそのものを明らかにすることに繋がる。

③ 社会的な文脈を読み解くために映像アーカイブと映像アーカイブを関連づける。

こうした映像のもつ社会的な関係性、場のコンテクストを明確にするには、必ずしも、その内容にこだわらない、メディア横断的な関係性のあり方を探り出す必要がある。歴史資料、民俗的資料として見ていたのでは分からない関連性、メディアを使うことで生み出される社会的共通性をえぐり出すことが、メディア研究者に求められる。

## 第四節　東方社と亜東印画協会を比較する――軍の関係機関のコレクション

### 1　亜東印画協会と亜細亜写真大観社

第三節で示した方法論を踏まえつつ、ここで実際に、異なる二つの映像アーカイブのデータベース（コレクション）を関連づけ比較することで、どういったことが明らかにできるのかを試みてみよう。

最初に、簡単に東方社について触れておこう。東方社は一九四一年、アジア・太平洋戦争期に陸軍参謀本部のもと、デザイナー・原弘、写真・木村伊兵衛、編集・林達夫などによって『ＦＲＯＮＴ』など対外向けプロパガンダの制作をおこなうために組織された会社である（多川 1988）。戦後、文化社として再出発するが一九四六年に解散したおり、撮影した写真ネガは撮影者に分配したが、なんらかの理由で戻らなかったものが、「青山光蔵氏旧蔵東方社・文化社関係写真コレクション」（略称・東方社コレクション）となった。なお、東方社コレクションの概要については、『戦中・戦後の記録写真――「東方社コレクションの全貌」』で報告されているので、これをもとに、他のコレクションとの比較を試みたいのである。比較することで、東方社コレクションと他のコレクションとの共通性と違いを通して、その固有性、意義を明らかにしたい。

ここで比較として取り上げるのは、東洋文庫現代中国研究資料室データベース http://www.tbcas.jp/ja/lib/lib4/（2018.11.22確認）に全画像が掲載されている、『亜東印画輯』と『亜細亜大観』である。『亜東印画輯』は、亜東印画協会（大連市淡路町３番地）が一九二四年から一九四四年頃まで月刊で発行し、『亜細亜大観』は、亜細亜写真大観社（大連市山懸通193）が一九二六年から一九四〇年頃まで発行した月刊の写真帳である。共に、モノクロ写真を貼り付けた写真帳で、写真には一枚ごとに短い解説文がつけられ、一〇枚を一セットとして、一ヵ月に一回、会員向けに配布されていたとされる。東洋文庫のデータベースにはＰＤＦファイルによる写真目録が添付されているだけでなく、全画像を見ることができる。ここでは、概要を示すために、写された地域のおおよそを表２-１・２（章末）として示しておく。

二つの組織は、日露戦争後、租借地として日本領となった大連を拠点としており、同じような形式の写真帳スタイルの刊行物を刊行する組織であり、住所は違うが、実際は同じか極めて近い組織であったことが推定される。刊行の始まりに若干の違いはあるが、両写真帳とも、一九二〇年代は、中国各地を広範囲にカバーした撮影を行っているだけでなく、蒙古、西蔵など探検的な調査もあり、軍事目的を含んだ撮影旅行だったことが推測される。一九三一年の満洲事変を経て、一九三二年の満洲国設立以後、両写真帳とも、満洲を中心にしたものになっているが、一九三七年の日支事変以降、再び、北京、山東省、南京、上海、蘇州、杭州、四川省など、日本の勢力の拡大とともに、その対象地域が広がっている。つまり、二つの組織は、軍の行動と関連していたことが考えられるのだが、詳細は不明であり、こうした成り立ちそのものも東方社と似ているといってよい（なお、亜東印画協会の初期の段階については、竹葉（2017）を参照されたい）。

どちらにしても、ほぼ、二〇年間にわたって継続的に、占領者の立場で、複数の日本人撮影者が、「中国・朝鮮・モンゴル地域において撮影した風俗や民情、自然風景、歴史的建造物など」を被写体とした写真帳であり、「当時の様子を伝える貴重な資料」（相原 2015, 69）であると同時に、当時の日本人が中国をどう見ていたか、どう表象しようとしたのかを知る資料ともなっている。

本として見たとき、『亜東印画輯』と『亜細亜大観』は写真と写真集の間にある、中間物としての分冊百科、あるいはパートワーク形式と呼ばれる雑誌（現在なら、デアゴスティーニが代表であろうか）という形態となっている。絵葉書的な特徴を持ちながら、本の体裁をもったあり方に特徴があり、その形態は台紙にプリントを貼り、印刷された簡単な説明書を貼付したものである。そのことから考え、発行部数は多くなく、その都度、用途に応じて作られた可能性が高いことが想定される。

ところで、会員制とされるが、どういった人たちが購入していたのだろう。東洋文庫の所蔵以外では、『亜東印画輯』は国会図書館、京都大学、日本大学・東北学院大学、他六館、『亜細亜大観』は国会図書館、京都大学、他九館が所蔵している。ちなみに、東洋文庫の購入記録からは、同時代的に毎回購入していたことが確認されている（相原 2015, 69）。

それでは、個人での購入は可能だったのだろうか。新潟県立文書館所蔵資料「昭和戦前旧中国ほか風景風俗記録写真　八六一点」（E0308）は、『亜東印画輯』の表紙のあるものは、一輯から三輯の内容の抜粋からなっており、『満蒙大観』と題されているのは『亜細亜大観』（亜細亜写真大観社）の第一冊と第二冊の一部の内容によって成り立っており、写真の順序こそ異なっているがほぼ同じ内容である。ちなみに、この資料は、一九〇四（明治三七）年、村上市で生まれた工藤孝雄が、旅順師範学校を卒業後、一九二四（大正一三）年大連で小学校教員となってから村上市にある実家に送っていたものをまとめたもので、二〇〇二（平成一四）年工藤孝雄死去後、二〇〇三年遺族より県立文書館に寄贈されたものである。つまり、同時代に工藤が旅順で会員となり、実家に送り、戦後、旅順から引き上げてから、整理したものと考えられる。順番は、かなり異なっており、『亜東印画輯』は東洋文庫のものと比べるとそろっているわけではない。なくなったものは、人に写真をあげていた可能性もある（異同については表2-3・章末を参照）。

相原は、東洋文庫所蔵と京都大学、日本大学・東北学院大学所蔵のものとを比較した結果、「解説文、写真のトリミング、写真の残存状況」（相原 2015, 70）に違いがあることや、抜粋されて新たに編集された特別号が刊行されていることを指摘している。こうしたことを考慮しながら、『亜細亜大観』と『満蒙大観』の異同をもう少し詳しくみてみよう。まず、当然のことながら、表紙が異なる。次に、台紙が『亜細亜大観』が黒地で、『満蒙大観』は白地になっている。『満蒙大観』裏表紙となっている写真は、現在のところ、『亜東印画輯』『亜細亜大観』からは見つけ出されていない。裏には亜東印画協会の解説文が貼られており、亜東印画協会と亜細亜写真大観社が極めて近しい関係であったことを示している。

内容の異同を見てみると、『満蒙大観』の一番目は「阿片」を吸う女性の写真であるが、『亜細亜大観』は一四頁にある。写真は同じでトリミングはされていないが、解説文はかなり違う。『亜細亜大観』では、「阿片と云へば直に支那を連想する夫れ程阿片は支那人に必須のものである。けれ共最初から支那に有ったものではなく古代は地中海沿岸に栽培され夫れが長年月の間に東漸して支那に入ったもので其歴史は随分古い、之を吸ふ者は大概横臥して煙槍（エンチヤン）を酒精ランプの上に横たへ静かに白煙を鼻孔より吐き何時しか夢境に入て楽園に遊ぶと云ふ。」となっているが、『満蒙大観』では、「阿片を吸ふ事古より支那人の習癖なり　寝台に臥して煙槍（エンチヤンと称し阿片を燃焼せしめ其煙を吸ふ管）を酒精ランプの上に横へ静に白煙を鼻孔より吐き何時しか夢境に入りて楽園に遊ふと云ふ」と、内容はほぼ同じだが、適宜、短くし簡略化されていることが分かる。『満蒙大観』の解説文は、『亜細亜大観』の解説文を元にしたものといってよいだろう。

また、同じ題名で同じ建物を写しているが、微妙に違う写真がある。『亜細亜大観』四頁「正金銀行支店（大連）」と『満蒙大観』一七番は、同じ正金銀行支店だが、カメラ・ポジションが明らかに違っており、同じ写真をトリミングしたものではないことは分かる。通常、撮影する場合、ポジションを変えて何枚か撮影することは、当然のことだが、そのネガが使われた可能性がある。一方で、題名は同じだが、違う写真もある。「西公園（大連）」は『亜細亜大観』一一頁と『満蒙大観』一四番は、明らかに違うが同じ「西公園」と考えられる。こうしたものは、人物においてもあり、「老婆と孫（南満）」では『亜細亜大観』五九頁と『満蒙大観』九七番に写っている人物は同じだが、写真は異なっており、やはり何枚か撮影したなかから選択されたことが分かる。しかし、題名が同じにもかかわらず違う写真もある。「老翁」は、『亜細亜大観』二五頁と『満蒙大観』三一番では全く違う人物である。

複製芸術としての写真は一枚のネガから何枚もの写真を焼くことができるが、被写体を複数回撮影し、複数のネガから何枚もの写真を焼いた方が生産的であることは論をまたない。また、撮影者が亜東印画協会、あるいは、亜細亜写真大観社の専属ではなく、本来の業務と一緒に嘱託として撮影していた可能性も考えられる。どちらにしても、プリントしたものを台紙に貼り、印刷された簡単な説明書を貼付するという形式は、出版物としては、本、雑誌、新聞、絵葉書など印刷工場による大量生産物より小さな写真工房による小量販売のあり方といってよい。しかし、一枚のネガではなく、複数枚のネガが必要とされていたことは、マスでもパーソナルでもない、規模の幅があったことも見てとれる。こうした写真群は、特に日中戦争以降、観光という一般解釈コードを付与され、土産物（スーベニール）として使われていた可能性が高く、今となっては、その実態を摑まえることは極めて難しい資料、あるいはメディアとなってもいる。

## 2 『FRONT』における映像の偏差

『FRONT』は対外宣伝の一翼としてそのプロパガンダ性が言われる一方で、マーケッティング・リサーチとでもいうべき意識、宣伝広報する対象者を考えた戦略を立てていなかった限界性が指摘されている。確かにそうであるのだが、そうした現実を無視したイデオロギー（井上祐 2009, 226）とでもいうべき偏りが、何をもたらしたのか、あるいはなぜ、未だに『FRONT』が問題にされるのかを考えてみる必要もある。

ところで、『亜東印画輯』と『亜細亜大観』は、規模はマイナーではあるが、租借地として二〇年近い歴史性をもった大連という場所から、観光という一般解釈コードを軸にし、日本を市場とする意識をもった写真コレクションと考えてよい。そうした観点から見たとき、『ＦＲＯＮＴ』は、東京から、規模は同じようにマイナーであるが、戦争という大きな枠組みのなかで、プロパガンダという解釈コードを軸にし、世界を相手にする意識をもったグラフィズムのコレクションとして考えることもできる。

ここでは、満洲という場所に焦点を合わせて比較を試みてみよう。まず、『亜細亜大観』からは一九三五（昭和一〇）年に満洲建国四年を記念した第一一輯一三一回「楽土満洲」と、一九三九（昭和一四）年の第一六輯一八二回「満洲国の土俗と風物」、一八三回「満洲民族の建築と風物」を対象とする。次に、木村伊兵衛が一九四〇年五月から六月にかけての約四〇日間の満鉄の招待で満洲を訪れ撮影したものをまとめた一九四三（昭和一八）年の写真集『王道楽土』と、東方社コレクションにあるネガ『王道楽土』を取り上げる。『ＦＲＯＮＴ』からは、一九四三年に刊行された「満洲建設号」を取り上げ、さらに、補助線として井上が『ＦＲＯＮＴ』と比較した朝日新聞社が刊行していた『アサヒグラフ 海外版』から、満洲建国八周年を記念して一九四〇年に掲載された一連の特集記事を扱うことにする。比較したときに、この四つの間にどんな偏差があるのか、あるいは、全くないのか、こうしたことに留意しながら分析してみよう。

① 『亜細亜大観』

一九三五（昭和一〇）年の第一一冊一三一回「楽土満洲」は、「撮影と説明」青山春路とある。青山は編集人も兼ねている。なお、発行人は島崎役治である。内容は「満洲の古代色」「土の住居」「城壁」「豚と満人」「親豚と子豚」「満人と驢馬」「平和な牧場」「老翁と孫」「露人部落の朝」「ハルピン場末」の一〇枚である。冒頭の文章「楽土満洲」では、「建国四年、満洲の主要都市は近代文化の粋を集めて躍進の途上行進曲を奏で、経済的発展も亦目醒し」（亜細亜 1935, 137）いと述べられているのだが、そうした「躍進満洲の大都市」の姿はここでは紹介されない。近代的な都市を「一歩郊外に歩を運へば、そこには、今も尚情趣豊かな満洲の古代色が残されて居り、素朴な満人の生活図譜がくりひろげられてゐる」（亜細亜 1935, 138）とし、変わることのないのどかな満洲の日常生活が淡々と紹介される。当然ながら、こうした視線は、二〇年近い居住に根ざしたものといってよい。

こうした姿勢が意味するものは、何であろうか。一九三九（昭和一四）年の第一六冊一八二回「満洲国の土俗と風物」、一八三回「満洲民族の建築と風物」では、もう少し分かりやすい主張が繰り広げられている（なお、一八二回と一八三回の撮影は島崎役治となっており、発行人も兼ねており、編集人は青山捨夫である）。写真の意図を説明する冒頭の文章は森田富義「満洲国の嫌いなもの」で、大連に長く住む者として「ずっと以前の話であるが「満洲国」はどんなところですか」と質問され」、満洲の「路上に金塊は転つてゐない」（森田 1939a, 17）と答えたとしている。これは、満洲国建国とともにやってきた大勢の移民、あるいは来るであろう人びとに対して向けた言葉である。当然のことながら、写真の意図も渡満による一攫千金をあおる宣伝的な「躍進満洲」ではなく、貧しくはないが決して豊かではない満洲の日常生活そのものとなる。

一八二回「満洲国の土俗と風物」の内容は、「満州国の歌妓」「街頭の音楽師」「豚追い」「仏像塑像師」「満洲国人の薬舗」「満洲人の医生」「飲食店」「氷上の運搬」「吉林小白山の神鹿」「満洲国人の愛する楽器」の一〇枚で、「満洲国人の薬舗」「飲食店」など淡々とありふれた町の風景が紹介される。さらに、一八三回「満洲民族の建築と風物」の冒頭の文章で、森田富義「満洲民族の建築と風物」は、「満洲人族の住宅、即ち家が、日本人の家の如き門構えをした門を見る」とし、「日本と如何なる関係があつて、日本築物に共通点を得るやうになつたかは、正確に知る由もない」としながら、「共通せる農家なり、寺廟なり、門なり、鳥居なりがかなり沢山あ」（森田 1939b, 29）るとする。そうした観点から、日本と同じような建物、風景として、「鳥居型の門」「斉々哈爾の寺院」「吉林附近民家の門」「孔子廟」「吉林の北山」「満人農家全景」「松花江木材揚」「吉林郊外風景」「松花江の筏」「吉林の雪かき風景」が選ばれ、写されている。

つまり、『亜細亜大観』は内地・日本に住む人びとに向けたものであり、満洲に定住している人間が、満洲観光を促し、さらには、人びとを誘致する側として、満洲のありのままの姿を写し、移住には苦労も必要だということを暗に示しつつ、日本との親和性を感じさせるようなつくり方をしている。こうしたことを示すため、写真は、ある一定の客観性、写される対象に対して関係していないような撮影の仕方、見せかけの客観性が保たれ、ニュースなどの報道と同じ表現コードが使われる。より詳しく言えば、テレビレポーターがテレビのフレームのなかで、現場と一定の距離をおいて、現場の様子を紹介するようなスタイルといってよい。つまり、写真のなかには写されていないが、写真のフレームの枠外で満洲に住むレポーター（一貫した話者）が、満洲という場所はこういう所ですよ、と示している手法である。

② 写真集『王道楽土』とネガ『王道楽土』

それに対して、写真集『王道楽土』の木村伊兵衛は明らかに旅行者、あるいは観光者による視線といってよい。既に述べたように、写真集『王道楽土』（一九四三年）は一九四〇年五月から六月にかけて、満鉄の企画による撮影旅行であり、東方社と直接関わるものではないが、"Japanese School Life Through the Camera"（国際文化振興会、一九三九年）、"Girls of Japan"（国際報道写真協会、一九三七年）、"Japan Through a Leica"（三省堂、一九三八年）、

"Four Japanese Painters"（国際報道写真協会、一九四〇年）と続いた写真集の後の企画となる。それまでとは異なり、満洲という日本以外の国から日本に向けて宣伝・広報するという仮想の対外宣伝の実践として、写真集『王道楽土』はつくられる。その内容は、その後の東方社での大東亜共栄圏という枠組みを先取するものといってよい。

当然のことながら、写真集『王道楽土』は内地・日本に住む人びとに向けたものであるのだが、その内容は『亜細亜大観』とは大きく異なる。ここでは、その内容を検討する前に、写真集『王道楽土』とそのネガ『王道楽土』との関係を整理しておこう。なお、ネガについては、井上（井上祐 2014）の整理による。写真集『王道楽土』によれば、木村がこの時の満洲の取材で使用したカメラは、ライカ・エルマア五〇ミリ附、ライカ・クセノン五〇ミリ附、ブラウヘル・マキナ（名刺判）の三台としている（木村 1943, 102）。井上も述べているように、東方社コレクションとして残されているのは、ブラウヘル・マキナ（名刺判）で撮影したネガで、取材したネガの一部にすぎない。しかし、それでも多くのことが分かる。

まず、写真集『王道楽土』で扱われている満州の場所を章立てでみると、「一、承徳」、「二、千山」、「三、葛根廟」、「八、ハルビン」、「九、吉林」、「十、牡丹江」、「十一、鏡泊湖」、「十二、奉天」、「十三、新京」は有名な場所であり、観光地といってよいものである。満鉄の招待の意図はある程度うかがえる内容である。しかし、一方で、使われなかったネガ『王道楽土』に関東軍の演習の様子（05-兵隊）が写されていることは、東方社の端緒となる仕事、『FRONT』のための練習といった意味があったといってよい。こうした観点から興味深いのは、「四、撫順」、「五、鞍山」、「六、横道河子」と炭坑、重工業、林業という生産の現場が写されていることだ。写真の枚数でいうと二〇枚あり、全体の二二％を占める。

表2-4　写真集『王道楽土』とネガ『王道楽土』一覧表

| 『王道楽土』章名 | 頁 | 頁数 | 写真枚数 | ネガ | ネガ枚数 | 掲載ネガ |
|---|---|---|---|---|---|---|
| 前書き | 1-2 | 2 | | | | |
| 目次 | 3-4 | 2 | | | | |
| 一、承徳 | 5-9 | 5 | 3 | 10-東陵承徳 | 13 | |
| 二、千山 | 10-15 | 6 | 4 | 08-千山 | 28 | 1 |
| 三、葛根廟 | 16~21 | 6 | 5 | 07-葛根廟 | 48 | 1 |
| 四、撫順 | 22-25 | 4 | 3 | 03-撫順炭坑 | 22 | 1 |
| 五、鞍山 | 26-31 | 6 | 5 | 01-重工業(昭和製鋼所) | 46 | 5 |
| 六、横道河子 | 32~41 | 10 | 9 | 02-横道河子(林業) | 82 | 5 |
| 七、ロマノフカ | 42-49 | 8 | 6 | | | |
| 八、ハルビン | 50-61 | 12 | 11 | 12-ハルビン | 44 | 9 |
| 九、吉林 | 62-69 | 8 | 7 | 11-吉林 | 50 | 2 |
| 十、牡丹江 | 70-72 | 3 | 2 | 17-郊外風景(牡丹江) | 19 | 0 |
| 十一、鏡泊湖 | 73-79 | 7 | 5 | 04-鏡泊湖 | 62 | 3 |
| 十二、奉天 影絵芝居 | 80-89 | 10 | 9 | 06-満洲の子ども(奉天)/16-奉天街頭 | 21+13 | 2 |
| 十三、新京 | 90-101 | 12 | 9 | 15-新京/13-総理・治安部大臣 | 19+14 | 0 |
| 奥書 | 102-103 | 2 | 1 | (10-承徳) | | 1 |
| 奥付 | 104 | 1 | | | | |
| | | | | 05-兵隊 | 41 | |
| | | | | 09-日本女性 | 7 | |
| | | | | 14-東原□附近　キイレ氏 | 10 | |
| 総計 | | 99 | 79 | | 539 | 30 |

写真2-3　横道河子のギターを持った女性
（B001-016-002）

写真2-2　ハルビンのベンチの若い女性
（B002-028-001）

しかし、写真集『王道楽土』が『ＦＲＯＮＴ　満洲建設号』と全く違うのは、写された白系ロシア人の比率である。「六、横道河子」「七、ロマノフカ」「八、ハルビン」で明らかにロシア人と分かる写真は二一枚あり、全体の二七％を占める。『ＦＲＯＮＴ　満洲建設号』でロシア人が写されている頁は農場とダム工事での二頁分で、全六〇頁中三％にすぎない。写したロシア人をネガ『王道楽土』で見てみると、ハルビンのベンチの若い女性（写真2-2）や、横道河子のギターを持った女性（写真2-3）など、明らかにモデルであった可能性がある。実際、そういう風に見ると、「九、吉林」の若い女性も満鉄によって用意されたモデルだったとみえてくる。明らかに一九四〇年の満鉄の企画は、観光が目的であった。木村は写真集『王道楽土』のまえがきで、アメリカとの戦争が始まった一九四三（昭和一八）年の「満洲国の現在の実情から推して、餘りにも生ぬるく歯がゆい感じがするかもしれない」（木村 1943, 1）と書いているのは、そうした背景を示している。

なお、白系ロシア人の扱いを『亜細亜大観』と比較すると、一三一回「楽土満洲」の内「露人部落の朝」では、「晩秋………ハルビンの場末に残された白系露人の貧民窟の朝である。朝の光が傾きかけた窓からさし込む時国を失へる人々の胸にも何かしら一日の希望が芽ぐむのである。かくて彼等には一日のパンを得るための労苦にあつても、王道楽土なるが故に生活権への迫害もなく、平和なその日その日が送られてゆく」とあり、政治的流離というテーマをみせ、扱いは大きく異なる。

ここで、観光からプロパガンダへと転移していく過程を、写真集『王道楽土』とネガ『王道楽土』の違いから分析してみよう。ネガ『王道楽土』を見て気付くのは、オーソドックスに写すものと写されるものとの関係が分かりやすい形で表現されていることだ。「葛根廟の喇嘛寺の若い僧」（写真2-4）の写真は、写すものと写されるものとのフレンドリーな関係における記念写真に近い。こうした撮り方は、「満洲の子ども（奉天）の子どもたち」（写真2-6～7）にも共通する。「吉林のダム工事現場の男性」（写真2-5）の写真は、スナップショットといってよい。こうした写真は、ある程度の演出はみえるにしても、映像がもつ関係性を前提にした写真といってよい。写真集『王道楽土』の編装をした原弘は、こうした写すものと写されるものとの関係性がみえる写真群を注意深く除いている。満洲の子どもの写真は微妙だが、そうした選択の結果といってよい。木村はもともと日常生活のスナップショットを得意とする写真家であり、名取洋之助のように写真を記号化し、組写真で構成しストーリーを生み出すことに長けているわけではない。デザイナーである原はそうした木村の写真を理解したうえで選択し、配列する編集を行っている。しかし、もう一つ違った要素もあったかもしれない。アメリカとの戦争が始まる前、満鉄の企画の取材旅行であったが、戦争の開始と共にその企画は変更され、東方社の枠組みにあわせた予行演習として満洲の写真が流用された可能性である。写真集『王道楽土』の「九、吉林」六五頁の中年男性の僧の写真は、そうしたことをうかがう典型的な事例かもしれない。なお、この写真は、写真集『王道楽土』

写真2-5　吉林のダム工事現場の男性（B002-025-002）

写真2-4　葛根廟の喇嘛寺の若い僧（B002-017-007）

写真2-7　満洲の子ども（奉天）の子どもたち（B001-004-001）（『王道楽土』に掲載）

写真2-6　満洲の子ども（奉天）の子どもたち（B001-007-008）

では吉林となっているが、ネガ『王道楽土』では、実際は遼寧省千山での撮影であることが分かっている（井上祐 2014, 34）。この僧の写真は現在残されているネガは六枚であるが、写真集『王道楽土』「二、千山」の「五大禅寺の中廊」（一二頁）の写真に写っている僧も同じ人物の可能性があり、ライカでの撮影分がさらにあったことは分かる。

ここでは写真集『王道楽土』に使われたオリジナルを含めて四枚並べてみよう（写真2-8〜11）。木村は写真撮影において、被写体の「生活に食ひ入つて行くと、作者の主観よりも向ふの撮される人物が出て来る」（木村 1941, 279）としているが、ここでもそうした人物描写を試みていると考えてよい。しかし、トリミングされ、クローズアップにした写真群（写真2-12）として並べたとき、満洲族の一員として類型化され表現される。「民族協和・安居楽業」（木村 1943, 1）というテーマへと写真は馴致される。なお、木村は「報道写真の中心は人物であることは今更ながら申す迄もない」とし、「クローズアップの効果は今後の報道写真に一つの問題を投げかけて居る」（木村 1941, 278）としている。もちろん、クローズアップの効果を発揮するには、その前後の写真、さらには全体の流れそのものが問題となる。木村がこの文章で『炭焼く人々』『南部鉄瓶工場』などの文化映画の例をあげ、映画とグラフィズムの親近性を示唆している。ここには、"U.S.S.R. in construction" などの影響もうかがえるだけでなく、日本のグラフィズム『NIPPON』『アサヒグラフ』などとの違いが表れている。東方社の表現を主導した木村と原の映像においてプロパガンダが発生する場所、戦場をどこにみていたのかが分かる。

ここで、再び『亜細亜大観』の写真「老翁と孫」と比較してもよいかもしれない。写真の説明はこうである。「うら丶かな秋の陽を浴びて砂丘の上の柳の蔭に終日孫のお守りをする白髯の老翁、眠たげな孫達の日に、秋の日の陽炎がチロチロとたわむれてゐる。これも王道楽土に描かれた一幅の泰平図譜であらう」。ここにもプロパ

写真2-8　ネガ『王道楽土』満洲族の僧（B002-019-003）

写真2-9　（B002-023-002）

写真2-10　（B002-022-009）

写真2-11　（B002-023-001）写真集ではこの写真がトリミングされクローズアップにされている。

ガンダがあることは間違いないが、写真はニュース報道のもつ見せかけの客観性が枷となっており、表現としての説得性は弱い。原は写真を選択し、トリミングなどの編集をすることで、写真のもつ再現性を微妙に移動させ報道写真のもつ客観性のあり方を変えようとしている。

65頁　64頁

67頁　66頁

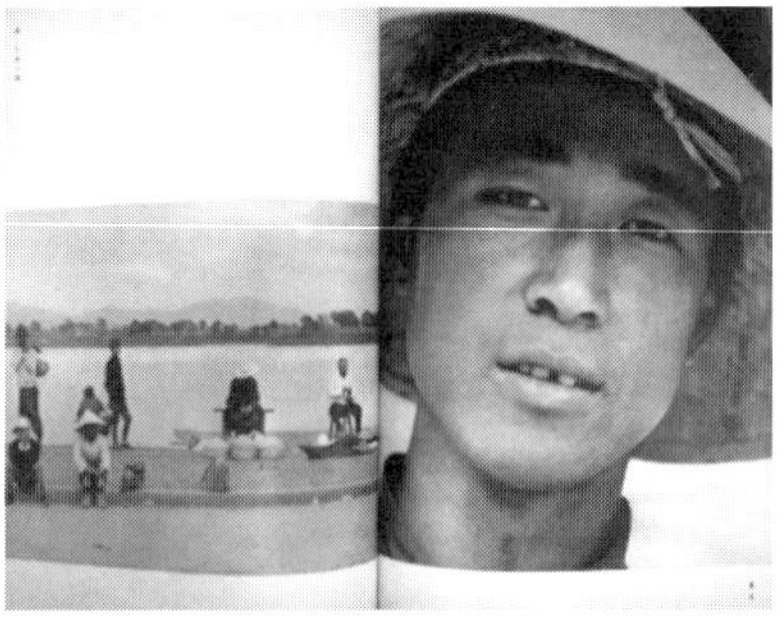

69頁　68頁

写真2-12　写真集『王道楽土』

③　『ＦＲＯＮＴ　満洲建設号』と『アサヒグラフ 海外版』

次は、木村と原が二人でネガ『王道楽土』を使って『ＦＲＯＮＴ』のために行った予行演習を踏まえつつ、“Pictorial Orient”（『アサヒグラフ 海外版』）と何が違うのかを検討してみよう。“Pictorial Orient” は朝日新聞社が毎月刊行している対外向けの英語によるグラフ雑誌である。アメリカの『ＬＩＦＥ』などを参照しつくられており、通常、一号の頁数は三六頁（表紙込み）で、総じて分かりやすくよくできている。そこで、ここでは満洲建国八周年を記念して一九四〇年に掲載された一連の特集記事を比較してみよう。

Vol. VIII, No.1（1940.1）“Manchoukuo Greets The New Year” pp.30-31（満洲の正月）
“Growing Demand Spurs Development of Pottery Industry in Manchoukuo” pp.32-33（満洲の製陶業）

Vol. VIII, No.2（1940.2）“Manchoukuo, Kansas of The Far East” pp.52-53（満洲の農業）
“Manchoukuoan Star Wins Hearts of Japan Movie Fans” pp.66-67（李香蘭）

Vol. VIII, No.3（1940.3）“Manchu Girls Find New Home” pp.98-99（満洲からの留学生の女子寮）
“Niang-Niang Festival” pp.100-101（娘々廟の祭り）

Vol. VIII, No.4（1940.4）“Manchoukuo Fetes 8th Anniversary” pp.111-119（伸びゆく満洲）

Vol. VIII, No.6（1940.6）“Manchoukuo Starts Conscription” pp.212-213（満洲の徴兵制）

Vol. VIII, No.8（1940.8）“Sungari Dam is Far East's Biggest” pp.280-281（松花江ダム）

当然のことながら、月刊誌という枠のなかでの特集であり、限界はあるが、満遍なく満洲全体を扱おうとしていることは分かる。『ＮＩＰＰＯＮ』第一九号の満洲特集号と同じバランス感覚といってよい。特に、特集“Manchoukuo Fetes 8th Anniversary” の ‘Moving Ahead by the Five-Year Plan’（前進する五ヶ年計画）（写真２-13）において、満洲の石油、石炭、鉄鉱、金鉱、製鉄、農業とを分けて扱っている。資源の乏しい日本にとって、満洲がどういう位置づけにあったのかがよく分かる内容である。日本にとって必要とされる満洲のイメージを、そのまま

写真2-13　'Moving Ahead by the Five-Year Plan' "Pictorial Orient" Vol. Ⅷ, No.4, 1940.4, pp.114-115

対外宣伝へと焼き直しているといってもよい。しかし、一方で、井上が指摘するように、そこではニュース報道の客観性が保たれていることで、「満洲という現場、そこで生きる人々をとらえ、きれいごとのスローガンからはみだす過酷な現実を伝え」（井上祐 2009, 180）る結果にもなっている。つまり、映像のもつ記録性が制作者の意図を越えて現実を表出しているのだ。

それでは、『FRONT 満洲建設号』では、どうであろうか。まず、その構成をみてみよう。（なお、『FRONT 満洲建設号』には頁数がついていないので、表紙の裏を一頁目としてこちらで頁数を付け、適宜、こちらでタイトルを付した。）

「東南アジアと満洲の位置（地図）」p.1
「アジアは一つ」pp.2-4
「満洲と日本との親密な政治体制」pp.5-10
「民族協和・安居楽業（農業）」pp.11-24
「日本と満洲は一心同体である」pp.25-28
「躍進する満洲（重工業）」pp.29-54

47頁　48頁

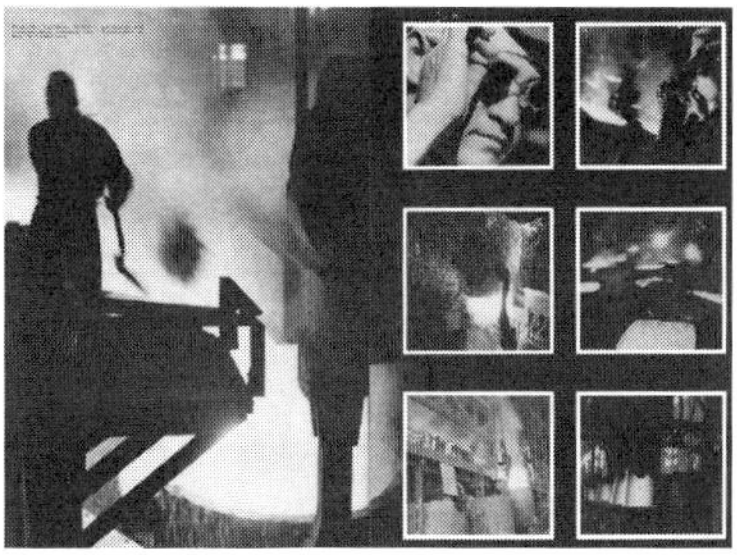

49頁　50頁

写真2-14　『FRONT 満洲建設号』

「関東軍」pp.55-59
「アジアは一つにならなければならない（主張）」p.60

特集記事と違い、一冊で満洲に対する大日本帝国の主張をまとめ、大東亜共栄圏を主張するものとなっている。井上は「五族協和の理念と工業発展にテーマを絞り、アジア解放の先駆けとして繁栄と幸福を享受する満洲を表現している」（井上祐 2009, 178）と適切にまとめている。しかしながら、明らかに、「五族協和」は政治的理念といってよいものだが、「工業発展」（写真2-14）は必ずしも満洲特有の問題というわけではない。国家発展のイメージを表象化したものといってよい。ここには、『FRONT』特有の問題が表れている。全体の構成の配分をみると、『NIPPON』第一九号の満洲特集号や、"Pictorial Orient"（『アサヒグラフ 海外版』）の特集と比べてバランスを崩し、ダム、石炭・鉄鉱鉄、製鉄、機械など重工業の頁数が二六頁あり、全六〇頁中四三%となり、大きな偏りが現れている。"U.S.S.R. in construction" の影響が指摘される部分であるが、その後、『FRONT 鉄（生産力）号』へと一冊まるまる構成するところへと拡大したことは東方社のグラフィズムが切り開いた領域の特徴をよく表している。ここで考える必要があるのは、映像として物理的に写すことは可能であっても、何を写し、何を選ぶかは、さまざまな社会的な理由で偏りが出てくることである。木村伊兵衛という一人のカメラマンに限っても、こうした工場生産の現場へと入り写すことは、『王道楽土』、さらには、東方社に入ってからであったことは注意しておく必要がある。既に指摘しているように、それまでの日本のグラフィズム『NIPPON』あるいは、『アサヒグラフ』がこうした領域を写さなかったわけではない。しかし、それは全体のある一部分に過ぎない。東方社はこうした産業の現場をマス・コミュニケーションの場所へと持ち込み、そうした「産業」そのものがそのまま映像の大きなテーマ、中心になることを示し、映像の領域を拡大している。ここから、戦後の産業映画の一つの流れが派生していることは間違いない。木村の戦後の仕事である『造船所の印象』（一九五八年）も、そうした流れから生み出されたものといってよい。映像メディア史を考えるうえで、重要な転換点である。

ここで、映像のもつ写すものと写されるもの、その映像を見るものとの関係から、もう一度、整理しておこう。映像をマス・コミュニケーション化するということは、一般解釈コードを付与し、写されるものの固有性、さらには映像のもつ関係性を見えなくさせることである。こうしたマス・コミュニケーション特有の映像に対する技術、それが意味することを、注意深く分析する必要がある。当然のことであるが、映像の写す現場で、写すものと写されるものとの関係性が消えるわけではない。写真集とネガ『王道楽土』の比較から分かるように、ネガのレベルではそれは保持される。しかし、鵜飼が言うように「写真は、意図的に選択された上で、公表され」（鵜飼 1993, 202）る時、映像は加工される。つまり、それは通常、送り手（マスの映像をつくるもの）と、その映像を見るもの（受け手）との関係において派生する。送り手は映像をシステムにのせるとき、大きく三つの方法が試みられている。一つは見せかけの客観性によってニュース化する、あるいは二つ目として、名取が言うように映像を記号化し組み写真化することで、『LIFE』が開拓したようなフォットエッセイにする（名取 1963）。

そして、三つ目に『ＦＲＯＮＴ』のように写された人物を類型化し、文化記録映画のように時間の流れのなかで物語化して見せる。

ここで着目しておきたいことは、写すものと写されるものと、その映像を見るものの関係が、マス・コミュニケーションという社会システムに繰り込まれるとき、マスに提供するにふさわしくない内容、提供しにくい内容が選別され、時に排除されることである。東方社が映像メディアの転換点において重要な意味をもつのは、写真と映画の領域を横断し融合した新しい表現技術を開拓することで、ダム、石炭・鉄鉱鉄、製鉄、機械などの重工業の生産の現場へとカメラを持ち込み、そうした産業そのものを主役として扱うことで、映像の偏差の修正、配分の力学に関わったことによる。『ＦＲＯＮＴ』は、その内容よりそのアヴァンギャルドな表現方法が問題にされるが、それは表面的なことにすぎない。重要なのは、写真と動画との組み合わせによって生み出された内容の指し示す方向性にある。こうしたとき、注意しておかなければならないのは、研究者の研究領域が分断されているために、そのことの社会的意味を取り損ねている。

どちらにしても、写真をネガのレベルからみることは、プリントをしていないものが何かを知ることであり、さらには、既に述べたように、加工されていない、写すものと写されるものとの関係を見ることでもある。東方社のネガを通覧すると、最終的な本の企画案に沿って撮っている内容以上に、それとは関係ないように思われる写真が数多く撮られている。そこには、新聞社などのマス・コミュニケーション産業のカメラマンより、その専門性が尊重され、ある程度の自由を確保されていたこともみえる。さらに言えば、そのことが、今日において、東方社コレクションが重要な意味をもつ理由ともなっている。

## 第五節　写真ネガのデータベースから分析する

ここで、映像の分析の仕方について整理し、方法として何に留意すべきなのか議論を深めておこう。既に述べたように、映像をマス・コミュニケーション化することにおいて、「写すものと写されるもの」、「その映像を見るもの」との間に一つの閾が作られていることを指摘した。対人コミュニケーションのわたし（自己）とあなた（他者）の関係は、写真における写すものと写されるものの関係へと、その関係性を重層化する。そして、そうした関係がマス・コミュニケーションへと拡大するとき、既に述べたように、「写すものと写されるもの」と「その映像を見るもの」との間の閾が顕在化すると同時に、かつ、その映像を見る受け手を量的に拡大させるものとなる。そしてそのことは、同時に、通常、送り手と受け手の関係性を稀薄にし、一方向性へと導くことであり、送り手（写すもの）の専門性を高めることで、「写すもの」と「写されるもの」との間に閾が繰り込まれる。その時、重要なのは、パーソナルからマスへと移行する間に、中間的なコミュニケーションの段階が存在することである。その中間的コミュニケーションの領域とは、自治体や住民団体などの組織によっておこなわれる地域コミュニケーションや、サークル、市民団体、会社などの組織的なコミュニケーション、さらには専門的な関心に基づく専門コミュニケーションである（林 1978, 22）。つまり、第一次集団的な家族、仲間集団などの対人的な関係に対して、第二次集団的な会社、組合、学校など、さらには地域的なコミュニティを含む領域である。ここでは、分かりやすくするために中間的コミュニケーションをマスとパーソナルの間における「コミュニティ」の介在としておく。

専門化された写す人と、一般に写される人びととの間には通常、なんらかの「コミュニティ」が介在する。そのことで何が問題になるのだろうか。それを明らかにするために、ここでは、新潟大学地域映像アーカイブ・データベースの中から、戦後、新潟で県の観光課に所属することでさまざまな町村と関わった中俣正義のコレクションと東方社コレクションとを比較して分析してみよう。ここで、中俣正義について簡単に触れておこう。中俣は、一九一八（大正七）年四月一五日南魚沼郡（現南魚沼市）六日町欠ノ上に生まれる。一九三六（昭和一一）年県立長岡中学校を卒業後、一九四〇年四月に応召され、その後、新発田第一六聯隊に配属される。第一六聯隊はアジア・太平洋戦争の激戦地を経て、一九四五年八月一五日はサイゴン（現ベトナム・ホーチミン市）で迎え、翌一九四六年に中俣は帰国する。一九四七年一二月に、日本交通公社の写真家嘱託などになったあと、一九五〇年四月から正式に新潟県観光課に勤務することになり、県の職員としては一六ミリの観光映画を制作し、個人の仕事として写真を制作する。

ところで、新潟大学地域映像アーカイブのデータベースで中俣コレクションを見ると、地域のコミュニティに所属し、そこで生活している人びとと撮影した映像が数多く収録されている。映像が「写すもの、写されるもの、その映像を見るもの」の三者の関係から分析したとき、三者の関係がコミュニティの中で完結しているものと、そうでないものとの間で、閾があることが分かる。つまり、コミュニティの閾とは、写すものと写されるものが同じコミュニティに所属していないことであり、コミュニティの外の人間がコミュニティ（村、会社、特殊団体など）の内の人びとを写す関係のことを意味する（原田 2015）。それは、民族学（文化人類学）の研究者があるコミュニティを参与観察する行為に類似する。研究も多くの研究者に向けたマス・コミュニケーション化と考えれば、報道や宣伝、観光といったマス・コミュニケーション化と同一のものと捉えることもできる。「写すもの」と「写されるもの」との関係にこうしたマス・コミュニケーションの関係性が重層化されたとき、いくつかの映像の表現手法が生み出される。ここでは、三つの表現手法に着目して分析してみよう。

① 集合記念写真という手法

まず、中俣正義コレクションから一九八一年三月一七日、津南町上野で行われた雪中の彼岸行事の写真を見てみよう。この写真は、豪雪地帯での彼岸の様子を写したものであり、民俗学の範疇でいえば年中行事を撮影した写真となる。ここでの中俣の視線は、村（コミュニティ）の外の人間が、村の中の行事、人びとを写す関係のなかにある。しかし、それに混じって異質な写真、家族・人びとの集合写真（写真2-18）がある。明らかに、民俗写真ではなく、見知った人の集合写真といってよい。研究としての民俗学、あるいは観光課としての公的な仕事ではなく、私的な撮影といえる。当然のことながら、それは、後で写された人びとに渡すもの、贈るものである。それは、この場所で撮影を可能にした村の人びとへの配慮、お礼でもある。コミュニティの外の人間がコミュニティの内部の行事を写すために必要な儀礼といってよい。

こうした観点から見たとき、東方社コレクションのうち、陸軍士官学校（神奈川県高座郡相模原町）を一九四四年に関口満紀が取材撮影した写真に、同様な関係性があったことがみえてくる。この取材が陸軍士官学校を写真で紹介するグラフィズムの仕事であったろうことは、士官学生の通学風景（写真2-19）、さらには勅諭の奉読の写真（写真2-20）など一連の流れから読み取ることは可能である。よくある通常の取材撮影といえる。しかし、ネガ群には、こうした写真よりはるかに多い量の軍人たちの写真がある。雑誌、宣伝物に使われたとは思われない、これらの勲章をつけ礼装した軍人たちの肖像写真（写真2-21、2-22）は、明らかに軍人たちからの要請を

写真2-16　NM-P-062-022-36

写真2-15　NM-P-062-024-35

写真2-18　NM-P-062-020-18

写真2-17　NM-P-062-019-35

（撮影：中俣正義）

写真2-19　44-009-022-011

写真2-20　45-009-024-005

写真2-21　46-009-021-002

写真2-22　47-009-021-020

（撮影：関口満紀）

受けたものである。それは、陸軍士官学校という組織（コミュニティ）の外部のカメラマンが、学校の内部で撮影するために、必要な儀礼、後で軍人たちに渡す、写真であったと考えられる。重要なのは、写されたものだけみれば、単なる「勲章をつけ礼装した軍人」としか言語化されない写真、一見無意味に見える写真が軍隊という組織を外部の人間が写す時に生じる、見えない権力的な関係性を顕すものであり、かつ、分析研究するうえで、それが集合記念写真という手法によって表現されていることが重要となる。

### ②　路上観察という手法

ここで、再び、写すもの（カメラマン）がコミュニティの内部に居る場合と外部に居る場合の違いに注意してみよう。まず、東方社コレクションから、関口満紀が一九四四年九月から一〇月にかけて、中国北京での取材で、北京の街並と暮らし、露天商の並ぶ通りと通りを行く人びとを写したもの見てみよう。路上の市場の観察写真といってよいものだが、特に、市場に置かれている「物」に興味の焦点があることは見て取れる。カメラマン（日本人）が中国という異国の物産、さらには異文化に対する興味が示されており、民族学・文化人類学的視線といってよいだろう（写真２−23〜26）。

ところで、同じように市場を写したものであるが、中俣正義が一九五四年九月上旬、新潟の朝市場（県庁、本町）を写したものと、一九五五年七〜八月に新潟の朝市で写したものを見てみよう。当然ながら、どちらも路上の市場の観察写真であるが、関口とは異なり、新潟県人である中俣が地元の新潟を写すとき、明らかに興味は市場に集まる「人」の方へと移っている。写真は、市場に見られる人間劇場とでも言うべき、人びとの姿がテーマとなっている（写真２−27〜30）。中俣にとって、写される人たちはよく見知った人びとであり、同時に、写され

写真 2-24　50-005-009-023

写真 2-23　49-005-010-003

写真 2-26　51-005-009-023

写真 2-25　48-005-009-012

（撮影：関口満紀）

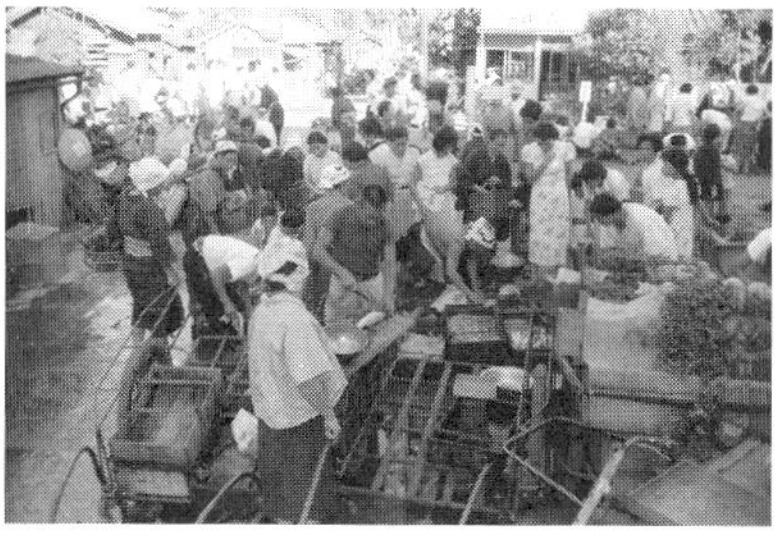
写真2-28　NM-P-043-009-32

写真2-27　NM-P-045-008-22

写真2-30　NM-P-035-017-18

写真2-29　NM-P-045-005-01

（撮影：中俣正義）

る人びとにとっても中俣は見知った人でもあり、カメラを気にする素振りはなく普段の姿を写真に表している。もし、中俣が地元新潟にある市場の物産を写すとすれば、県外の人びとになんらかの形でそれをアピールする必要があるとき、つまり、観光への意識が入り込むときである。どちらも、個人的な興味のままに写しているとも言えるが、意識の底には自ら所属するコミュニティへの帰属意識があり、さらにはそこから、誰にこの写真を見せるのか、想定される人びとへの意識・パースペクティブがみえてくる。

③　路上の定点観測

カメラマン（写すもの）が、何に興味をもつのかは、どういったコミュニティに所属するかによって異なってくる。それはまるで、歴史学者、民俗学者、民族学者、メディア研究者、映像学者が、それぞれ映像を見るポイントが異なるのと同じである。こうしたことは、専門化されたカメラマン（写すもの）にとっては、心に留めて置かないとならないことである。映像において、写すものと写されるもの、そしてその映像を見るものとの関係が緊密な場合、それほど解釈にはばが生じるわけではない。しかし、映像がマス・コミュニケーション化されることは、こうした映像の多層的・多義的な構造がより拡大化し、多くの人びとがさまざまな解釈をすることをより広げ、拡大する。そして、また、そうしたことが可能な映像が求められることになる。専門化された、マス・コミュニケーション化されたカメラマン（写すもの）は、自分の興味とは関係なく、映像が解釈されることを自覚することが求められる。さらに、自分が興味なくても、興味を持つ人がいることが分かれば写すことも求められる。

京都大学の探検部では、自分の興味とは関係なく、決められた時刻になったとき周りの全てを写すことが義務づけられていたという。中途半端な興味による選択は、かえって重要な情報を取り逃がすからである。京都大学探検部と同じような意識を、専門化されたカメラマンも定点観測として行うことがある。東方社のコレクションで、一九四六年一二月に銀座四丁目 Tokyo PX（和光）の周辺で撮影された写真は、そうした意識を表している（写真２-31～34）。敗戦によるさまざまな混乱、英文看板の乱立、進駐軍であるアメリカ兵が闊歩する姿に交じっている人びと、何をどう撮ってよいか分からないとき、目の前の全てを定点観測的に撮るという手法があらわれる。

同じように、一九七八年八月、中俣正義は新潟駅前の人びとを定点観測的に写し続けている。これは、一九五八年五月三日に新潟駅が新しい駅舎に移った時に、駅前を定点観測的に撮影しているが、それを二〇年後に、再び行ったものである。コミュニティの内部に居ると、時に何が重要なのか見えなくなる。人は所属しているコミュニティの外部へと出て、自らのコミュニティを客観的に見ることは難しい。中俣の一九七八年八月、新潟駅前はそうした自らを外部へと置くための映像のレッスンのようにも見える（写真２-35～38）。

ここでコミュニティの内と外、その境界の三つに区分けしながらカメラマンの社会的位置と、その表現手法を分けてみよう。①、②、③と表現手法を見比べていくと、東方社のカメラマン、木村伊兵衛、あるいは、中俣正義にしても自ら所属するコミュニティに規定され生活者としての面を持ちつつ、都市の遊歩者として現れ町の表情を写しとり、時に映像の専門家として観測し記録していることがみえてくる。つまり、社会的ポジショニング（コミュニティの内と外）を時と状況に応じて自由に行き来し、さまざまなことを試みていることが分かる。写すものである、メディア制作者は社会的関係性を巧みに浮動させ、また、そのことで、映像の構造を活発化させ、拡大化しているのだ。

写真2-32　58-017-016-010

写真2-31　56-017-006-004

写真2-34　59-017-017-002

写真2-33　58-017-016-010

（撮影：東方社）

写真2-36　NM-P-041-024-28

写真2-35　NM-P-041-024-05

写真2-38　NM-P-041-025-10

写真2-37　NM-P-041-025-02

（撮影：中俣正義）

## 第六節　メディアが生み出す関係性の重層化

メディアとメディアが媒介し合いその関係性を重層化させていることは、既に指摘されている（佐藤 1996b）。ここでは、映像メディアが「写すものと写されるもの、その映像を見るもの」という三者の関係性をパーソナル・コミュニケーションとマス・コミュニケーションとの間のなかで幾通りにも関係性を重層化させながら、さまざまな表現のあり方、手法を生み出している様態を分析した。既に述べたように、映像は見えるものと見えないものとの関係性の中で作られている。見えるものと見えないものとの間の往還こそメディアの本質が現れているといってよい。映像がさまざまな社会的意味を派生させる構造が、そこにあるからだ。しかし、一方で、研究者は往々にして、映像を分析しようとするとき、こうした関係性、付与された社会的意味を自由に行き来することができない。映像分析をするために、研究者もこうした関係性を読み解くレッスンを果たす必要があるのもまた、当然だともいえる。新しい研究概念と、それを具体化させる方法論が求められている理由でもある。

表2-1 『亜東印画輯』内容

| 冊 | 回 | 年 | 地　　域 |
|---|---|---|---|
| 第1冊 | 1-17回 | 1924.8-1925.12 | 大連・蒙古・北満・奉天・山東省・上海・南京・南支・北京・他 |
| 第2冊 | 18-35回 | 1926.1-1927.6 | 山西省雲崗・杭州・朝鮮・直隷省・北京・南支・他 |
| 第3冊 | 36-53回 | 1927.7-1928.12 | 山東省・河南省・朝鮮・南満洲・山西省・香港・雲南省・他 |
| 第4冊 | 54-71回 | 1929.1-1930.6 | 福建省福州・南京・広東・熱河省・鴨緑江・綏遠省・浙江省・他 |
| 第5冊 | 72-89回 | 1930.7-1931.12 | 浙江省寧波・銭塘江・湖南省南岳・江西省廬山・山東省・上海・済南・泰山・東蒙古・他 |
| 第6冊 | 90-107回 | 1932.1-1933.6 | 東蒙古・遼西地方・延吉地方・満洲（風俗など）・山海関・熱河省・他 |
| 第7冊 | 108-125回 | 1933.7-1934.12 | 灰幕洞附近・敦図沿線・延吉地方・熱河省承徳・吉林・牡丹江・大黒河・哈爾浜・他 |
| 第8冊 | 126-143回 | 1935.1-1936.6 | 興安北省・山海関・奉山沿線・北満・浜江省・興安西省・北鮮・西安・他 |
| 第9冊 | 144-161回 | 1936.7-1937.12 | 蒙古・新京・北満・通州・張家口・関東州・千振村・天津・山西省大同・南京・他 |
| 第10冊 | 162-179回 | 1938.1-1939.6 | 武漢・湖南省洞庭湖・北京・広東・青島・上海・南京・杭州・福州・廬山・他 |
| 第11冊 | 180-197回 | 1939.7-1940.12 | 鴨緑江・東辺道・奉天・山西省・北満・泰山・済南・蒙古・五原街道・喇嘛廟・紹興・ |
| 第12冊 | 198-212回 | 1941.1-1942.3 | 福州・南京・蒙古・雲崗・大同・鴨緑江・吉林・遼陽・海城・他 |
| 京大第22冊 | 213-220回 | 1941.4-1942.11 | 済南・太子河・蒙古・福州・香港・他 |
| 京大第23冊 | 221-230回 | 1942.12-1943.10 | 嶗山・四川省三峡・杭州・紹興・蘇州・北満・安徽省・他 |
| 京大第24冊 | 231-236回 | 1943.11-1944.4 | 白温沿線・南岳・高麗山・江西省・南満安奉線・熱河省・他 |
| 京大補足 | – | – | 大黒河・北鮮・他 |

＊東洋文庫現代中国研究資料室データベースをもとに作成

表2-2 『亜細亜大観』内容

| 冊 | 回 | 年 | 写真枚数 | 場　　所 |
|---|---|---|---|---|
| 第1冊 | 1輯 | [1924-1925] | 121 | 大連・旅順・南満・奉天・北満・蒙古・北京・他 |
| 第2冊 | 2輯 | [1925-1926] | 120 | 蒙古・北満・北京・江南・雲崗・直隷省居傭関・張家口・他 |
| 第3冊 | 3輯 | [1926-1927] | 121 | 江南・長江・四川省成都・峨眉山・万県・湖南省洞庭湖・四川省重慶・安東県・西蔵 |
| 第4冊 | 4輯1-12回 | [1927-1928] | 125 | 西蔵・福州福建省・台湾・満蒙・朝鮮 |
| 第5冊 | 5輯1-12回 | [1928-1929] | 120 | 北満東寧・三峡・廬山・吉林・山海関・四川省成都・上海・山東省済南・他 |
| 第6冊 | 6輯1-12回 | [1929-1930] | 120 | 山東省済南・青州・泰山・曲阜・安徽省黄山・九華山・蕪湖・瀋海・他 |
| 第7冊 | 7輯1-12回 | [1930-1931] | 120 | 大連・鴨緑江・遼寧省永陵・興京・通化・大同・雲崗・江南・揚州・紹興・他 |
| 第8冊 | 8輯1回-8輯12回 | [1931]-1932.5 | 120 | 蘇州・杭州・蒙古・錦州・奉天・哈爾浜・他 |
| 第9冊 | 9輯1-12回 | 1932.6-1933.6 | 110 | 北満・牡丹江・陝西省・甘粛省・熱河省・他 |
| 第10冊 | 10輯1-12回 | 1933.7-[1934] | 110 | 奉天省・熱河省・北鮮・大黒河・北安鎮・承徳・他 |
| 第11冊 | 11輯1-12回 | [1934-1935] | 120 | 熱河省承徳・奉天・錦州省義県・北鎮・朝陽・万寿山・他 |
| 第12冊 | 12輯1-12回 | [1935-1936] | 124 | 古邑金州・関東州・北平・他 |
| 第13冊 | 13輯1-12回 | [1936-1937] | 120 | 湖南省南岳・蒙古・大同・雲崗・湖南省・山東省 |
| 第14冊 | 14輯1-12回 | [1937-1938] | 120 | 湖北省・杭州・蘇州・蕪湖・三峡・四川省・福建省・張家口・他 |
| 第15冊 | 15輯1-12回 | [1938-1939] | 120 | 北支・大同・山西省応県・曲阜・泰山・山東省嶗山・北京・南京・満洲・中支・他 |
| 第16冊 | 16輯1-10回 | [1939-1940] | 120 | 満洲・四川省・成都・北京・紹興・江南・杭州・他 |

＊東洋文庫現代中国研究資料室データベースをもとに作成

表2-3　『亜細亜大観』と『満蒙大観』の異同表

| 亜細亜大観 | | | 満蒙大観 | |
|---|---|---|---|---|
| 冊 | 頁 | 記事タイトル | 複写番号 | 異同 |
| 1 | 4 | 正金銀行支店　(大連) | 017 | 建物は同じだが、写真は別 |
| 1 | 5 | 朝鮮銀行支店　(大連) | 022 | 建物は同じだが、写真は別 |
| 1 | 6 | 警察署　(大連) | 011 | 建物は同じだが、写真は別 |
| 1 | 7 | 児童 | 023 | |
| 1 | 8 | 売卜者 | 016 | |
| 1 | 9 | 餅売 | 021 | |
| 1 | 10 | 埠頭待合所　(大連) | 006 | |
| 1 | 11 | ヤマトホテル　(大連) | 010 | |
| 1 | 12 | 星ヶ浦ヤマトホテル　(大連) | 020 | 建物は同じだが、写真は別 |
| 1 | 13 | 電気遊園　(大連) | 007 | 建物は同じだが、写真は別 |
| 1 | 14 | 阿片 | 004 | |
| 1 | 15 | 埠頭事務所　(大連) | 005 | 同題名だが、建物は別 |
| 1 | 16 | 満鉄本社　(大連) | 018 | 建物は同じだが、写真は別 |
| 1 | 17 | 民政署市役所　(大連) | 012 | |
| 1 | 18 | 日本橋　(大連) | 008 | |
| 1 | 19 | 浪速町　(大連) | 015 | 同題名だが、写されている場所は別 |
| 1 | 20 | 露西亜町埠頭　(大連) | 019 | |
| 1 | 21 | 西公園　(大連) | 014 | 同題名だが、写されている場所は別 |
| 1 | 22 | 黄鳥飼 | 009 | |
| 1 | 23 | 旅芸人 | 013 | |
| 1 | 24 | 農家 | 075 | |
| 1 | 25 | 老翁 | 031 | 同題名だが、写されている人は別 |
| 1 | 26 | 水師営会見所　(旅順) | 073 | |
| 1 | 27 | 麻雀（まーちゃん） | 074 | 写されている人は同じだが、別写真 |
| 1 | 28 | 老虎灘（らう　こ　たん） | 027 | 同題名だが、写されている場所は別 |
| 1 | 29 | 表忠塔　(旅順) | 072 | |
| 1 | 30 | 水源地　(大連) | 029 | |
| 1 | 31 | 星ヶ浦　(大連) | 026 | 同題名だが、写されている場所は別 |
| 1 | 32 | 埠頭船車連絡　(大連) | 030 | |
| 1 | 33 | 大広場　(大連) | 028 | |
| 1 | 34 | 金州城 | 081 | |
| 1 | 35 | 東鶏冠山北砲塁　(旅順) | 083 | |
| 1 | 36 | 閉塞隊記念碑　(旅順) | 082 | |
| 1 | 37 | 旅順博物館 | 076 | |
| 1 | 38 | 工科大学　(旅順) | 077 | |
| 1 | 39 | 竜王塘水源地 | 078 | |
| 1 | 40 | 支那芸者 | 080 | |
| 1 | 41 | 囃し | 084 | |
| 1 | 42 | 乞食　(大連) | 085 | |
| 1 | 43 | 鋳掛師 | 079 | |
| 1 | 44 | 支那木挽 | 068 | |
| 1 | 45 | 望児山　(熊岳城) | 064 | |
| 1 | 46 | 孔子廟　(金州) | 063 | |
| 1 | 47 | 豚饅頭製造所 | 069 | |
| 1 | 48 | 小平島 | 066 | 同題名だが、写されている場所は別 |
| 1 | 49 | 大和尚山 | 049 | |
| 1 | 50 | 紛条子（支那素麺） | 071 | |
| 1 | 51 | 普蘭店の塩田　(関東州) | 067 | |
| 1 | 52 | 青竜山の喇嘛洞 | 065 | |

| | | | | |
|---|---|---|---|---|
| 1 | 53 | 高粱の取入れ | 070 | |
| 1 | 54 | 古墳　（遼陽） | 086 | |
| 1 | 55 | 白菜の山 | 096 | |
| 1 | 56 | 魁星楼　（海城） | 088 | |
| 1 | 57 | 観音寺の僧　（遼陽） | 087 | |
| 1 | 58 | 支那の女優 | 101 | 同題名だが、写されている人は同じだが、写真は別 |
| 1 | 59 | 老婆と孫　（南満） | 097 | 同題名だが、写されている人は同じだが、写真は別 |
| 1 | 60 | 大石橋戦跡 | 099 | |
| 1 | 61 | 海城の城壁　（南満） | 089 | |
| 1 | 62 | 輾子と磨 | 100 | 同題名だが、写真は別 |
| 1 | 63 | 大石橋全景 | 098 | |
| 1 | 64 | 機織 | 025 | 同題名だが、写真は別 |
| 1 | 65 | （解説文なし） | 024 | 「金細工売」解説文あり |
| 1 | 66 | 白塔　（遼陽） | 062 | 建物は同じだが、写真は別 |
| 1 | 67 | 首山 | 093 | |
| 1 | 68 | 雪の五仏頂　（千山） | 094 | |
| 1 | 69 | 大孤山鉄鉱区 | 095 | |
| 1 | 70 | 竜泉寺　（千山） | | |
| 1 | 71 | 千山の絶景 | | |
| 1 | 72 | 青雲観　（千山） | 090 | |
| 1 | 73 | 千山普安観 | 091 | |
| 1 | 74 | 支那美妓 | 052 | |
| 1 | 75 | 東陵の楼門　（奉天） | 058 | |
| 1 | 76 | 東陵の祭殿　（奉天） | 059 | |
| 1 | 77 | 支那の公園　（奉天） | 054 | |
| 1 | 78 | 満洲の冬 | 060 | |
| 1 | 79 | 烏拉草　（北満） | 053 | |
| 1 | 80 | 山楂売 | 057 | |
| 1 | 81 | 大法寺の仁王　（奉天） | 055 | |
| 1 | 82 | 観音寺の僧　（遼陽） | 056 | |
| 1 | 83 | 羊飼ひ | 061 | |
| 1 | 84 | 埠頭の壮観　（大連） | 032 | |
| 1 | 85 | 大豆の囤積　（開原） | 046 | |
| 1 | 86 | 馬宿　（開原） | 047 | 同題名だが、写真は別 |
| 1 | 87 | 蒙古の王様 | 045 | |
| 1 | 88 | 剃刀的 | 048 | 題名「床屋」 |
| 1 | 89 | 玩芸（ワン　エイ） | 049 | |
| 1 | 90 | 籠子 | 044 | |
| 1 | 91 | 鳳凰山観音閣　（安奉線） | 051 | |
| 1 | 92 | 田舎路　（安奉沿線） | 050 | |
| 1 | 93 | 蝎 | 033 | |
| 1 | 94 | 沙漠に転がる骸骨　（蒙古） | 038 | |
| 1 | 95 | 支那の上流家庭 | 040 | |
| 1 | 96 | 吸水煙 | 042 | |
| 1 | 97 | 支那農家の井戸 | 043 | |
| 1 | 98 | 天地仏　（奉天） | 035 | |
| 1 | 99 | 北陵の中庭　（奉天） | 034 | |
| 1 | 100 | 露天掘　（撫順炭坑） | 039 | |
| 1 | 101 | 営口埠頭 | 036 | 同題名だが、写つされている場所は別 |
| 1 | 102 | 支那街所見　（営口） | 037 | |
| 1 | 103 | 胡弓の名手 | 041 | 同題名だが、写されている人は同じだが、写真は別 |
| 1 | 104 | 北海の瓊華島　（北京） | 107 | |
| 1 | 105 | 万寿山の廻廊　（北京） | 103 | |

| | | | | |
|---|---|---|---|---|
| 1 | 106 | 弓橋　（北京） | 102 | |
| 1 | 107 | 正陽門の箭楼　（北京） | 110 | |
| 1 | 108 | 天壇　（北京） | 111 | 同題名だが、写つされている建物は別 |
| 1 | 109 | 竜王島　（北京） | 104 | |
| 1 | 110 | 景山　（北京） | 105 | |
| 1 | 111 | 農家の春 | 108 | |
| 1 | 112 | 摘草 | 106 | |
| 1 | 113 | 種蒔 | 109 | |
| 1 | 114 | 家庭用具　（蒙古） | | |
| 1 | 115 | 堆石（オボ）（蒙古） | | |
| 1 | 116 | 堆石（オボ）（蒙古） | | |
| 1 | 117 | 唐克里廟　（蒙古） | | |
| 1 | 118 | 唐克里廟　（蒙古） | | |
| 1 | 119 | 洮南の薩鶏街茅土　（蒙古） | | |
| 1 | 120 | 松花江の筏　（吉林） | | |
| 1 | 121 | 農夫　（北満） | | |
| 1 | 122 | 石棚（ドルメル）（普蘭店） | | |
| 1 | 123 | 松花江の渡船　（吉林） | | |
| 1 | 124 | （解説文なし） | | |
| | | | 122 | 昭和二年一月号附録　本渓湖の冬の朝（安奉線） |
| 2 | 24 | 万里の長城　（八達嶺） | 120 | |
| 2 | 25 | 万寿山の景 | 114 | |
| 2 | 26 | 万寿山の石船　（北京） | 115 | |
| 2 | 27 | 駱駝　（北京） | 121 | |
| 2 | 28 | 水売り　（北京） | 113 | |
| 2 | 29 | 文廟石鼓の一部　（北京） | 112 | |
| 2 | 30 | 北清戦役記念碑　（天津） | 118 | |
| 2 | 31 | 李公祠　（天津） | 116 | |
| 2 | 32 | 李公祠の祭門　（天津） | 117 | |
| 2 | 33 | 宴席 | 119 | |

# 第三章　敗者のプロパガンダ

## ――木村伊兵衛の東京――

### 第一節　見失われた視点は何か

戦時期、東方社はグラフ雑誌『ＦＲＯＮＴ』を発行し、日本社会で実験的ともいえるグラフィズムを展開し、写真史や映像史、デザイン史、あるいはプロパガンダ研究において大きく注目されることになった。そうした流れのなかで、東方社の後継団体である文化社は注目され、解散後は、『週刊サン・ニュース』、さらには「岩波写真文庫」など、木村伊兵衛、名取洋之助を系譜的に追って戦前から戦後にかけての「報道写真」が変容していくことが問題にされてきた（白山 2014）。

しかし、実際に文化社の仕事を見てみると、グラフ雑誌としては経済的に安定せず、内容的に発展する契機に乏しかった。占領期に最も安定し、優れた内容を展開していたのは『アサヒグラフ』であった。そういうこともあり、占領期の研究において、文化社の写真はあまり注目されてこなかった。また、二〇〇〇年代以降は、アメリカの公文書館などに保存されていた占領軍による映像（写真や映画）が、歴史学的には扱われることが多くなってきている。

占領期の研究が本格的に始まったのは一九八〇年代からと思われるが、連合国軍の検閲について、一九八〇年に文学の問題として江藤淳はいち早く問題提起をしている（江藤 1989a）。当然のことながら、これは文学の問題に限らないことであったのだが、映像においては文学とはやや異質な展開を含んでいた。写真や映画において検閲は、占領軍の施設やニュース、あるいは、MP、占領軍要員のニュースなど、占領されている事実は写さないという規定にそって（山本武 1996, 595）、占領軍の機関や兵士、英語の標識などが避けられた(1)。そのことは、映像と現実の間にある一定の偏りを生み出すことになったのだが、現実に生活をしている一般の人びと（日本人）においては、つまり、連合国軍が駐留している都市において、連合国軍の機関や兵士、英語の標識などは普通に目にする光景であり、意識して注意深く、新聞や雑誌などに掲載された写真、あるいは映画に写された風景とを見て比較しなければ、その偏りに気づきにくいものであった。当然のことであるが、検閲が行われていることを意識させないことが連合国軍から求められていた。こうした映像の偏りは、検閲の問題とは異なるが、新聞や放送におけるニュースが事件や災害、トピックを中心にし、日々の平凡な日常生活をほとんど報道しないことに近似した偏りともいえる。どちらにしても、こうしたことは自覚的に意識しないと気づきにくい。

現在、厄介なのは占領期が終わってから約六五年たち、当時の日常生活を記憶している人びとも少なくなり、残された検閲が前提とされた映像を中心にして当時のことを復元しようとすると、この偏りが暗数として働くことである。また、一方で、二〇〇〇年以降、アメリカの公文書館などに所蔵されていた占領期の大量の映像が、鮮明なカラー映像を含んで公開され始めると、占領期ということでイメージされていたものと違った世界が繰り広げられ、大きな記憶の落差が生み出されることにもなっている。

二〇一四年四月五日NHK BSプレミアムで放映された『極上アンティークお宝映像発掘！ ムカシネマ２』で、連合国軍の従軍カメラマンが一九四六年の一月頃（推定）に、神戸の闇市を撮影したカラー映像が放映された。その鮮明なカラー映像と共に、闇市の活気に満ちた雰囲気や、当時の人びとの思ってもみない豊かな服装などがあらためて番組出演者から話題にされた。また、兵士が子供たちにチョコレートをばらまき、それを欲しがる子供たちという「ギブ・ミー・チョコレート」の映像も放映された。出演者からは子供たちはカメラを意識しているという指摘があったものの、あらためて敗戦国の実態を感じることになった。(2)

しかしながら、この映像をそのまま受け取るにはかなりの注釈が必要である。実際問題として、一九四六年初頭はまだ戦前からの蓄積されたものがあり、比較的人びとは余裕をもっており、それが苦しくなるのは一九四六年の中頃からであった。その翌年一九四七年一月の正月の映像を見ると、人びとは持っていたものを売り払ったりして、服装からもかなり厳しい生活状況にあることは分かる。また、後で述べるが「ギブ・ミー・チョコレート」の映像もかなりの演出がほどこされている。

かつて、一九七〇年代、第二次世界大戦中、太平洋の戦場で撮影された連合国軍のカラー映像が公開されたとき、日本側のすり切れた断片的な白黒映像に対して、物量ともに圧倒的なカラー映像であることに、当時の映画やテレビのドキュメンタリストたちから、戦争における勝者の映像と敗者の映像の違いについて、日中戦争における日本側の映像を参照しつつさまざまな議論が行われた。しかし、現在、占領期の映像に対してはほとんどといってよいほど議論が、批判的な検討がなされていない。その理由として、占領された日本側は現実にフィルムが欠乏し残された映像が少ないうえに、占領軍が検閲、没収したりしていて、対抗的にでも参照できる映像を日本側がもっていなかったことがある。また、映像を撮影した人びとも検閲や没収などを怖れ、用心深く、その全てを提供していないこともまた確かであった。その意味で、本書第二章において問題にした「青山光彌氏旧蔵東方社・文化社関係写真コレクション」（略称「東方社コレクション」）の文化社のネガの発見は、占領期において、実際に映像において何が行われていたかについて、見えていなかった領域、暗数を明らかにする貴重な資料となっている。

## 第二節　映像における地域性

既に指摘したとおり、東方社・文化社の写真ネガを通覧してすぐに気づくのは、本来取材として必要とされただろう以外の無駄というべき写真が多くあることだ。そこには、事件や災害、トピックを追いかける職業的なニュースカメラマンではない、写真家としての意識の現れがみえる。つまり、仕事上必要な写真を撮るだけではなく、ある程度の裁量が許されていた。

そうした観点から、「東方社コレクション」をもとに刊行された山辺昌彦・井上祐子編『東京復興写真 1945-46 文化社からみた焼け跡からの再起』（勉誠社、二〇一六年）に収録された写真群を一覧してみると、写されている場所に偏りがあることが分かる。ここで掲載された写真八四〇点を地域わけすると、京橋区（銀座、京橋）は二二四点で二七％と圧倒的に多い。そして、さらに麹町区（永田町・霞ヶ関・有楽町など）九四点、神田区六五点、日本橋区五八点、下谷区（上野）一二四点を含めた線上で、五六五点と全体の約六七％と大半を占めることになる。それに対して、山の手側の渋谷区は四〇点、新宿近辺の四谷区・淀橋区は四〇点、豊島区（池袋）は一〇点と約一一％に過ぎない。つまり、明らかに東京の東側が中心であり、上野からアメ横、神田、日本橋、銀座の線上に集中し、あるいは銀座から日比谷、国会議事堂のある三宅坂へという線上がみえる。しかし、この線上に近い、総司令部のオフィスがあった丸の内、皇居前、新橋が思ったより少ない。こうした撮影地の偏りは、占領のもつ政治・社会的な構造が反映していることは間違いない。しかし、もう一方で、文化社の撮影者たちの関心のありよう、あるいは撮影者の地域性も反映している。東方社・文化社の中心で活躍した木村伊兵衛が、自分の居住する東日暮里を中心に丹念に歩き、かつまた、生涯のモチーフに従いながら撮り続けていた姿勢は、こうした写真を見るとき参照されてよい。東方社・文化社の写真家たちも許された裁量のなかで、自分の写真家としてのスタンスを保ちながら撮り続けていたとしてよい。

ところで、このような地域的な偏りは、占領する側の映像、写真家においても見られる。現在、アメリカ公文書館などの映像が全て公開されているわけではないので、その全体像を把握することはできないが、既に公開されている大量の映像を見ると、公式に連合国軍の記録として求められているもの以外の映像が多く含まれていることが分かる。連合国側も、同じように、ある一定の裁量が撮り手（写真、ならびに動画）に許されていた。そして、同じように撮り手の地域性が映像にある偏りをもたらしている。ここでは、まず、推測可能な地域性について見ておこう。

佐藤洋一は福島鋳郎などの研究（福島 1987）を踏まえ、連合国軍が作成した東京地図を分析し、戦時中の空襲は下町・山の手と同じように行っていたが、占領期に入ると、西側である山の手を中心にした地図が現れ、駐留するための接収地に重点が置かれていったことを指摘する。つまり、連合国軍は、総司令部のある第一生命ビルなど丸の内にオフィスの中心をもち、銀座から築地にかけてサービス施設、東京湾沿いに港湾・倉庫施設があり、丸の内から神田・九段経由で市ヶ谷、あるいは、皇居を挟んで反対側である丸の内から霞ヶ関・永田町経由で市ヶ谷へと居住施設がある。さらに、港区、渋谷区、大田区、品川区、世田谷区、目黒区と接収住宅地が西側に大きく広がる（佐藤洋 2006）。当然のことだが、言葉も十分に通じない占領する側の人びとにとって、仕事の遂行上行く必要がある場所以外となれば、居住地域、サービス施設、あるいは休暇による観光旅行が行動の中心となることは容易に推測できる。そうした分析軸をもったとき、アメリカ公文書館などに残された映像について、ある一定の整理が可能となる。

## 第三節　連合国軍の映像の特徴

現在、昭和館には占領期のアメリカ公文書館などの映像が大量に収蔵されている。ここでは、その資料中、特にマッカーサー記念館所蔵の Signal Corps 所属のディミトリー・ボリアの写真（約一九〇〇枚）がまとまっているので、それを中心に比較しながら分析してみよう。ディミトリー・ボリアは一九〇二年アルバニア生まれ、一九歳でアメリカに移住し、一九四七年にＧＨＱの専属カメラマンとして来日し、一九六一年まで日本に滞在している（Boria 2007a）。ここで、ボリアの写真を占領する側の撮り手として、どう占領される人びとと接触し、それを撮影したのかを、その内容にしたがい、写される人との関係性や、地域性をもとに分類し考えてみる。なお、写真のタイトルは昭和館の記載にしたがった。

① 連合国軍の専属カメラマンとして公式の行事や、マッカーサー、昭和天皇、吉田茂など、を撮影した映像である（Boria 2007a, 2007b）。

② 次に、占領政策を円滑に進めるために宣伝、あるいはプロパガンダを目的に、日本人に出演、演じてもらっている映像である。写真3‐1「鍬を担ぐ学齢期の子どもたち」は、昭和館の写真のキャプションによれば、農地改革のための宣伝として撮られたとされる。ただし、どういった新聞、雑誌、パンフレットに使用された

かは不明である。

③　②に近いと考えられるのだが、日本を紹介するために、カタログ的に日本の生活、あるいは日本人を類型化して写しているものである。写真3-2「田畑を耕す農婦」、写真3-3「農具を担ぐ農民たち」、写真3-4「網を手にする漁師」など、かなりの数がある。多分に観光を意識したものと推測できるが確認はできていない。しかし、そのイメージや構図は明らかに横浜写真に範をとったものであり、一種のオリエンタリズムを内包している。

①、②、③は連合国軍のカメラマンとして、公的な行事の記録以外も含め職務として行っていたと考えられるものである。それに対して、以下の④、⑤はより私的（プライヴベート）な領域に入るものとなる。

④　明らかに連合国軍（ここではアメリカ人）だけが利用する居住地域、サービス施設と分かるものである。写

写真3-1　「鍬を担ぐ学齢期の子どもたち」
（1949年，場所不明，昭和館所蔵，資料番号012509）

写真3-2　「田畑を耕す農婦」
（1947-52年，東京都，昭和館所蔵，資料番号013514）

真3‐5「プールで楽しむ米兵とその家族」、写真3‐6「ゴルフを楽しむ米兵と木陰で休む日本の女性たち」はそうした事例である。写真3‐5のようにスナップに近いものもあるが、写真3‐6のようになんらかの意図をもっていたものも含まれる。ゴルフの芝の手入れに限らず、占領軍の駐留施設に相当数の日本人が雇われていたことは間違いないが、この写真はそうしたことを紹介するものであった可能性もある。

⑤ 最後に、連合国軍兵士と日本人とが接触する局面を扱った写真がある。ここでは女性と子どもの二つの局面から見てみよう。女性では、いわゆる戦争花嫁と呼ばれる関係で、写真3‐7「アメリカ独立記念日フェア」が典型である。こうした関係ではないが、連合国軍となんらかの関係をもった女性、写真3‐8「事務所の前に立つ女性」がある。連合国軍の業務、特に事務方として関わった人びとは多かったので必ずしも女性に限らない関係といえる。どちらにしても、接し方、関係性のあり方の違いは写真を通しても明らかといえるが、ど

写真3-3 「農具を担ぐ農民たち」
（1947-52年，東京都，昭和館所蔵，資料番号013648）

写真3-4 「網を手にする漁師」
（1947-52年，東京都，昭和館所蔵，資料番号013548）

写真3-6 「ゴルフを楽しむ米兵と木陰で休む日本の女性たち」(1947-52年，場所不明，昭和館所蔵，資料番号012713)

写真3-5 「プールで楽しむ米兵とその家族」(1947-52年，場所不明，昭和館所蔵，資料番号012707)

写真3-8 「事務所の前に立つ女性」(1947-52年，東京都，昭和館所蔵，資料番号013624)

写真3-7 「アメリカ独立記念日フェア」(1947-52年，場所不明，昭和館所蔵，資料番号013444)

写真3-10 「東京PX前の子供と米兵」(1947-61年，東京都，昭和館所蔵，資料番号013729)

写真3-9 「米軍のジープを囲む子供たち」(1947-61年，場所不明，昭和館所蔵，資料番号012728)

ちらも日本社会では隠された場所であり、連合国軍の関連施設の領域内の映像といえる。

ところで、子どもの場合は、「ギブ・ミー・チョコレート」の写真3-9「米軍のジープを囲む子供たち」、あるいは写真3-10「東京PX前の子供と米兵」は占領軍の関連施設の領域外での映像となる。戦争花嫁の親密さは内部に隠されるが、子どもたちとの親密な関係は外にさらされる。このことの意味を検閲の問題も含めて考える必要はあるが、さしあたり、ここではこうした関係が公にされる場所として、銀座、特にPX前が一つの象徴となっていたことに注意したい。

ここで、占領する側が残した同時代の記録として、マーク・ゲインの「一九四五年一二月二一日東京」の言を引いておこう。

「銀座——かつての東京の最大の繁華街だった銀座——その銀座で、今いちばん人をひきつけているのは米軍のPXのショウウウィンドウである。そのショウウィンドウの前には、まるで、魅されたような人たちが、GI用のスウェーターやタオルや戦闘服の上衣やほんものの皮製の頑丈な靴にあかずに見入っている。腹の空いた子供や若い女たちは、列をつくって順番を待つ兵隊たちにチュウインガムやチョコレートをせびっている。（中略）買物をする人たちは、もっぱら敷石の上にござを敷いて商品をならべている露天商人のところに集まる。ゴツゴツした織り方の見かけばかりケバケバしい絹の頭巾や、粗雑な印刷の絵葉書や、不細工な木彫の人形や、たちまち役に立たなくなる万年筆などが並んでいる。値段はおそろしく高く、品質はこれまたとびきり悪い、それなのにGIたちはどんどん買いあさる。彼らは言う。「いったいそれがどうしたっていうんだ。おれたちが払っているのは、円じゃないか。かねじゃあないんだ。」」（Gayn 1948=1963, 45-

## 第四節　文化社のネガ・写真の内容を分析する

文化社のネガ・写真を整理した大岡聡は、内容的に分類し「復興に向かう東京」と「敗戦直後の政治と社会」の二つに分けている。「復興に向かう東京」では、①一九四六年・秋の東京、②銀座、③その他の街の表情、④焼跡生活の諸相、⑤復興に向かう街と文化、⑥文化、⑦その他となっており、「敗戦直後の政治と社会」では、①社会運動・労働運動の高揚、②第二二回衆院総選挙と女性の政治参加、③第三〇回帝国議会、④新憲法公布、⑤連合国軍人と東京、となっている（大岡 2014）。写真集『東京復興写真 1945-46 文化社からみた焼け跡からの再起』は、「復興に向かう東京」を中心にまとめたもので、「敗戦直後の政治と社会」は④新憲法公布（山辺・井上 2016, 197-202）などが掲載されているが、他は掲載されていない。

既に、写真集の掲載写真に地域性に偏りがあることは述べたが、これはそのままネガにおいても見られるものであり、地域的には銀座が突出していることは変わらない。ここでは、大岡の分類をもとにしながら、占領という現実が映像の世界に何をもたらしたかという観点から捉えてみよう。

①　日本政府は、一九四五年八月一四日、ポツダム宣言を受諾し、無条件降伏をもって戦争を終結した。連合国軍は日本に進駐し、占領を開始することになったが、その連合国軍の中心はアメリカ軍であった。アメリカ政府は日本が再びアメリカの脅威にならないよう、アメリカ主導のもと、日本の非軍事化と民主化を進めることになる。連合国軍は、同年一〇月に、婦人解放、労働組合結成の奨励、教育の自由主義化、秘密警察などの廃止、

経済の民主化の五大改革を指令し、選挙法の改正、労働組合法の制定、六・三・三・四制の実施、農地改革、財閥解体など、さまざまな改革を実施することになる。

こうした政治的施策は、それまでとは違った映像の対象を生み出す。戦争中、兵士という単一化された対象を写すことを求められた撮り手たちは、兵隊という秩序だった世界の形式美を写すことから、労働運動の秩序だっていない様相、てんでバラバラな服装をした人びと、男性ならびに女性の集合した姿を写すことに変わる。写真集には収録されなかったが（以下、写真タイトルは東京大空襲・戦災資料センターによる「東方社コレクション」全コマネガリストデータに準拠した）、「野坂参三帰国歓迎会」（一九四六年一月二六日、日比谷公園）、「全国鉄単一労働組合結成準備大会」（一九四六年一月二二日、日比谷公園旧音楽堂）、写真3-11「幣原反動内閣打倒人民大会」（一九四六年四月七日、官邸前集会）、写真3-12「第一七回メーデー」（一九四六年五月一日）、「東宝争議と日映演の運

写真3-11　「幣原喜重郎反動内閣打倒人民大会」（1946年4月7日，官邸前集会，資料番号015-001-027）

写真3-12　「第17回メーデー」（1946年5月1日，場所不明，資料番号017-051-011，菊地俊吉撮影，『マッセズ』2号掲載）

写真3-13　「五大政党婦人会代表立会演説会」（1946年頃，日比谷公園，資料番号015-003-015）

写真3-15 「PX前を通る女性」（1946年頃，銀座四丁目服部時計店前，資料番号017-029-007）

写真3-14 「ボクシング、リング上」（1946年頃，場所不明，資料番号017-106-003，『マッセズ』創刊号掲載）

動」（一九四六年）、写真３－13「五大政党婦人会代表立会演説会」（一九四六年頃、日比谷公園）など、民主主義を追い求める民衆の姿を中心に、敗戦後の新しい現象が写される。

こうした政治的な局面だけでなく、野球（早慶戦）（山辺・井上 2016, 257-258）や写真３－14「ボクシング、リング上」（一九四六年頃、場所不明）、あるいは、銀座・日本橋・神田の復興祭（山辺・井上 2016, 150-182）もこうしたマスとして人びとを表現したものと捉えることができる。この時期、戦争中に隠されていた人びとの意思がこうした姿に表れ、また注目があつまった。

② 次に、この写真集ではやや分かりにくくなっているが、こうした集合

写真3-16 「PX前を通る女性」（1946年頃，銀座四丁目服部時計店前，資料番号017-040-004）

化された人びとの捉え方に対して、本書第二章で指摘したが、一九四六年秋頃、銀座四丁目附近PX前を歩く人びとを路上観察的に写し続けた写真が、かなりの枚数残されている（山辺・井上 2016, 52-58）。集合化されて群れとしての人びとではなく、個々の人びとを捉えようとしたものといってよい。群れではなく個として人びとの姿を写しとり、この時期の日本人はどうであったかを記録化しようとする意図が感じられる。しかし、一方で、これが極めて標本的な撮影の仕方であることも注意する必要がある。また、この写真群の何枚かに「×」が付けられているのは、その意図を考えるうえで重要な手がかりになるだろう（写真3-15、3-16「PX前を通る女性」）。

ところで、この①②の写真群は、占領された側、日本人の反応、あり方を写したものとなる。検閲によって、占領されている事実を写すことができなかったことも含めて考えた時、ここに偏りがあることは明らかである。つまり、連合国軍（なかんずく、アメリカ兵）の姿は避けられ、日本人だけがその対象にされている。

しかし、東方社から文化社へと移行した彼ら映像技術者たちは、常に戦前から海外にその写真を発信し、また、自ら制作したグラフィズムをもって対外宣伝をし、欧米と対抗しようとした存在であった。このことは、占領状況において重要な意味をもつことになる。来日した『LIFE』の写真家アイゼンシュタットをはじめ、写真家レベルでの交流、情報交換が親しく行われたことは、さまざまなことから推測できる。木村は、文化社が刊行した写真集『東京一九四五年・秋』は一九四六年四月、英語を付しPX向けに刊行し一〇万部を売り、七月には国内版を刊行し五万部を売ったと語っている（木村他 1966, 36）。文化社が販売のターゲットとして占領する側である連合国軍を考え、それに向け写真・グラフィズムを制作していたことは間違いない。

こうした東方社・文化社の姿勢は、『アサヒグラフ』などの日本国内向けのグラフィズムの写真と本質的に何が違うのか、今後、『アサヒグラフ』などのネガ・写真が発掘されたとき、さらに明確になるであろうが、ここでは占領が映像に何をもたらしたのかという観点から二つの問題点を指摘しておく。

③　まず、ここでは、『アサヒグラフ』などの日本国内向けのグラフィズムと異なる写真から見ていく。それは、連合国軍だけが使用できるサービス施設内での様子、あるいは連合軍兵士そのものを取材した映像である。写真３-17～３-19「アニーパイル劇場の進駐軍慰問公演」では公演だけでなくその舞台裏も写されており、連合国軍側の雑誌などに掲載を意図した写真であることは分かる。あるいは、連合国軍兵士の日常生活を写した写真３-20「髭剃り中のアメリカ兵」のスナップ的な写真、さらにはアメリカ兵だけではなく、写真３-21「中国軍軍人」、写真３-22「ソ連軍軍人」などの日常の姿が写されている。東方社のグラフィズムの国際性が文化社にも引き継がれている。これらの写真は、明らかに占領する側の内部での撮影であり、連合国軍に許可されて初めて可能となる。また、その公開も必ずしも日本国内向けではなかったことを示唆している。連合国軍側で出していた

写真3-17　「アニーパイル劇場の進駐軍慰問公演」（1946年頃，東京宝塚劇場，資料番号015-006-014）

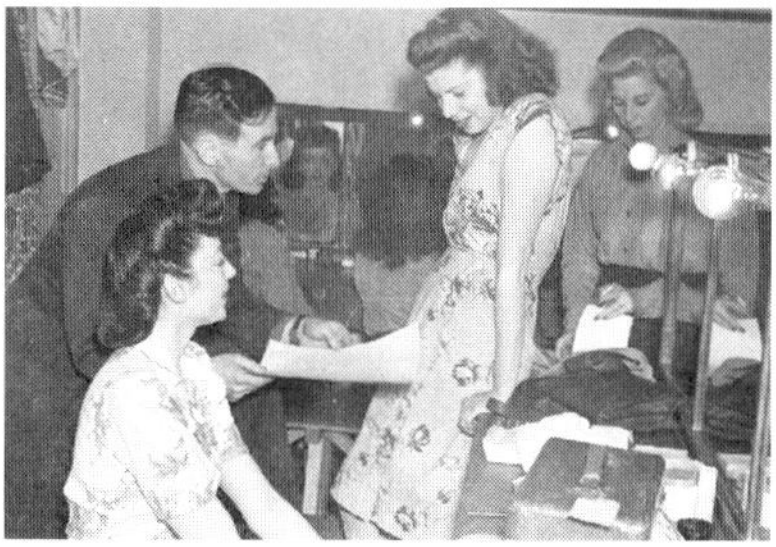

写真3-18　「アニーパイル劇場の進駐軍慰問公演」（1946年頃，東京宝塚劇場，資料番号015-006-008）

写真3-19　「アニーパイル劇場の進駐軍慰問公演」（1946年頃，東京宝塚劇場，資料番号015-006-007）

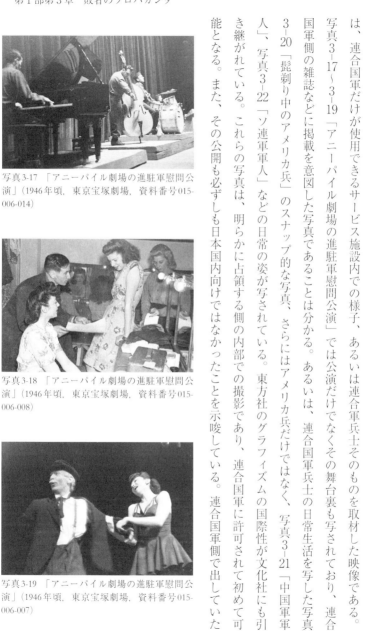

刊行物、あるいは欧米でのグラフィズムの掲載などが考えられるが、今の段階では残念なことに資料的な裏付けはできていない。しかし、占領する側と占領される側の技術者どうしのこうした交流は、お互いの内側にかなり踏み込んだ関係性をもち、また、さらにはお互いのイメージを共有化しあっていたことを示す。占領・被占領という枠組とは異なった枠組を、映像技術者（カメラマン）がもっていたことを現している。

④ 次に、こうした連合国軍内部での撮影ではなく、占領する側（連合国軍兵士）と占領される側（日本人）が公的な場所で密接に関わる場所での、両者の接触する姿が撮影されたものである。場所は、お互いにとっての居住の地域性が重なり合う銀座に集中することになる（写真3－23～3－24「銀座の占領軍軍人と日本人」）。連合国軍兵士と日本人とが入り交じっている様子が淡々と写されている。当然のことながら、占領される側がこれらの写真は掲載しようとすれば、検閲により不可となる。興味深いのは写真3－25「皇太子と占領軍軍人」で皇太子と

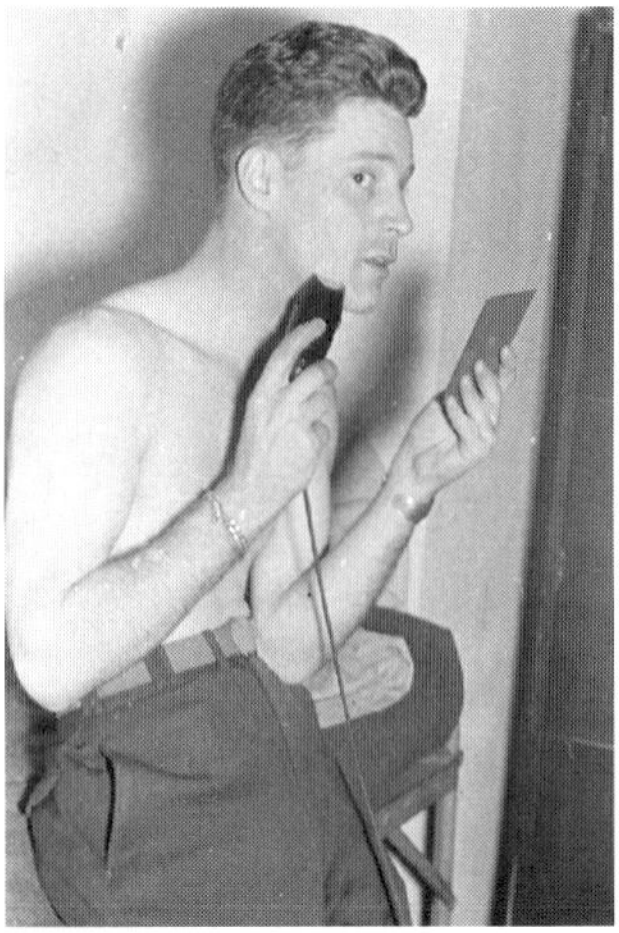

写真3-20 「髭剃り中のアメリカ兵」（1946年頃，東京都，資料番号017-054-005）

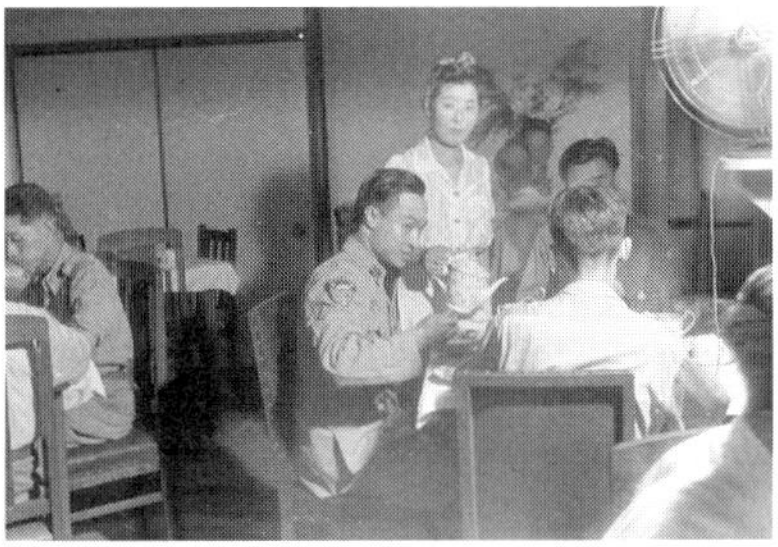

写真3-21 「中国軍軍人」（1946年頃，東京都，資料番号017-113-006）

写真3-22 「ソ連軍軍人」（1946年頃，東京都，資料番号017-113-007）

占領軍軍人との交流写真で、これも検閲では不可とされる「武装ＧＩに囲まれた天皇の写真」（山本武 1996, 595）に近しいものとして掲載不可となるだろう写真があることだ。つまり、これらの写真が意味していることは、日本の刊行物では掲載できないが、取材は可能であったということだ。

こうした占領する側と占領される側とが密接に交流している場面がある一方で、検閲という権力関係は占領の現実をつきつけてもいる。占領される側の文化社の写真には連合国軍兵士と日本女性との関係性を示す写真は注意深く除かれ、不在の記号としてだけ存在する。占領政策、検閲の軽重がほのみえるところであり、占領する側であったボリアの写真3-7「アメリカ独立記念日フェア」が示すアメリカ兵と日本女性との関係の写真との非対称性がそこに鋭く現れる。

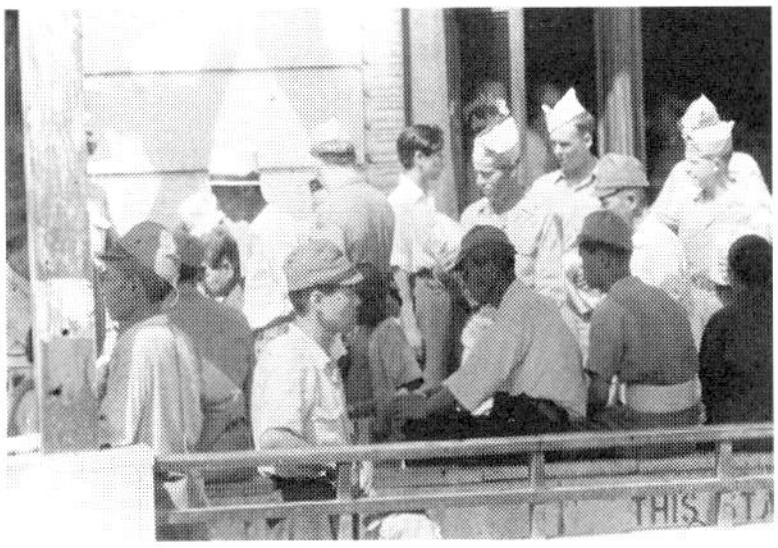
写真3-23 「銀座の占領軍軍人と日本人」
（1946年頃，銀座，資料番号017-116-009）

写真3-24 「銀座の占領軍軍人と日本人」
（1946年頃，銀座，資料番号017-116-009）

写真3-25 「皇太子と占領軍軍人」
（1946年頃，明治神宮外苑競技場，資料番号017-096-008）

## 第五節　プロパガンダとしての映像

次に、占領する側と占領される側において共通して表現される主題として、子どもを取りあげてみよう。ここでは、連合国軍兵士と日本女性との関係性を示す写真とは異なり、連合国軍兵士と子どもとの写真は占領する側にとっても、占領される側にとってもきわめて両義的な存在として、ネガにもポジにも表れている。

文化社の最初の仕事として、一九四六年四月に写真集『東京一九四五年・秋』（国内版は同年七月）が刊行される。六四頁の内容のうち、最初の一―九頁は占領軍の様子を写したもので、一頁「進駐軍の道標―四谷見附」から始まり、「清洲橋から見た人形町方面」の焼け跡の風景をはさみ、四頁から丸の内の占領軍のオフィス、宮城、日比谷公園と続き、九の写真3-26「道案内を見る米兵――銀座4丁目」までとまとまっている。明らかに、占領軍向けに販売を意識した構成といってよい。

この後、銀座を中心とし街の様子が活写されるが（写真3-27「酒保のあくのを待つ進駐兵」）、興味深いのは木村伊兵衛が撮影した四二頁の上の写真である。日本語では上下とも「上野公園」と表記されているが、英語では上は写真3-28 “A friendly walk through Ueno Park”、下は “Play-ground scene at Ueno Park” と表記されている。明らかに子どもを媒介として、占領する側である連合国軍兵士と占領される側である日本人との融和を表したものといってよい。下の写真は、スナップであるが、一見すると、上の写真も構成上同じようにスナップ的に見えるが、意図的に再現したものである。ここには明らかにプロパガンダの戦線を生きてきた写真家の眼、手腕がひそんでいる。

写真3-27 「酒保のあくのを待つ進駐兵」（木村伊兵衛撮影）（29頁）

写真3-26 「道案内を見る米兵—銀座4丁目」（9頁）

写真3-28 “A friendly walk through Ueno Park”（木村伊兵衛撮影）（42頁）

こうした写真とボリアが写した写真3-9「米軍のジープを囲む子供たち」を対比したとき、「ギブ・ミー・チョコレート」の日本の子どもたちの写真にも、同様の意図的再現が隠されていることがみえてくる。確かに、マーク・ゲインが記している通り、子どもたちがチョコレートやキャンディーを欲しがったのは事実であろうが、占領する側はこれを撮影し、映像として記録し、残し、活用しようとした。こうした映像は、ボリアに限らず、連合国軍側において何度も繰り返し、いろいろな形で映像として撮影されている。本章の冒頭で『極上アンティークお宝映像発掘！ムカシネマ2』の一九四六年の一月頃（推定）、神戸で撮影されたカラー動画について述べた。これに類似した動画として、アメリカ公文書館に所蔵されている『GIを初めて見る古河の子供』（戦略爆撃調査団撮影 一九四五年九月一六日）を昭和館で見ることができる。この映像では、茨城県古河市でキャンディーを配る兵士に群がる子どもたちの姿が写されているが、興味深い点は、冒頭のカチンコに“CIVILIAN SEE FIRST GI”と記載があり、最初から意図的に子どもたちの反応を撮影しようと、隊が到着する前から準備し、映像として記録しようとしていたことは分かる。こうした映像はアメリカの公文書館などから、今後も多く発掘されることになるだろう。

占領期、日本、特に首都東京はこうした占領する側と占領される側との視線が複雑に入り交じったアリーナとなっていたことは間違いない。占領する側は連合国軍兵士と子どもたちの関係性を、占領を歓迎している姿としてイメージし映像にし記録・広報し、さらにアーカイブ化し、今なお私たちの記憶を生成しようとしている。それに対し、占領される側はそれに抗して兵士と子どもとの関係性を、共に協調し協力しあっている友愛の関係として占領している側に表現しようとし、使わなかったネガは隠すことで対抗したといってよい。

かつて、木村は戦争の勝者として、「報道写真—上海」の写真において占領の正当性を表象するために、日本兵と中国人の子どもたちが遊ぶ写真を撮った。そして、その約七年後、今度は敗者として、「東京」においてアメリカ（連合軍）兵と日本人の子どもたちが遊ぶ写真を撮る。当然のことながら、木村のなかで、その視線は二重化している。過去を反芻しながら、今、敗者としてなお、プロパガンダが必要だと考えていたことになる。そこには占領軍による「ギブ・ミー・チョコレート」のプロパガンダへの対抗という意識があったことは間違いない。しかし、そうであったにしても、なぜそうまでしてプロパガンダが必要なのかという疑問は残る。アジアでの戦争のなかで、木村も日本人として多くの人びとと同じように、対欧米と対アジアとのダブルスタンダードのねじれた心の構造を持していたため、こうした反復を生み出したのかもしれない。どちらにしても、木村がどう考えていたのかは、写真からは分からない。木村の心の世界において二つの占領は、既視感のようにオーバラップしており、違っているはずなのに、時に重なりつつ微妙にずれていることだけが事実として残る。

木村がそうした状態から脱したのは、一九五一（昭和二六）年のことであった。「三木淳君が、（略）カルティエ・ブレッソンのマチスその他の報道写真を取り寄せ、展示に先立つて、私に見せてくれた。この時はブレッソンの写真を突きつけられた、という言葉が、私にとつてもつとも適切であつた。私は身のちぢむ思いをすると共に「俺はこれを忘れていた。写真の使命を忘れていた」と痛感せざるを得なかった」（木村 1956, 108）。

木村にとって戦争という現実を前にした上海・南京での選択――プロパガンダへの道は、多分、最初は小さな選択にすぎなかった。しかし、その選択が切り開いた世界は思ったより大きく、歩き続け、抜け出るのに約一〇年以上の月日、彷徨が必要だったことになる。だがしかし、こうした占領し占領される世界の二重性から木村が抜け出したのは、多くの人びと、あるいは表現者のなかでもかなり早かったかもしれない。多くの人びとは一九六〇年代に入りいわゆる高度経済成長期において、そうしたことを実感したと想定される。ここで、興味深いのはこうした木村の気づきが、日本国内の内発性ではなく、海外との映像の関係から、カルティエ・ブレッソンの報道写真から触発され、気づかされたことにある。木村が日本社会にありながら、一九三〇年代から終始、一貫してこうしたグローバルな文脈のなかで自分の映像を位置付け考えていたことを示している。それは木村の仕事を考える上で、重要な意味をもつ。彼の精神の文化風土がどこにあったのかを、それは物語るからだ。

## 第六節　私たちの戦後

現在、膨大な映像と共に、再びアメリカ公文書館の映像はその記録性によって、敗戦の記憶として私たちの心をコントロールしつつある。占領された日本の写真家たちの営為は、再び、ここで、その物量に敗れるのだろうか。どちらにしても、文化社のネガの発見は、占領期において、実際に映像において何が行われていたかについて、見えていなかった領域、抗争の場を明らかにする。アメリカ公文書館から公開され、発信される映像群に対して、それを相対化し、今まで、私たちの戦後の記憶を生成していたものが何だったのかを、違った形で考えることを可能にしてくれる。私たちの戦後である映像における戦線・フロントは、今現在においても消滅することなく続いている。

注

（1）連合国軍の検閲全般については山本武利（山本武 1996）を参照されたい。なお、映画についての検閲については平野共余子（平野 1998）、谷川建司（谷川 2002）、雑誌などに掲載された写真については第八章参照。

（2）『極上アンティークお宝映像発掘！ムカシネマ2』出演者：爆笑問題（太田光、田中裕二）、伊集院光、中川翔子、水島久光

（東海大学）、とちぎあきら（東京国立近代美術館フィルムセンター）。

# 第Ⅱ部　つくり手の戦時・占領——近代的な映画会社・東宝

東宝は日本の映画会社として最初から近代的な産業経営を目指した、特異な存在としてあった。まず、設立までの経緯をたどっておこう。東宝の前身であるP・C・L（写真化学研究所）は植村泰二らによる私設研究所としてはじまりフィルムの現像などを行っていたが、一九三一年に映画のトーキー・スタジオを設立し企業化された。当初は貸スタジオとして始め、製作をおこなっていなかったが、徐々に映画製作も行うようになった。この時期、同じように京都においても大沢商会の大沢善夫によってJ・Oスタジオが設立されており、製作された映画を上映する映画館が求められていたこともあり、阪急電鉄の小林一三の東京宝塚劇場とが一緒になり、東宝ブロックがつくられることになった。これに対抗して、従来の映画会社である松竹、日活、新興キネマ、大都は、撮影所の従業員、あるいは出演俳優などに対して他社への移動を禁じる四社協定を結ぶ。東宝は四社協定を拒絶し、自由契約制を奨励し、積極的に日活や独立系の製作者を雇用することになる。そして、一九三七（昭和一二）年に、P・C・L、J・Oスタジオ、東京宝塚劇場の三社は東宝映画株式会社を設立することになる。

東宝の前身であるP・C・Lは映画製作を始めるにあたり、欧米の経営システムを参照にし、最初から事務系統以外は契約制度にし、プロデューサー制を導入した。それは、プロデューサーのもと原作、脚本、監督、俳優、撮影などのスタッフを決定し、ロケーション、セットの日数、諸経費の算定などの予算計画を詳細に行い、それまでの映画会社が家族的、手工業的な徒弟制度によってどんぶり勘定で運営していた現場を合理化し、経理の徹底化を行うものだった（田中純 1957, 108-109）。ここで、興味深いのはこうした経営の近代化を行うのにあたって、プロレタリア映画同盟（プロキノ）にいた松崎啓次、能登節雄など左翼系の運動関係者が多く入り、そうした現場の合理化をになったことである。こうした社風、体制をもつ東宝が、戦時における国策映画最大のヒット作であり成功作である『ハワイ・マレー沖海戦』（山本嘉次郎監督 一九四二年）を製作したことは、映画製作の近代性とプロパガンダの製作に親縁性があることを示している。

ところで、敗戦後、労働組合の結成は占領軍の指導のもとあらゆる産業分野に広がり、東宝においても正式に一九四六年二月に従業員組合が結成される。東宝は争議に入り、労働基本権の承認と経営参加を含む一八項目の要求および賃上げを求め、一九四六年三月、生産管理戦術によってその要求を達成した。さらに、第二次東宝争議は、一九四六年四月に結成された産業別組合組織日映演（日本映画演劇労働組合）の拠点組合として東宝の組合が、クローズド・ショップと高度の経営参加を含む統一的団体協約の締結を求めて、一〇月から五〇日余のストライキを敢行し、それを獲得した。この闘争の過程で、東宝の組合における共産党の影響力は増大し、企画や製作上の自由が拡大する一方で、組合による作品内容のチェックも増すことになる。この時期に、『戦争と平和』（山本薩夫・亀井文夫共同監督、一九四七年）、『今ひとたびの』（五所平之助監督、一九四七年）、『素晴らしき日曜日』（黒澤明監督、一九四七年）、『酔いどれ天使』（黒澤明監督、一九四八年）などが製作されている。

しかし、組合による経営権の拡大に危機感を抱いた企業側は、一九四八年四月、組合に対し撮影所二七〇名の解雇を通告し、全社でおよそ一四〇〇人におよぶ大量の人員整理に踏み切った。経営の赤字と共産党員の排除、いわゆる「二つの赤」の追放がその目的であった。この第三次東宝争議は決着までおよそ七ヵ月続き、最終的に、組合は会社側の提案した組合主要幹部二〇人の退社と、組合の経営事項への発言の禁止などを受けいれ、組合側は敗北し争議は終結することになる（井上雅 2007）。

東宝争議の過程で実現した組合主導の製作というこれまでにない経験から明らかになったことは、映画というメディア産業における労働が単なる賃労働ではなく、クリエイティブな能力を必要とする知的な技術労働であることだった。また、さらにそれを一つの総和としての作品として企画実現するためには、作品の芸術的な価値だけでなく興行的価値とのバランスを、産業としてとる必要があるということだった。製作に金のかかる映画はクリエイティブであると同時に大衆的でなければならない、この当たり前の現実はクリエイターにとっては重しである。戦時、占領をくぐり抜けた三人の監督は、この問いに繰り返し向き合い、そして、映画を作り続けなければならなくなる。

# 第四章　綴方がつなぐ記憶
## ——山本嘉次郎の重層化した記録——

### 第一節　豊田正子の綴方と活字メディア

山本嘉次郎には綴方を原作にした二本の映画がある。一つは、一九三八年に豊田正子の綴方を収録した『綴方教室』を映画化した『綴方教室』であり、もう一つは一九四九年に雑誌『赤とんぼ』に掲載された山本映佑の綴方をもとにした『風の子』である。ここでは、この二つの綴方と映画をめぐっておきたできごとの総体について、つまり、複数のメディアに媒介されることでひろがり、いくつかのメディアが重層化するなかで、その内容と表現のあり方を変容させていった過程について、考察を試みたい。

まず、映画『綴方教室』の原作『綴方教室』は、一九三六年に鈴木三重吉が綴方教育についての考えを述べ『赤い鳥』に掲載した綴方を収録した『綴方読本』が中央公論社より刊行されたあと、その姉妹篇として綴方教育の現場の実践記録として、一九三七年八月に中央公論社より刊行されたものである。前編「個人指導編」を大木顕一郎、後編「学級指導編」を清水幸治が各担当し、編集し解説をふしたものである。『綴方教室』は、『赤い鳥』の影響の下、教育運動として盛んになりつつあった生活綴方運動の中で刊行されたものである。こうした社会的文脈のなかで、『綴方教室』は、教育研究の場でとりあげられるだけでなく（成田 2001, 220）[1]、中野重治らプロレタリア文学の人びとから注目されることになる（中野重 1937; 本間 1938）。特に、前編の東京下町の小学校教師大木顕一郎が個人指導した小学校四年生であった豊田正子が、下町の下層労働者であった自分の家庭生活をリアリスティックに書いたことが評価された。大木の綴方教育の基本方針は、鈴木三重吉の綴方の考え、「児童のいきた実際生活の上の、直接の経験、直接に見たこと聞いたこと、事実について感じたことを書かせる」（鈴木 1936, 506）を踏襲したものであった。こうした指導を受けた豊田が、文章を書くことを通して表現力と現実認識の力の二つを育成し、大きな成果をあげえたのには理由があった。

豊田正子の家は経済的に豊かではなく、『赤い鳥』が代表するような活字文化には触れていなかったが、口承文芸的な世界には深く関わっていた。豊田が文章を作成するとき「見たことを、自分の頭でいちおう整理して、しかもありのまま描きだす」（豊田 1963, 91-92）という作業をおこなうにあたって、その世界を再構成し、秩序立てる能力は、母ゆきの語りの芸に大きくよっていた。ゆきは「話の対象物を、人間であれ、動物であれ、情況であれ、単純な、素朴な、粗野な日常用語で」（豊田 1963, 47）極めて巧みに表現できる語り部としての才能をもっていた。豊田は文章を書くにあたって、母ゆきの語り口に注意することでその語りのエッセンスを身につけ、活字に移し換えることで、具体的な経験を具象的に記述し、自分の考えをまとめるという作業をしていたのであった。教師大木顕一郎は綴方教育を一方的な指導ではなく、生徒との対話によっておこなっていたと認識していたが、実際は、教え子豊田正子はそうした教育的なヒエラルキーのなかだけで文章を作成していたわけではなかった。

こうした関係性が変容するのは、大木が豊田の綴方「うさぎ」を雑誌『赤い鳥』に投稿し、掲載されたことからである。「うさぎ」は一軒おいたとなりのおりえさんの家が田舎に行くことになり、二羽のうさぎを世話ができないからと、豊田正子にくれた話の顚末を書いたものである。ところで、この文中におりえさんが正子に「ここだけの話なんですけれど、松本さんのうちへもやろうと思ったんですが、あのうちは、大じんでも、けちくさいから、やらなかったんですよ」（豊田 1984, 35）という記述があり、[2]問題がおこることになる。『赤い鳥』という児童向けの文芸雑誌であり、子どもの書いたものであったが、その地域の顔役である松本にとっては、評判を落とすような風評がたつことは好ましくなかった。豊田親子には松本から苦情がよせられ、結局、教師である大木が「清い、無邪気な心で、眼に映じたままの真実を描く以上、何人に憚る必要もない」（豊田 1984, 46）と思いつつ、事態を収拾するためにあやまりに行くことになる。

この顚末を書いた「つづり方」に、豊田は「先生がしょうじきになんでも書きなさいと、いった時があったので、わる口をそのまま書きました」（豊田 1984, 47）と書いているが、まったく悪意がなかったとは言い切れない。佐藤忠男は『赤い鳥』のもつ童心主義を批判し、「子供自身にしてみれば「童心」とは要するに、大人が子供に、自分たちの世界の厭らしさを隠して見せないために煙幕として用いる架空の観念でしかない。子供自身の心の中には、主体的には童心などというものは存在しない。子供は子供なりに打算的でもあり、邪悪な観念も罪の意識も持っている」（佐藤忠 1968, 202）とする。

一篇の綴方が雑誌『赤い鳥』に掲載され、メディアを通してさまざまな人に媒介されたとき、教師と教え子という非対称なヒエラルキーが拡大される。子供は純真であり守られなければならないという大人の通念が、子供の悪意を隠し大人の打算を隠す。大木は綴方教育の指導として、細かく文章の添削をしているだけではなく、雑誌に投稿するときや本に収録するとき、不適切と思われる箇所や文意をわかりやすくするためなどの理由で（山住 1995, 377-379）、文章をなおすことをしており、また、そうした行為に、なんらの疑問をもつことはなかった。

既に引用したところで述べれば、「うさぎ」においては「松本」が「梅本」になおされており、「つづり方」では「わる口をそのまま書きました」が「をばさんのいつたことをそのまま書きました」（大木・清水 1937, 48）と、「わる口」という言葉がなおされている。

## 第二節　『綴方教室』の戯曲化と映画化

一般的にいって、原作『綴方教室』の内容の多くが豊田正子という一少女によって成り立ち、そこに個人の魅力が感じられる以上、人びとがそこに注目したとしても不思議ではない。ところで、『綴方教室』を劇化することを企画したのは、新築地劇団の文芸顧問の和田勝一であるが（森 1984, 177）、和田がこの企画をたてた前提に看板女優の山本安英をいかすということがあった。和田は脚色を古川良範に依頼しているが、古川は戯曲化にあたって山本安英が主演であることを想定し脚色を考えている。古川は少女を山本安英が演じることを考慮にいれ、ドラマチックな仕立てにした場合に、劇としての嘘が大きくなってしまうことを恐れ、「原作が描いてゐるトリヴイアルな日常生活をそのまま忠実に羅列し、そうした日常生活の細かい波自身の中に一種特別なドラマ性を見出」（古川良 1938, 23）そうとする。戯曲は場所を豊田正子の家の内部を中心にし、綴方の一つ一つを幕場とし、綴方の内容を忠実に反映している。一見すると、千田是也の否定するところの自然主義、「ナイーブな写実主義」（岩田 1938）そのままといってよい。

しかし、そこにはそうしたイズムを越えたものも含まれている。演出の岡倉士朗は稽古において、まず、山本安英が他の出演する子供たちと一緒に遊ぶことからはじめ、なにより「無心に遊ぶ、遊べる」「自然に近い子供と一しょになれるやうな心」（山本安 1987, 25-27）を俳優への演技指導としつつ、一方では、綴方の朗読を入れて、意図的に語り（デクラメーション）を取り入れ、劇空間をつくりだし観客の想像性に訴えかけることもしている。豊田正子は芝居を見て、「父ちゃんも、母ちゃんもとても本物に近かった」としているのは、演出する側としては当然といえようが、「舞台の山本さんはどう見ても子供としか思はれなかった」（豊田 1938）と書いているのは、単なる演出をこえて、劇全体が有機的に機能した結果といえる。

劇『綴方教室』は一九三八年三月六日から二〇日にかけて築地小劇場で上演されヒットし、その後、大劇場での再演や、大阪、京都などで上演がおこなわれることになる。最終的には、観客総動員数は五万五千人となり（大笹 1993, 229）、千田をしてこの驚異的なヒットが「新築地の大衆化のための安定した路線をつくり出し（中略）困難な時局を切り抜けていくうえで、新築地のみんなに大きな自信と意気込みを与えた」（千田 1975, 397）と評させた。しかしながら、『綴方教室』のこのヒットは、劇の質の高さだけがもたらしたわけではない。新築地の宣伝部であった近藤強太郎と森信三は、東京朝日新聞、東京日日新聞などの新聞メディアに公演のプロモーションを積極的におこない（森 1984, 178）、「築地の舞台に十一少女の名作 童心光る『綴方教室』」（東京朝日 1938）といった記事が大きく載せられたことも見のがせない。中谷いずみが指摘するように、都市下層社会の貧しいが、可憐で清純な天才少女の綴方（実話）という話題作りがそこでおこなわれており、豊田正子の評価はそうした言説とともに社会に普及し、「綴方」というジャンルが教育の世界とは別に、ジャーナリズムのなかに形成されていくことになる（中谷 2001; 2003）。

ところで、映画『綴方教室』は、一九三八年八月二一日に公開されることになる。山本嘉次郎によれば、映画『綴方教室』の企画は新築地の劇の前にすでに用意されていたが、製作が開始されるきっかけは新築地の舞台のヒットであった（山本嘉 1951, 200）。山本嘉次郎は豊田正子の綴方を生かすために、映画全体としてのドラマ的な展開を排し、各綴方の内容を一シークエンスとして独立させ、並べていく方法をとっている。これは戯曲と同じやり方といってよい。当然のことながらこの構成では、劇的な盛り上がりが欠けることになる。しかしながら、一方で、長屋を野外にオープンセットにして立て、ロケーション撮影を多用し、自然光によるドキュメンタリー的な撮影方法によって、綴方のもつ現実性を映像のもつ現実の再現性として重ね、映画としてのリアリティを再構成している。映画『綴方教室』は、それゆえに「エピソードの連絡が緊密を欠く所もあるが、流石にそのエピソードエピソードには、日本映画としてめずらしい真実性がある」（大塚 1938, 142）と評価されることになるが、一方で、劇映画のリアリティを豊田正子の綴方のもつ現実性に依拠せざるをえない点が批判されることにもなる。筈見恒夫は、作者であり、主人公である豊田正子がすでにジャーナリスティックな形で目の前にあるとし、「『綴方教室』には三面記事の匂ひが」し、映画は「貧民街の人々の心の内側」（筈見 1938, 44）を描いていないと批判する。

演出的にみた場合、舞台においては綴方の朗読は演劇空間における語り（デクラメーション）による豊田の心の世界の創造という側面があるが、映画での綴方の朗読は豊田正子を書き手として、また、映画の登場人物として、あるいは構成上は、特権的な全体の進行を受け持つ話者として登場せざるを得ないものとしてある。綴方の朗読は天才少女豊田正子とそれを演じるアイドル高峰秀子を接合し重ねさせ、同時に映画のヒロインを演じる高峰秀子と豊田正子を同一であるかのように幻想させる。「豊田正子の看板で映画を見ながら、人は、中身が豊田正子でないことに気がつかない。しかも、それは豊田正子たらんとしたものである、という点に、この映画の矛盾がある」（無署名 1938, 121）という評言は、ある種の適確さを含んでいる。しかし、それは、大衆的な映画が生み出す一つの幻想のあり方であり、限界線でもある。『綴方教室』は、一見、芸術的な映画にみえながら、実際には、思った以上に興行性に配慮した大衆娯楽映画なのである。

## 第三節　プロデューサー的な監督としての山本嘉次郎

映画史において、山本嘉次郎が語られる場合、製作した作品より黒澤明を見出し、育てた師としてであり、あるいは、映画界においては珍しい文化人としての側面である。しかし、山本の映画界における貢献はそうした範囲に限られるものではない。山本は一九〇二年三月一五日、東京市京橋区采女町、現在の歌舞伎座前に生まれる。父は鹿児島県出身で天狗煙草の岩谷商会の総支配人を勤めていたが、煙草が専売になると一家は芝高輪に移ることになる。山本は慶應義塾の幼稚舎、普通部へと進み、新劇、オペラが好きになり、大学時代は声楽を習い演奏会に出たりしていた。また、同時に、映画も好きになり、「白夜会」という鑑賞会を組織し、『アマチュア倶楽部』を製作した谷崎潤一郎と監督の栗原トーマスに講演をしてもらったりしている。一九二三年に山本は大学を中退し、日活向島撮影所に助監督として入社するが、再興した映画芸術協会に入ったりし、以後、いくつかの製作会社を転々とし、一九二六年に日活金曜会に入り、京都で脚本家として数多くのシナリオを書く。一九三二年に再び、監督になり、一九三四年三月にP・C・L（後の東宝）へと移ることになり、以後、東宝が活躍の場所となる。

山本嘉次郎の作品を大きく三つに分けると、一つ目は『良人の貞操』（一九三七年）、『篠十郎の恋』（一九三八年）のようなメロドラマや、二つ目はエノケンを主演にした数々のミュージカル・コメディや、三つ目は『綴方教室』、『馬』（一九四一年）といったセミ・ドキュメンタリーの作品に分けることができる。一見すると異なった三つの領域にみえるが、一貫して山本の演出の基本にはサイレント映画の技法——なかんずくスプラスティック・コメディの作法がある。スプラスティック・コメディにおいては、現実的とは思われないような演じ手の肉体的なアクロバットな演技によって、非現実的なできごとが現実に起こる。映画はそれらの事象を適切にワンカットで撮り、つなげることで、現実と非現実の間のずれのなかで、笑いを生みだす。そこでは映像のもつ現実の再現性を逆手にとり、映画の劇、虚構を生みだそうとする意識がある。ミュージカル・コメディとセミ・ドキュメンタリーの二つのジャンルは、どちらも映像の再現性を重視する演出が必要であり、つまり、スプラスティック・コメディのやり方を変奏することによって、作品のクオリティーを高めることができるジャンルとしてある。

しかしながら、山本嘉次郎が重要なのは、そうした作品内容よりも、その作品の多くが興行的にあたっていたことにある。ミュージカル・コメディであるエノケンものがヒット・シリーズであることはもちろんであるが、メロドラマである『良人の貞操』、『藤十郎の恋』もヒットしている。また、芸術映画とみられるセミ・ドキュメンタリーの『綴方教室』、『馬』も東宝の興行収入の上位をしめ、東宝の経営を安定させ、成長させるにあたって基盤となるものであった。こうした商業性を意識したプロデューサー的な監督であった山本嘉次郎が、戦時下に戦争三部作といわれる『ハワイ・マレー沖海戦』（一九四二年）、『加藤隼戦闘隊』（一九四四年）、『雷撃隊出動』（一九四四年）を製作することになる。特に『ハワイ・マレー沖海戦』は戦時中の戦闘映画の最高傑作として賞賛され、「ここに国家と映画が一体となった！」という宣伝文句とともに、戦争中もっともヒットし、社会的にも大きな影響を与えることになる。山本はこの三部作において、登場する軍神をそのまま映画のヒーローとし、その人間像を自由でユーモアがあり、精神的に豊かで、他者に対して思いやりをもった、互いに敬意をいだいた魅力的な男たちとして描いている。

佐藤忠男は、こうした山本作品を目にした誰もがいだく疑問をわかりやすく書いている。「これらの作品がファナティックであるよりも、むしろスマートな好戦映画であったことを、さすがインテリで温厚な紳士だった山本嘉次郎らしい、と感心すべきなのだろうか。むしろ、よき技術者は、ファナティックな意志を持たずとも、その腕を買われて兵器の設計にあたれば、狂信者よりもずっとよい兵器をつくることになる、というひとつの事例だったと見るべきではあるまいか」（佐藤忠 1996, 100）。こうしたもの言いは分かりやすいし、間違っているわけではない。しかし、この言説の妥当性が批評するものをして、こうした認識を当事者がもっていなかったかのように書かすことになる。当事者、山本嘉次郎はこうした批判を、当然、意識していた。戦時下で、軍神を描くことは、その精神主義と権力に近づくことでもある。そのことのあやうさを知らなかったとすれば、ファナティックな主義者でしかない。つくるものとして、対象に対しての緊張感や精神の強度が必要とされるだけでなく、語りにくいものが、そこにあったとしなければならない。

## 第四節　山本映佑の綴方が生まれる周辺

山本嘉次郎が、戦後につくった映画『風の子』の綴方を書いたのは、山本映佑であった。その山本映佑によって綴方が書かれ、評価され本となり、映画化するまでの過程において、終始、映佑を指導したのは得猪《とくい》祚登子《そとこ》という女性であった。綴方『風の子』（山本映 1949a）、『引越物語』（山本映 1950）の背景を理解するには、得猪と映佑との関係が、どういうものであったかを知る必要がある。

得猪祚登子は一九〇九年、金沢に生まれ、金沢にあるミッション系の女学校を出たあと、大阪で会社勤めをし、結婚する。しかし、その後、両親を亡くし夫と離婚し、タイピスト、家政婦などの職を転々としながら生活していたという。得猪は、「自分はクリスチャンではありませんけれども、やはりそのバイブルの中から受けたいろいろな教訓というものが逆境に立ったりする場合、私を救つてくれたと思います」（得猪他 1949, 62）と語っており、社会進出するモダンな職業婦人の一面と宗教的な資質をもった一面の二つをもつ女性であった。

得猪は一九四三年に朝日新聞に「人様の嫌がることをしたい」と広告をだし、三月に片瀬にある別荘で結核にかかっているその家の娘の看護をすることになる。その一家は生長の家の信者であり、得猪はその感化を受け、入信することになる。その後、娘が死んだ後、一九四三年夏頃には、北千束にある家の子宮癌を患っている母親の看護をすることになる。その隣の家が、山本一家がやっている丸十というパン屋であった。一九四三年九月に山本一家の父芳雄が出征し、患っている女性が一二月二八日に亡くなると、得猪は山本一家に身を寄せ、日本橋の会社にタイピストとして勤めることになる。山本映佑はその頃の得猪を回想して、「よその叔母さん達と一寸ちがつた話をする面白い、子供好きな、やつぱり僕達に取つては不思議な叔母さんでした。叔母さんは実に信念の強い人で、勇猛果断でした」（山本映 1949b, 27）と書いている。

山本家の伯父は、山本一家が五人の子供をかかえ困っていることをみて、得猪に新潟県見附町に住む裕福な大坪家の白痴と結婚することを条件にし、一家の見附町への疎開をあっせんする。得猪はそれを受け入れ、一家は一九四四年六月二三日には見附町に疎開する。しかしながら、大坪家は、日本が戦争に負け、天皇が満州に移転するという世間の噂を信じ、一九四五年六月二七日には満州へと移住することになる。大坪家と山本家は折り合いがつかず、山本家は行き場所を失い、得猪は遠縁の石川県鹿島郡余貴村字酒井にある見性庵を頼って、七月一五日に移ることになる（得猪 1949）。

ところで、日本の敗戦という事態のなかで、子どもの教育環境が大きく変わることになるが、九月二〇日、文部省は全国の国民学校で教科書に墨を塗る作業をおこなう指示をしている。一一月には、占領軍による日本民主化五大政策指令が発せられ教育の自由主義化が進められ、一九四六年五月には文部省による「新教育方針」が配布され、一九四七年三月には教育基本法、学校教育法の公布と新しい教育体制にあらためられている。しかしながら、教育の現場では一八〇度の転換に大きな混乱が生じており、一九四八年の初頭まで空白期とされるような状態にあった。

得猪はもともと子供の教育に関心があり、こうした混乱した状態にある小学校を嫌って、山本一家の子供たちを自らの家庭教育によって指導することを志すことになる。そうした家庭教育において、得猪は『赤い鳥』の読者であったこともあり、綴方の教育をおこなうことになる。また一方で、得猪は一九四六年一月に上京し、生長の家の講習会で谷口雅春の話を聞き悟ることがあり、その体験を書いた「神に導かれつつ」を『白鳩』（山本＝得猪 1946）に掲載している。その文章を台湾生まれの中国人楊卯炉が読み、得猪に子供の教育費として一〇〇円を送ってくる。それに対するお礼として、映佑は書いていた綴方の一つである「先生と皆様へ」を送ったところ、楊はそれを『赤とんぼ』の編集部に送り掲載されることになった（山本映 1949b）。

この時期、教育現場の空白状態をうめるようにして、多くの児童雑誌が創刊されている。一九四六年四月には、『赤とんぼ』（実業之日本社）、『子供の広場』（新世界社）、五月には『童話』（日本童話会）、七月には『少国民世界』（国民国書刊行会）、九月には『日本児童文学』（児童文学者協会）、一〇月には『銀河』（新潮社）、一一月には『少年』（光文社）などつぎつぎと創刊されている。『赤とんぼ』は、藤田圭雄を編集長とし、大佛次郎、川端康成、岸田國士、豊島与志雄、野上弥生子を同人として、戦前の綴方を復活させようとする意図をもった児童雑誌であった。創刊号には「綴方募集」がかかげられ、選者として川端康成があたることが明らかにされている。そうした『赤とんぼ』に山本映佑の綴方が、初めて掲載されたのは一九四六年八月のことであった。川端康成はその選評で、「山本映佑さんの「先生と皆様へ」は理想的に立派な文章でせう。実にしつかり書けてゐるといふことが実にしつかり暮してゐるといふことから生れて、実にしつかりした子供が感じられます」（川端 1946, 35）と評し、以後、映佑の綴方は他の作家、竹山道雄の「ビルマの竪琴」などとともに『赤とんぼ』に掲載されることになる。「先生と皆様へ」は、戦後の新たな綴方として高く評価され、一九四六年九月一四日にＮＨＫラジオで朗読され、文部省図書監修官石森延男の選で四年生の『国語下』に採用される。

雑誌『赤とんぼ』は一九四八年一〇月に終刊するが、根本正義は教育現場での綴方は国分一太郎の一九五一年の『新しい綴方教室』によって復興されるとし、『赤とんぼ』の綴方は戦後教育の空白期における「学校教育の場以外における指導の成果」（根本 2004, 128）であったとし、特に山本映佑の綴方と得猪祚登子の存在は教育界に対するアンチテーゼであったとしている。

## 第五節　「告白」「綴方」「映像」の表現の位相の違い

『風の子』映画化の企画は、一九四七年頃に日映教育映画部の多胡隆と東宝の山本嘉次郎によって企画されたが、延引していた。一九四八年八月一日から一五日にかけ山本嘉次郎脚色による、放送劇「風の子」がＮＨＫのラジオで放送され、九月に山本嘉次郎らによって映画芸術協会が設立され、その第一回作品として製作されることになる。山本映佑の綴方は映画の製作とあわせるように、一九四九年二月に本『風の子』としてまとめられた。山本嘉次郎は映画化にあたって、得猪に「豊田正子の例もあることだし、いろいろごたごたさわぎが起ると思うがと念を押し」（山本嘉 1949）たという。山本はメディアが介在することで関係性が変容し、思ってもみない事態が生じることを予期していたといってよい。

当時、得猪は山本一家と一緒に、新潟見附町、そして能登の余喜へと疎開し、厳しい生活をよぎなくされたことを一種の受難劇として見立て、そこに宗教性を感じようとしていた。もちろん、こうした得猪の意識と山本一家の意識が、すべてにおいて一致していたわけではない。こうした得猪と山本一家の関係性をみるために、まず、得猪の「神に導かれつつ」をみてみよう。「私の居ります酒井村から金丸駅まで約小一里あるのでございますが、家を出てしばらくいたしますと、吹雪に変わりました。（略）私がいつもより足場が悪くて四五十分もかかつてやつと駅へたどり着いたのに丁度又汽車も延着してくれてゐて、切符まで、まるで私のために求めて買つて、私の来るのを待つてゐて下さつたかの様に頂いて、間に合つたのでした。私はただもう神様の御手に素直におみちびき頂くままに、もうれしさで一杯でございました」（山本＝得猪 1946）と、得猪はおきたさまざまな現象を語るとき、宗教的なものとして意識し記述している。

ところで、得猪が山本一家に生活するためにはたした労働は、宗教的な行ともいうべきものだが、映佑によって書かれたとき、もう少し違ったものとしてあらわれる。ここでは、芋の植え付けをおこなった体験の記述をみてみる。「五十本の苗を水平式にして、二畝に植え終りました。喉の乾いた、水の切れた芋苗は、手足をすっぽり土の中にさし込まれて、しおれた首をだらしなく下げて、水気を待っています。そこへ、小便を十倍ぐらいに薄めたものを、出来るだけたっぷりやることだと教えられました。てんびん棒の、後前に下げた、一斗樽程の肥桶に、約二分の一ずつぐらい小便を入れて、うねうねと、廻り遠い山の段々畠にはこぶのです。」（山本映 1949a, 84-85）

当時、山本映佑は自分が生長の家の信徒であるとしており、基本的には得猪と同じように、自分のこうした労作的行為は宗教的な行として感じている。しかし、それを書く文章の態度は、明らかに戦前の『赤い鳥』の綴方運動から生活綴方運動の流れにくみしている。得猪は山本家の子どもたちへの綴方教育においては、日常生活の具体的経験を素材にして具象的に記述し、自分の考えをまとめることを通して、文章の表現力と現実認識の力を育成するという方針を、宗教的信念とは別に堅持していたと考えられる。

結果的に、映佑の記述は自分の持っている信念から離れることで、自らの行為を客観的に表現しており、その営為の意味を社会に伝えるにあたって、必ずしも意識的ではなかったにせよ、一般化していたことになる。また、綴方のもつ社会的文脈と、雑誌という活字メディアに載せられたことそのものが、そうしたことをより拡大させる方向で作用したといってよい。

山本嘉次郎は映画化するにあたって、ばらばらに書かれた映佑の綴方から「引越物語」と「さつま芋日記」を中心とし、山本一家の戦争末期から戦後の最初にかけての生活の苦闘を中心に再構成する。クライマックスを、映佑が芋を畑に植えるというシーンにおき、シナリオを構成し、現地、余喜でロケーションをおこなって映像化している。当然のことながら、現地で撮影することが、そのまま映画のリアリティにつながるわけではない。そこにいくつかの虚構が配置されることになる。まず、一つ目に、山本嘉次郎は、最初、題名を「みどりの仲間」としていたが、山本映佑の行為の総体を「風の子」と名づけ、映画の題名のみならず、刊行した本の題名とした。二つ目は、山本一家が東京から新潟、能登へと転々とする過程から、一切の宗教性を排し、疎開者一般の物語へと一般化した。しかし、そのために、能登の人びとが「徹底して疎開者いじめをする」、「能登の国辱映画」（寺西 1949）にみえることになる。地元の人びとにとって、この映画は、そうした不満を感じないわけにいかないものであった。三つ目に、この映画において、重要な役割をもつ人物を映佑、叔母さんの得猪、母親の三人としたことである。綴方の指導者である叔母さんを、戦前戦中にモダンガールといわれ奔放な行動で知られた竹久千恵子が知的で開明的な性格を演じ、母親役を夏川静江が典型的な日本の母親として演じるだけでなく、現実に比較して意図的に母親の役を重くしバランスをとった。映画全体のなかで、綴方の書き手である映佑の役は映画『綴方教室』における豊田正子の役より小さくなっており、ヒロインでもあった豊田に比べ、『風の子』では映佑はヒーローとしての扱いは避けられることになる。そこに、軍神をヒーローとして描いてきた山本嘉次郎の意識が反映されているといってよい。

## 第六節　映画『風の子』に対する批評

映画『風の子』は、識者、評論家、観客、なかんずく多くの児童にとって、評価が肯定、否定の二つに分かれるものであった。肯定する意見の代表的なものは清水幾太郎によるものであった。「都会育ちの痩せこけた小学生が荒地と格闘するのである。ここでは作業も労働も宙に浮いていない。それは現実を、日本の現実を受けとめた重みを持つている。だが食うための、生きるための、この労働が少年を教育して行く。彼の成長の条件となつて行く。（略）私はこの小母さんが好きだ。どんな場合にも悲壮にならず、いわゆる教育者風にならず、明るい人柄で、しかも一種の智慧をもつて自体を処理して行く。悲壮な指導者は御免を蒙りたい」（清水幾 1949, 33）とした。

それに対して映画評論家の双葉十三郎は、「話としての面白さもなく、人の気持をやわらげる楽しさもなく、これからの役に立つこともない、全く特殊な同病相憐れむ一部の人々の想い出したくもない想い出の契機としかならない内容を、いまさら何の必要があってとりあげなければならなかったか、ということである。（略）この映画はいわば継子いじめの古い趣向を疎開生活にあてはめただけのものだが、その継子たる一家のリーダー連が一向にいじらしくない。およそ、心臓のかたまりみたいで、こんなに押しがつよくては、いくら苦労したって同情をひかない。第一、竹久千恵子女史の如き、なんで田舎にうろうろしていなければならないのか全く不明である」（双葉 1949=1992, 62-63）とした。

こうした批判は、映画の物語を疎開者一般にしてしまったことによって生じたものである。これは、映画を興行的に成り立たせるための工夫、一般化であった以上、しかたないともいえる。ところで、山本嘉次郎にとって、映画『風の子』は、山本映佑の生活記録からみえてくる一人の子供が自分の力で社会に根をおろしていくたくましい姿を描くだけのものではなかった。もう一方で、そうした少年を育てた得猪祚登子の存在が必要なものでもあった。得猪が代表するような近代の洗礼を受け、戦時下の日本社会のなかでも信念をもち、新しい価値観や世界観をもたらそうとし、苦悶し亡命者のように生き続けてきた女性の姿こそ、自分が軍神として描いた勇ましい青年たちと等価になりえるものであった。それは、『ハワイ・マレー沖海戦』の軍神のように決して大衆的なものとはならない、殉教者の姿である。山本嘉次郎にとって、そこにかろうじて大衆的ではない、小さな映画の可能性があったはずである。

## 第七節　関係性と意味の変容のなかで

しかし、映画『風の子』は、そうした製作者の意図をこえたところで、さまざまな関係や現実を開いていく。一九四七年六月に父芳雄が復員したことは、映画のラストにも示されている。しかし、その年の一一月頃には父芳雄は、東京に単身で働きに出ることになる。育ての親というべき得猪と父芳雄との間で、折り合いがつかなかったためだとされる（無署名 1949）。その間、得猪の指導のもと映佑は、一九四七年、一九四八年ともっとも精力的に綴方を書きついでおり、教えるものと教えられるものとの関係は、雑誌に綴方が掲載されることで強固なものとなる一方で、映画化によってその関係性が内包するひずみをひろげることにもなる。

映佑は天才少年としてジャーナリズムにとりあげられ、地元中学においては、教師によっていじめられ、居心地が悪いものであったという。また、そうした環境の変化と綴方によって自分の生活を客観化するなかで、映佑自身の視野のひろがりが信頼していた得猪に対する齟齬感をふくらまさせ、さらに印税の管理をめぐるトラブルによって、二人の関係はこわれることになる。こうした事態は、豊田正子と大木顕一郎との関係においてもみられたことでもあった（豊田 1959）。山本嘉次郎は、映画化にさいして得猪に念をおした「豊田正子の例もあることだし、いろいろごたごたさわぎが起こる」可能性が、再び、現実のものとなったのである。結果的に一九五〇年に入り、山本一家と得猪は別れることになる（無署名 1950）。

山本嘉次郎は「冷たいようだが私はのびゆくものには少しぐらいの迫害が伴うのは当然で、映佑君がこれに打勝つてこそさらに明るい将来があると思う」（山本嘉 1949）とコメントしたが、それは、戦前、戦後と二度目の現実でもあった。山本嘉次郎は、戦前、戦後と二度にわたって綴方と関わり、一人の少女が、あるいは少年がさまざまなメディアに関わることで、その人生の意味を変えざるをえない生の現場に、製作者の一人としてかかわった。また、そのことを通して、自らもそうした意味の変容のなかで、生きるしかない苦痛を覚醒化することになった。

注

（1） 成田は、『教育』一九三七年一〇月号に、山田清人が『綴方教室』を論じたものをあげている（ただし、筆者は未見）。

（2） 豊田正子の綴方が雑誌、ならびに本に収録されるときに、大木顕一郎による修正を受けていることをかんがみ、この論文では、元原稿にしたがって復元した木鶏社本を使用する。

# 第五章　屍体がつなぐ記憶
## ——黒澤明の戦争の風景——

### 第一節　映画を見ているのは誰なのか

黒澤明の遺作『まあだだよ』（一九九三年）は、それについて何事か書きたいと思わせるだけの意味をもった作品である。黒澤作品が、映画のもつスペクタクルなエンターテイメントな側面を削ぎ落とした時、そこに、一人のつくり手・黒澤明の声を響かせることのできた稀有の作品であると言えば、それは言い得る作品である。だが、黒澤作品がそのエンターテイメントな部分を捨て去った時、もはや誰も黒澤作品に見向きもしないだろうという意味において、実作者・黒澤明の覚悟のほど、もう後戻りはできないのだという、最後の言葉を洩らしたかのように聞こえてくる。要するに、彼は久しいこと抜くことのなかった伝家の宝刀を抜いてみせた。うかつに寄れば切り捨て御免と言わねばたちゆかぬ局面へと腹をくくったと言えば言える。それをするために、八十歳にならねばならなかったと言えば、法儒にすぎるが、映画が常に大衆とともにあらねばならぬものだという彼の芸術家としての生真面目な使命を考えに入れれば、それはそれで理由のあることだったといえる。あるいは、それほどに、彼のこだわりは個人的であり、誰も理解したいと思わないし、思う必要もなかったのだと言えば言えるだろう。

まず、技法的な問題から入ってみよう。『まあだだよ』はそれまで黒澤作品に明かにみえていたモチーフ。切り返しのショットを――カメラの位置で一八〇度の切り返しによる被写体どうしによる視線の一致という問題を、物語映画のなかで解体するというモチーフを貫き、ひとつの技法的な帰結にいたった作品でもある。もともと切り返しのショットそのものが、ストーリーを展開するためにあらわれた、登場人物の相互の関係を表わすために生み出された映画というゲームのひとつのコードにすぎない。被写体AとBが視線を交らわす。これをAでもBでもないカメラの視線が表現するために、Aから見たBへのカメラの視線と、Bから見たAへのカメラ視線による切り返しによって表わす。そこにはカメラの存在を消し去り、見る者を物語のフィクショナルな空間に視線を吸い込ますための擬似的な現実空間がある。そこには、我々の想像力が常にどこかで、現実的な時空間と離れられないところで生まれてきている事情がある。

要するにそれは虚構にすぎない。だが、虚構にすぎないがゆえにまた、人びとはそこに確固たるものを何か与えようとして、コードを敷設し、幻想に秩序を与えイメージを生み出そうとする。『まあだだよ』ではその冒頭、三〇数年勤め上げた大学を辞め、文筆業に専念するという内田百閒先生の最後の授業から始まる。当然そこで、教壇にたつ先生と生徒の視線の交差があり、切り返しのショットがある。だが、その切り返しのショットは通常の切り返しのショットではないことは一見して判る。まず、生徒の側からのカメラの視線は、生徒の背中越しから望遠レンズで撮られている。百閒先生は黒板を背にしているため、このショットはカラー映画なのにほとんど白黒映画と同じ状態に色彩が押さえられている。そのために望遠で撮った時にあらわれ浮き上がったような人物像が物としての独特な形をもって表わされることになる。いままで背景の色によって邪魔され、実現できなかった浮き彫りの効果が初めてカラー映画で発揮することができることになったのだ。黒澤の望遠に対する執拗なこだわりが生み出した新たな工夫といえよう。

そして、黒澤の切り返しのショットへのこだわりは何より、百閒先生から生徒へのカメラの視線にあらわれる。通常の切り返しであれば、そのまま生徒達の先生への注視する視線の焦点にカメラが置かれ、そこからカメラは生徒を見る百閒先生の視線となって切り返す。そこに、フィクショナルな映画空間が孕まれ、見る我々を物語の世界へと導いていくはずである。しかし、黒澤のカメラを置いた位置は、あるはずの黒板をとっぱらいやや上方よりの俯瞰にて先生の姿をも含んだ生徒達の視線を捉えるというショットによる切り返しになっている。その何度かの切り返しの展開は力強く緊迫した画面の持続を保持しており、黒澤がこのカメラの位置になみなみならぬ自信を示していることは窺える。

更に、六〇歳の誕生日の馬鹿鍋を囲む会のシークエンスでは、中央真中に百閒先生、その右斜め後ろに奥さん、前方左右に教え子達という位置になっており、カメラは正面から先生をとらえたショットと、それぞれ右から、左からのカメラで相互に左右に座る教え子をとらえたショットになっている。これは『影武者』（一九八〇年）でも、試みられたやり方だがこの作品ではさらにその考えが押し進められている。空襲で家が焼けた後、先生とその奥さんがある男爵の屋敷の一角にある庭番の小屋に住む。そこに教え子の高山と甘木が訪ねる。その一畳ばかりの場所で先生を中央真中にし、右斜め後ろに奥さん、左右に高山・甘木という位置に座り額を寄せ合って酒を飲むシーン。あるいは、昭和三七年の魔阿陀会の席上、倒れた先生を自宅に連れて行った教え子達四人が、その先生の家で、酒を飲むシーンは酒を囲み四方に組んだ座になっており、四人はそこでも額を寄せ合い話に興ずることになる。両シーンとも人間配置は四角形を基本としており、カメラは真横正面から登場人物をとらえている。家屋の室内の狭さを強調した演出になっており、ここではカメラの切り返しのショットは退けられている。もちろん、ここでその四人が視線を交わらせていれば、ただ室内の狭さを表わすために切り返しが避けられたことになり、ことは簡単に済む。だが、その座り方が意識的に四角形にされていることが示すように、それぞれの人物が真正面に向いている限り、その四人の視線が一点で交じわることはないし、実際にも登場人物達は視線を交わしていないのである。

この不可解なショットの意図を理解するためには、その原形が最も判りやすい形で表れている『影武者』をみてみよう。それは、影武者と信廉との対座にもっともよく表れている。ここでも、座は四角形を基本にしており正面に影武者、左横に信廉が座る。影武者は真正面を見、信廉も真正面を向いて互いに話している。視線を交じらせず話す二人の登場人物。視線を交じらせるためには信廉か、あるいは影武者が身を捩じり相手の方へ向かなければならない。この四角形を基本型とした視線と対座の方式を黒沢はどこから得たのだろうか。

黒澤は自伝で、「私が能にひかれたのは、その独自性に驚嘆したからだが、それがあまりにも、映画とはかけ離れた表現形式だったから、かもしれない」（黒澤 1984, 311）と語っている。黒澤は能のどこに「映画とはかけ離れた表現形式」を見たのだろう。能はその簡潔な舞台構造のなかで、四角形の舞台の正面に座る大小の鼓、右側に座る地謡がそもそも視線が交わらない。又、その舞台上に舞うシテの視線と、右端前方に座るワキの視線も交じわらない。つまり、舞台上の登場人物は誰も視線を交じり合わせ劇を生じさせない。しかも、それでいて、緊密な劇空間を生み出している、黒澤は演出上のヒントを能に見出したのかも知れない。映画という視線の劇の重苦しさを味わってきた者にとっては、そうした視線の交じわらない視線の劇は、新鮮であったと考えてみたい。

黒澤が能の劇としての秘密を視線の交わらない緊密さに求めたとすれば、それを映画へと置き換え直した時、

「四角形に対座し、それぞれに真正面を見、視線を交じわらせずに喋る四人の登場人物」を横正面から撮るカメラという構造にいきつく。言葉で言うと複雑だが、実際の画面は簡単で、見る我々はただ額を寄り合わせ喋っている四人の姿を見るだけである。だが、その時、画面を見る者はその四人を見ているわれわれ見る者自身の視線の存在を、いやがうえでも浮かび上がってくることを感じる。そこに、生身の人間がその場で演じる演劇と、カメラに代表されるような物質を介在させ、見ることを顕在化させる映画との違いがある。

映画とは見る者の存在をまってはじめて完結するイメージの世界なのだということの意味は、単に演劇にとって見る者を必要とする地点とは大きく違っている。そこに二〇世紀のメディアの映画の秘密が横たわる。必要な範囲で指摘しておかなければならないことは、黒澤がその作品の視線の劇に、積極的に見る者の視線を顕在化させ、作品空間に交わらない視線をいろいろな形で持ち込むことで映画のイマジネーションを作り出そうとしていることである。この点で、『素晴らしき日曜日』（一九四七年）の有名なシーン、女主人公である昌子（中北千枝子）が観客に呼びかけるクライマックスは、黒澤の作品のもつ特異な位相をよくあきらかにしてくれるだろう。黒澤自身の言葉を引こう。

「それは、貧しい男女が誰もいない音楽堂で、幻の「未完成交響曲」を聞く場面の事だ。男が誰もいない舞台でタクトを振る。勿論、音が聞えて来る筈はない。女がスクリーンから、映画の原則に反して、映画を見ている観客に話しかける。皆さん、この私達が可哀そうだと思ったら、どうか拍手をして下さい。皆さんが拍手して下されば、きっと私達の耳に音楽が聞えて来るでしょう。（略）私は、ここで、映画の中の人物が直接観客に話しかけるという新しい手法で、観客にこの映画に参加してもらいたかったのだ。観客は映画を見る時、多かれ少かれ、その映画に参加している。（略）私は、「素晴らしき日曜日」のこのシーンで、その観客が思わず拍手するという行動を映画の展開に直接結びつけて、観客を完全に映画の登場人物にしてしまいたかったのだ。」（黒澤 1984, 324-325）

こうした見る者の存在を意識させる姿勢に、映画というものへの問いがある。それは、『八月の狂詩曲』（一九九一年）で空に写された巨大な眼として表出されたものと同じものではなかったろうか。あのあまりにもあからさまな、巨大な眼は決して物語的な枠の中で収まるようなものではない。そこに黒澤映画の映画というものへの意志が託されている。

## 第二節　美を生み乱す者

『夢』（一九九〇年）は「こんな夢を見た」という字幕のもと、八つのエピソードが夢として連ねられている。それは、相互に全く関係ないようにみえるが、受け取りようによっては、あるひとつの連なりをみることができる。それは、この夢を提示する話者の存在である。字幕に「こんな夢を見た」と書きしるす人間の存在である。見る者は、とりあえず狂言回し的にいくつかの夢に登場する寺尾聡を主人公とみなしていくが、実際には眼に見えていないが、夢を見る主人公として、それを呈示しているつくり手である黒澤明の像を、話者としていつのまにか重ねている。その時、見る者は、ばらばらのいろいろな夢を見ているという印象より、ある人格をもった一人の人間の夢から見えてくる無意識の世界の旅といった趣きを呈しはじめる。そこに、この映画の巧妙さがあり、単なるオムニバスでない統一された像を結ばせる原因がある。あるいは、それは、ストーリーの桎梏に苦しんだ黒澤の格闘の跡があるといってよい。

ところで、夢のエピソードは①日照り雨（狐の嫁入りの話）②桃畑（雛人形の話）③雪あらし（雪女の話）④トンネル（死んだ兵隊の話）⑤鴉（ゴッホの話）⑥赤富士（原発の爆発の話）⑦鬼哭（核戦争後の話）⑧水車のある小屋（九十九歳でなくなったお婆さんの葬式の話）である。ここで、⑤ゴッホの夢をみてみよう。ここでは、ゴッホが私（寺尾）に向かって「絵になる様なものが絵になるのではない。よく見ると、どんな自然でも美しい。」「そのためには、どうしたらいいのですか。」「しゃにむに働く。機関車の様に働く。」と言った後、機関車の走る影像が写されるシーンは、そのサイレント的な表現主義とあいまって、黒澤の芸術家のあるべき像を示したものと受け取っていい。美というイデアにとり憑かれ、それをこの現実の世に表わすものとしての使命を背負った人間。もちろん、そこには耳を切り血を流し続けながら絵を描くゴッホの狂気が示される。だが、黒澤の描き方は、どちらかと言えばそこまで美の女神に愛されたゴッホにこそ、芸術家の真のありよう、理想を追い求めている風がある。

黒澤は敗戦後すぐ一九四六（昭和二一）年に「我々映画作家も小説家と同じく芸術家であると云ふ事、つまり「美」と云ふものにその身をささげた人間であって、時流とか支配的な社会勢力にその身をささげた人間ではないと云ふ事を片時も忘れてはならぬ」（黒澤［1946］1987, 267）と書いている。この黒澤の自己を「芸術家」として規定する仕方、あるいは、「「美」と云ふものにその身をささげた人間であ」るという言い方に、東京の山の手に育まれた大正教養主義の残影をみることはそうはずれてはいない。もちろん、実際の黒澤がどういう人間であろうと、そのこととつくられた作品は直接に関係しているわけではない。だが、つくり手である黒澤が、現実と映画との裂け目を乗り越えようとした時、芸術家である黒澤が作品のなかに擡げてくる。作品と現実の世界を向かい合わせ、その二つの間にひろがる暗闇を綴じようとした時、美というイデアをこの世に現出しなければならぬ使命を背負った芸術家が作品の中に浮上してくる。しかし、現実問題として、黒澤はそうでありたいと思いつつ、現実には「美」だけに殉じて映画をつくっていたわけではない。この「映画の自由の為に」が一九四六（昭和二一）年八月号に掲載されたものであることは、なかなかに微妙なニュアンスを含んでいる。「時流とか支配的な社会勢力にその身をささげた人間ではないと云ふ事を片時も忘れてはならぬ」という言説には、ある自省的な響きがあるのである。つまり、黒澤が感じている「美」がただ、自然のなかに隠された「美」ではない事情があるのだ。

例えば、『まあだだよ』の「魔阿陀会」の席上で表わされる、薬屋のオイッチニの行進や、放歌といった形で異常なまでに示される規範化された人間の動きや声への黒澤の嗜好には何があるのだろう。ここに示されるものは、決して自然に隠された「美」ではない。思想によってイデア化された美意識なのである。こうした美的な態度は『夢』においても、執拗に繰り返されている。映画『夢』では、行列が三度あらわれる。①の狐の嫁入り、④トンネルに表れた死んだ兵隊の話、⑧九十九歳で亡くなったお婆さんの葬式、である。それぞれ作品の始めと、その真中、終りに位置している。①の狐の嫁入りは、もともと幻想譚的な要素があり、演出も様式的な動きで統一されており、それなりに整列した行列の進行は意味をもつだろう。④はそもそも兵隊の話なのだからきちんと整列行進するのも、あながち不自然ではあるまい。ところで、⑧九十九歳で亡くなったお婆さんの葬式となると、疑問がでてくる。なんで葬式まできちんと整列して行進しなければならないのだろう。まるでナチスの行進のように、動きが様式化された葬式とはなんだろう。この三つの行列・行進はどれも、背の高さを揃え、子供・大人の区別をし、その動きを様式化し徹底的に統一されている。その整列されたものへの黒澤の嗜好は、好みの域を離れ思想的な表現に達している。そこに、黒澤の映画の表現主義をみる必要がある。思えば黒澤ほど、日本において思想劇にこだわり続けた者もいない。

武智は近代以前の日本において、軍隊行進のような人がひとつの音楽的なリズムでもって並んで歩くということそのものがなかったとする（武智 1989）。こうした行動が持ち込まれたのは、軍事行動を容易にするためであった事実は歴史的な意味をもつ。しかし、ひとたびこうした政治的・軍事的な事情を離れ、事態が含む目新しさに着目すれば、軍隊が代表するようなリズムに合わせ人と並んで歩く行進は、モダンで極めて近代的な行動の様式であったことがみえてくる。人を整列させリズムに合わせて行進することそのものが、日本において、国家というものがあることを人びとへ伝えるデモンストレーションになっていたのである。それがそのまま、人びとを国民化するためのプロパガンダになっていたのだ。その意味では、軍隊の制服と、行進に示される音楽（マーチ）と規律化された動きは、モダニズムとして美的な範疇として受け入れられる文化的素地があった。また、そうしたものをイデオロギーから離して、近代的な美としてのみ取り出して扱おうとする意識、美的態度の変更が可能になるような時代が、大正から昭和にかけての時期に出現したことも、ここで言う必要がある。しかし、黒澤は昭和を生き一五年に及ぶ戦争の時代を過ごしている。こうした自分の美意識が、体制化された秩序意識にかなったものであることにいやおうなく気付かされる局面をもった。師である山本嘉次郎が『ハワイ・マレー沖海戦』（一九四二年）、『加藤隼戦闘隊』（一九四四年）で確かに、大政翼賛的な題材を扱いながら、その登場人物に極めてリベラリステックな性格を付与することで、なんとかそうしたファッショ的な情熱から逃れようと最大限の抵抗、反骨心をたぎらせていた時、弟子黒澤はどうだったのだろうか。黒澤の大政翼賛的映画たる『一番美しく』

（一九四四年）はそうした時、黒澤という一人のつくり手にある苦味、微妙なニュアンスを付け加えている。

## 第三節　美を表現するものとしての女性

「戦争中の私は、軍国主義に対して無抵抗であった。残念ながら、積極的に抵抗する勇気はなく、適当に迎合し、或いは逃避していたと云わざるを得ない」（黒澤 1984, 306）。黒澤のこの言葉は、戦争中の自分について触れたものとして、よく引用されるものである。そこに、芸術家・黒澤の率直さを認めることはできるが、必ずしも嘘がない訳でもない。正確に言えば、この文章の最初の部分、「戦争中の私は、軍国主義に対して無抵抗であった」は黒澤の思いと行動に適合するが、次の部分「残念ながら、積極的に抵抗する勇気はなく、適当に迎合し、或いは逃避していたと云わざるを得ない」は必ずしも正確とは言い得ない。より正確に言い直せば、「積極的に抵抗する勇気はな」かったが、といって「適当に迎合し、或いは逃避していた」わけではないのである。黒澤はファシズムに事よせながら、自分の作品をつくることをしていたからである。黒澤は戦争中、心の中ではファシズムに「適当に迎合し、或いは逃避していた」が、その作り出した作品ではあからさまに、もっといえば積極的に加担していたのである。第二作『一番美しく』は、そうした黒澤のファシズムに対する資質的に近しい、その美学に惹かれてしまった映像が結実しているのである。

「『一番美しく』という作品は、小品ではあるが、私の一番可愛いい作品である」（黒澤 1984, 286）。黒澤という個人にとって、この映画は後に結婚することになる矢口陽子との出会いが含まれている。又、そうしたことを含んだ女性に仮託した黒澤の理想がある。わたしは第一作の『姿三四郎』（一九四三年）よりこの第二作に黒澤の資質がよく表れているような気がする。そこには、芸術家の自我の像が女性という形で投影されているからだ。『我が青春に悔いなし』（一九四六年）における幸枝へと繋がる理想像がある。女性は黒澤の作品世界のなかで、重要な意味をもっている。もう少し、具体的に作品を見てみよう。『一番美しく』は、平塚の日本光学の工場を舞台にし、軍事用のレンズを作る仕事に勤労動員された女子挺身隊の話である。

「私は、それを映画にするにあたって、セミ・ドキュメンタリーの形式をとる事にした。工場を借りて、そこを舞台にお芝居を撮るのではなく、その工場で実際に働いている少女の集団をドキュメントのように撮ってみたい、と考えたのである。私は、そのために、先ず若い女優達にしみついている俳優の体臭のようなものを除去する仕事から始めた。（略）女優達は、駈足やバレー・ボールは、それほどの抵抗もなくやったが、衆目を集める鼓笛隊の行進は、羞恥心が働いて、大分抵抗を感じたようだった。しかし、それも回を重ねるごとに平気になり、顔の化粧も無造作になり、一見、よく見掛ける、健康で活発な少女の集団のようになった。そこで、私は、その集団を日本光学の寮へ入れ、数名ずつ各職場へ配分し、工員同様の日課で労働をやらせた。（略）女優達を工場の寮に入れると同時に、私達撮影スタッフも工場の寮に入った。その私達の寮の朝は、遠くから聞えて来る鼓笛隊の音で明けたその音を聞くと、私もスタッフも寝床を飛び出し、あわてて服を着て、平塚の踏切りまで走る。霜で真白な道を、鉢巻をしめた鼓笛隊が、単純だが勇ましい曲を演奏しながら行進して来る。みんな、笛を吹き太鼓を叩きながら、私達スタッフを、横眼で睨んで通り過ぎ、踏切りを越え、日本光学工場の門を入っていく。私達は、それを見送ると寮へ帰り、朝食を済まして、それから、工場へ撮影に行くのである。それは、全く、記録映画を撮るのと同じやり方と心構えの仕事であ

った。」（黒澤 1984, 281-284）

これに、男子の生産量の三分の一を自ら進んで受入れ、生産目標に向って懸命に努力するストーリーの枠をはめこんだ時、黒澤の言う「働いている者の生々しい躍動感と不思議な美しさがあった」という部分には、単なる戦意高揚や、ファシズムに迎合して映画を撮ったのではない作品の姿がみえてくる。繰り返される鼓笛隊の行進、整列した少女達の鉢巻き姿。そして、無心に働く少女達。それらを神々しいまでに、まるで死にゆく特攻隊の若々しい青年達のように撮ることに映画はファナティックにのめり込んでいく。そこにつくり手である黒澤の特異な相貌が浮かび上がる。

しかし、このセミ・ドキュメンタリーの映画に対して、当時の工場への勤労動員の大半は物資の不足のために、生産品を作ることができず、ただ、ぶらぶらとせざるを得ない状況にあったという事実をあげておく必要がある。そうした社会的な状況にこの作品を置いた時、一般的な水準でこの作品が支える美的な情熱は、ファシズムそのものというより、ファシズムという名を、あるいは現実を借りて自己の美的な解放を目指したものとして受け取れる。黒澤は美というイデアを現実化し、形にしようとする時、何故かいつもそこで性を持ち出すのである。こうした点で、『隠し砦の三悪人』（一九五八年）にあらわれる世継ぎの人間が雪姫という女であることは興味深い。雪姫はまるで能面のような感情の起伏を殺した、形を崩さない美的な顔形を終始維持するという設定が、この作品のなかでは内面とか、心とかいったものを越えたところで意味をもってくる。

黒澤は美的なイデアを扱おうとする時、必ず安全装置であるかのように性を活用するのである。黒澤は、自分の美意識がもつファナティックで一方的な性格。それがそのまま、ファシズム的な美として通用し、流布しうるものであることに自覚的であったのではないか。こうした時、『一番美しく』はファシズム的な時流を逆に利用し、芸術家の自我を発露し、自らの美意識をこの体制下で解放しようとする試みにみえてくる。

戦後第一作である『わが青春に悔なし』には、そうしたファシズムを利用して、作品を作ったということへの黒澤のある苦さがある。この映画には、必ずしも、戦後民主主義を謳歌している自由な気分だけがあるわけではない。大学教授八木原の娘である幸枝が、真の自分の生きる道を見つけ出そうとする、自分探しのストーリーにある奇妙な軋みを発しはじめるのは、最後の二十分間である。幸枝が、愛した野毛の両親の暮らす村に赴き、村八分にされながら畑仕事をする部分である。黒澤の自伝によれば、この部分は、脚本審議会（組合）によってシナリオの改変をよぎなくされ、黒澤が必死につくりあげた部分であると記している（黒澤 1984, 314-316）。黒澤はこの「知識人よ、農村へ帰れ」というナロードニキの運動をなぞるような展開を、なぜ、この映画に付け加えたのだろう。この農村へ、農村へというヴェ・ナロードの歌を、なぜ、ここで歌おうとしたのだろう。

この歌の響きには、大正デモクラシーの産湯をつかった芸術家の理想が夢みられている。しかし、その歌を女性にうたわせたところに、黒澤の作品がもつ独自の位相がある。この作品が公開された時、この幸枝の「一見ヒステリックな我の強さを押出し」（黒澤他 [1947] 2009, 177）た描き方をめぐってかなりの批判があった。黒澤は作られてからその二〇年後のインタビューで「あの主人公がもし男だったら、だまってるか、もしくはいいと言ったのじゃないかな、とも思った」（黒澤 1970, 116）と答えているが、そこにはあきらかにひっくり返しがある。もし、この主人公が女ではなく男であったなら、戦時中ファシズムと闘い、闘い敗れて故郷の村に帰り農村へと闘いの場所を移し、戦後の時代へ向けて雌伏する不死鳥のように甦るスーパースターになったのではないだろうか。戦後史の長い時間は、そうした現実の世界のヒーローがいかにくだらない人間だったかということを、明らかにしている。

黒澤がこの映画の主人公を女性にしたところに、彼の分裂した心のぶつかりあっている葛藤が秘められている。ファシズムによって尖鋭化された美意識に惹かれながら、同時にそのことを内省せざるを得ない、芸術家としての私。そこに引き裂かれた彼の内面が作品にフィクション化し、形相化される場所がある。彼が作品の登場人物を、どこかで社会からはみ出していながら、同時に完全に社会から離れてもいないという位置に置こうとする衝動。そうした、社会的なキャラクターを持つ理由がある。彼が主人公を雄々しい男ではなく、一見弱々しい女性に男性のような生き方をさせてみせるのは、そこに深い人間的な葛藤が隠されている。

思えば、実に、彼が描こうとするのは、サムライではなく士官できない武士（『七人の侍』）であった。また、立派な人間ではなく、詐欺師のような弁護士（『醜聞』）であり、風さいのあがらない下級官吏（『生きる』）なのである。この微妙で独特な一種荒唐無稽な社会的なキャラクターをリアリティをもって描き出そうとする衝動に、芸術家・黒澤の自己投影がある。だが、しかし、何故、彼、黒澤はそうしたことにこだわったのだろう。

## 第四節　屍体の風景——関東大震災

映画『影武者』では、屍体が重要なイメージとして作品を形成する鍵となっている。通常、屍体のシーンというと最後の戦闘シーンを思い浮かべるが、逆にそこは美的なモードにしつらえられている。倒れる馬が『七人の侍』（一九五四年）の時と同じ様に執拗に繰り返し撮られているのである。屍体がイメージとして力を発揮しているのは、どちらかというと高天神城のシーンである。ここでの影武者である武田信玄は、勝頼の後陣としてどっしりと構え、坐っていなければならない状況にある。矢や鉄砲玉の飛び交うなかで、思わず逃げ出しそうになる影武者に向かって「動くな！」という小姓の声が飛ぶ。そして、その武田信玄の影武者を守ろうとして兵が倒れ伏していく。この動きを封じられた人間による、アクションシーン。そこに既にパラドックスがあるが、更に、ここにその倒れ伏した屍体を兵士が片付ける。本来動くことのない屍体を動かすという驚くべきイメージを黒澤は画面に提示してみせる。そこには、動かない屍体を動かしてみたい、という切ない願望が眠っている。作品のなかで、立ち上がろうとする屍体、なのである。そこに「踊りとは命懸けで突っ立った屍体である」という土方巽の言葉を置くことは、そう見当はずれではない。

思えば、『我が青春に悔なし』の冒頭である。幸枝が、野毛・糸川など学生達と一緒に山に行くシーンである。山頂に駈け上った彼らを待っていたのが、演習の機銃音だった。「あたし、あんな音大好き。歯切れが良くって、リズミカルで、……胸がスーッと……」（久板［1946］1987, 4）と幸枝は言ってみるが、すぐその言葉の下から、兵隊の屍体があらわれるのである。黒澤作品に思ってもみないところで現れる屍体は、そのストーリーのかせによって目立たないが、そこかしこに執拗に繰り返され、映像的な主題を形づくっている。確かに、確かにそうなのである。だが、しかし、何故、黒澤はそうまでして、屍体にこだわるのか。ここで、「恐ろしい遠足」と題された若くして自殺した兄と遠出した時のことを書いた文章を長くなるが引こう。

「震災による火災がおさまると、それを待っていたように、兄は私に云った。

「明、焼跡を見に行こう」

私は、まるで遠足へでも出掛けるような浮き浮きした気持で、兄と一緒に出掛けた。

そして、私が、その遠足がどんな恐ろしいものかに気が付いて、尻込みした時はもう遅かった。

兄は、尻込みする私を引っ立てるようにして、広大な焼跡を一日中引っ張り廻し、怯える私に無数の死骸を見せた。

初めのうち、たまにしか見掛けなかった焼死体は、下町に近付くにつれて、その数が増えてきた。

しかし、兄は私の手を摑んで、どんどん歩いて行く。

焼跡は、見渡すかぎり、白茶けた赤い色をしていた。

猛烈な火勢で、木材は完全に灰になり、その灰が時々風に舞い上がっている。

それは、赤い砂漠のようだった。

そして、その胸の悪くなるような赤い色の中に、様々の屍体が転がっていた。

黒焦げの屍体も、半焼けの屍体も、どぶの中の屍体、川に漂っている屍体、橋の上に折り重なっている屍体、四つ角を一面に埋めている屍体、そしてありとあらゆる人間の死にざまを、私は見た。

私が思わず眼をそむけると、兄は私を叱りつけた。

「明、よく見るんだ」

いやなものを、何故、むりやり見せるのか、私には兄の真意がよくわからず、ただ辛かった。

特に、赤く染まった隅田川の岸に立ち、打ちよせる死骸の群を眺めた時は、膝の力が抜けてへなへなと倒れそうになった。

兄はその私の襟を摑んで、しゃんと立たせて繰り返した。

「よく見るんだ、明」

写真5-1　関東大震災 絵葉書より

私は、仕方なく、歯を喰いしばって、見た。

眼をつぶったって、一目見たその凄まじい光景は、瞼に焼き付いて、どうせ見えるんだ！

そう思ったら、少し、腹が坐ってきた。

しかし、その眺めは、なんと云っていいかわからないほどひどい眺めだった。

私はその時、地獄の血の池も、これよりましだろう、と思ったのをおぼえている。

赤く染まった隅田川と書いたが、それは血で染まった赤ではない。

焼跡を一面に染めている白茶けた赤い色と同じ系統の赤色で、なんだか腐った魚の目玉のような、白く濁った赤い色だった。

その川に漂っている屍体は、みんなはち切れそうにふくれ上って、肛門を大きな魚の口のように開いている。

母親の背中の赤坊までそうだった。

それがみんな、一定のリズムで波に揺られている。

そして、見渡す限り、生きている人間の姿は見えなかった。

生きているのは、兄と私の二人だけだった。

私は、その二人とも、豆粒ほどの小さな存在のような気がした。

いや、二人とももう死んで、地獄の入口に立っているのだ。

そんな気もした。

兄はそれから、隅田川の橋を渡り、私を被服廠跡の広場へ連れていった。

そこは、関東大震災で一番人の死んだ処である。

見渡すかぎり死骸だった。

そして、その死骸は、ところどころに折り重なって小さな山をつくっている。（略）

その時、私は死骸をいやというほど見過ぎて、死骸も、焼跡の瓦礫も区別のつかないような、不思議と平静な気持になっていた。

兄は、その私を見て云った。

「そろそろ、帰ろうか」

それから私達は、また隅田川を渡って上野広小路へ出た。（略）

兄は云った。

「怖いものに眼をつぶるから怖いんだ。よく見れば、怖いものなんかあるものか」

今にして思うと、あの遠足は、兄にも恐ろしい遠足だったのだ。

恐ろしいからこそ、その恐ろしさを征服するための遠征だったのだ。」（黒澤 1984, 107-112）

この「恐ろしい遠足」は黒澤の自伝中の白眉であると同時に、近代史の史料としても十分通用する記述になっている。この遠足に出かけた日は明記されていないが、多分、軍隊が屍体の焼却作業を始めたのが九月四日だから、その前後、三日かないし四日かと思われる。こうした記述を見た時、人間・黒澤にとって関東大震災が重要な意味をもっている事は論をまつまでもあるまい。だが、それが必ずしも、直に作品に反映するものでもないことも確かなのである。その事実が作品へと架橋されるには、ただ屍体を見たということだけではない、作家的な苦闘を強いるものがなければならない。屍体が黒澤作品の中で意味をもってくるのは、屍体を強引に作品に持ち込もうとせずにはいられないつくり手・黒澤明の存在が、現実と映画との間を埋めようとして現れる時である。いやおうなく、作家・黒澤明を、映画という商品に強引に持ち込まざるを得ない理由を屍体がもつ時である。そこまで、彼にとって事情は切迫したものだというのである。

「関東大震災は、私にとって、恐ろしい経験であったが、また、貴重な経験でもあった。それは、私に、異様な自然の力と同時に、異様な人間の心について教えてくれた。地震は先ず、私の周囲の風物を一変して、私を驚かせた。(略)しかし、恐怖すべきは、恐怖にかられた人間の、常軌を逸した行動である。下町の火事の火が消え、どの家にも手持ちの蝋燭がなくなり、夜が文字通りの闇の世界になると、その闇に脅えた人達は、恐ろしいデマゴーグの俘虜になり、まさに暗闇の鉄砲、向こう見ずな行動に出る。経験の無い人には、人間にとって真の闇というものが、どれほど恐ろしいものか、想像もつくまいが、その恐怖は人間の正気を奪う。どっちを見ても何も見えない頼りなさは、人間の心の底からうろたえさせるのだ。文字通り、疑心暗鬼を生ずる状態にさせるのだ。関東大震災の時に起った、朝鮮人虐殺事件は、この闇に脅えた人間を巧みに利用したデマゴークの仕業である。私は、髭を生やした男が、あっちだ、いやこっちだと指差して走る後を、大人の集団が血相を変えて、雪崩のように右往左往するのをこの目で見た。」(黒澤 1984, 102-105)

関東大震災が決して、単なる自然災害でなかった事実は外すことのできないことである。黒澤の記述はこの点でも恐ろしい体験が、自然の側ではなく人間の側から起こされている事実を記して正確だが、更に次の事実を書き加えれば、この朝鮮人虐殺が単なる自警団による私刑といった性格のものではなく、国家規模の戦争といった状態を体していたことが判る。

「ぼくがいた習志野騎兵連隊が出動したのは九月二日の時刻にして正午少し前頃であったろうか、とにかく恐ろしく急であった。人馬の戦時武装を整えて営門に整列するまでに所用時間は僅かに三十分しか与えられなかった。二日分の糧食および馬糧予備蹄鉄まで携行、実弾は六十発、将校は自宅から取り寄せた真刀で指揮号令をしたのであるから、さながら戦争気分、そして何が何やら分らぬままに疾風のように兵営を後にして千葉街道を一路砂塵をあげてぶっ続けに飛ばしたのである。亀戸に到着したのは午後二時頃だったが、罹災民でハンランする洪水のようであった。連隊は行動の手始めとして先ず列車改めというのをやった。将校は抜剣して列車の内外を調べ回った。どの列車も超満員で機関車に積まれてある石炭の口まで蠅のように群がりたかっていたが、その中にまじっている朝鮮人はみなひきずり下ろされた。そして直ちに白刃と銃剣の下に次々と倒れていった。日本人避難民の中からは嵐のように湧き起こる万才歓呼の声、国賊朝鮮人はみな殺しにしろ、ぼくたちの連隊はこれを劈頭の血祭りにして、その日の夕方から夜にかけて本格的な朝鮮人狩りをやりだした。」（姜 1975, 88-89）

黒澤の記述に軍隊についてのものはないが、自分の住まう小石川五軒町をめぐって起った「恐怖にかられた人間の、常軌を逸した行動」について、いくつか述べている。「町内の、ある家の井戸水を、飲んではいけないと云うのだ。何故なら、その井戸の外の塀に白墨で書いた変な記号があるが、あれは朝鮮人が井戸へ毒を入れた目印だと云うのである。私は惘れ返った。何をかくそう、その変な記号というのは、私が書いた落書だったからである」（黒澤 1984, 106）。この記述に次のような別の証言を裏書きすれば、黒澤の証言の信憑性はかなり高いものだということが判る。

「「『これを貼って下さい』。それは謄写版にしたもので、それには『今晩小石川小学校を中心に放火掠奪を擅にせんとする不逞の徒があるから各自警戒を望む』」恐るべき警告があったり、あげくのはて「警察の調なりとて隣家より知らせの朝鮮人が白墨にて門や塀などに記してある符号なるもの左の如し、ヤヤ　殺人、ヤ　爆弾、亼　放火、全　井戸投毒」」（姜 1975, 103）

こうした記述を突き合わせた時、黒澤が関東大震災後の朝鮮人虐殺の現場の渦中にいたことがみえてくる。また、関東大震災時最もこうした朝鮮人虐殺が行われた地区が、深川、下谷、小石川であったということ、さらに、黒澤が自警団の一人として夜番に立ったことを証言していることを考慮にいれると、「私は、髭を生やした男が、あっちだ、いやこっちだと指差して走る後を、大人の集団が血相を変えて、雪崩のように右往左往するのをこの目で見た」と書いている事態は、朝鮮人を撲殺する現場を記述したものと推定できる。黒澤は自ら手を下すことはしなかったにしても、それを止めることなく見ていた可能性は大きい。確かに、一三歳の少年の心に正常な判断を求めるのは無理である。しかし、黒澤の記述からは「大人の集団が血相を変えて、雪崩のように右往左往する」ファナティックな行動に強く惹かれ、感応する少年の姿がみえる。黒澤はそれを暗闇の恐怖が生み出す妄動だというが、根は深い。朝鮮人撲殺に走る大衆とは、普段は、隣り近所でみる人の良いおじさん達であり、そういう人たちが興奮し異常な行動を起こす。黒澤もまた、そうしたエモーショナルな情動に決して冷めることができる人間ではなかった。地震というその異様な自然の力と、それがあきらかにした異様な人間の心に強く惹かれる人間だったのだ。人々が醸し出すその異様な情念に惹かれ、後を思わずついて行って走らざるを得ない人間だった。

もっと言えば、黒澤作品の魅力とはそうした大衆的なエモーショナルな情念そのものに依拠しているところにあるのではないか。ファナティックでそれでいて、おそろしく判りやすい教条主義的なまでの正義への追求、整った秩序化された美への本能的なまでの嗜好。どれも、最大公約数的にまでに判りやすい、通俗性にあふれ、人々の感情移入が極めてしやすい器をなしている。もちろんこの通俗さに込められた大衆の思いは否定できない。もちろん、黒澤明が大衆のもつファナティックな行動に無批判であるとは思えぬ。彼もまた、それを否定することに異存はない。だが、同時に、それが惹起する情念から離れることのできない人間でもあった。

映画『夢』で富士山を爆発させ、原子力発電所を爆発させるパートがある。そこでの主張は確かに、反原発ではあるが、画面に表現される情念は原子力発電所が爆発するという破局そのものに惹かれている。そこには転倒がある。本来なら、冷静に原子力発電所をどう始末していくかという課題に向かっていかなければならない、運動の情念が、原発が爆破することで人々が終末を向かえるという情念へと道筋を変えられているのである。そこに日本における「運動」のもつファナティックでファショ的な情動が見えてくる。黒澤作品はそうしたことを、大衆的な情念のありかとしてほとんど無批判に、至極当然であるかのごとく描いてみせている。それは夢なのだから当然だといえば当然なのである、と。そこには毒がある。だが、その毒そのものを誰より危険に思い退けようとしたのも、また、つくり手としての黒澤であった。そこに、黒澤作品の一筋縄でいかない難しさがある。思えば、彼もまた、その毒を解毒もできず、さりとて人に向って毒を投げ込むことも出来ず、ただひたすら抱え込みながら生きていかねばならぬ傷痕を、関東大震災という戦争で背負ってしまった人間だったからだ。

## 第五節　記憶の底――生きかえる屍体

ところで、何故、人々は朝鮮人を虐殺したのだろう。黒澤は暗闇の情熱だといっているが、それで言い切れるものではない。米騒動後に広がる、大衆の敗北感。あるいは、朝鮮を植民地として支配したという意識と、朝鮮併合後におきた三・一独立運動に対する無意識の反発。「不逞鮮人」という言葉の響きにはそうしたこと凡てが込められていると考えていいだろう。だが、そうした事実を重ねても、何故なのかという、心的機制が解けるわけではない。そこを彩る大衆的な欲望のありかは、事実そのものではなく、事実の解釈にこそある。

ここでは、関東大震災について述べたものではないが、日中戦争における兵士のフォークロア的研究をした黒羽清隆の「『便衣隊』考――日本側史料による上海事変の一面――」をもとに、この間の事情を透かしてみたい。この便衣隊とは、ようするに中国軍がもちいた普段着のゲリラである。黒羽は「支那兵の死人は直ぐ生き返る」（黒羽 1979, 99）という日本軍にひろまった風説をあげている。それは、確かに、屍体の中から死ななかった兵士が生き返った事実が梃になってイメージが喚起されたことは間違いないが、ただ、そうした事実によってのみその風説が広まったのではない。そうしたことなら、日本兵の側にもあったからである。そこには、投影された日本兵士の心的な幻想が、ある共同性をもって横たわらざるを得ない事情があったのである。

黒羽は「支那兵の死人は直ぐ生き返る」という言説が、便衣隊にだけは殺されたくないという、兵士に広がっている意識と深い関係をもっているのではないかと、日本人兵士の底に蠢く不可解な情動を嗅ぎ当てる。本書第一章でも引用したが、「日本軍兵士は、またその妻は、じぶんが（またじぶんの夫が）「便衣隊」にだけは殺されたくないと思う」根底に「兵士でない兵士であるところに、かれらへの（否、かれらに殺されることへの）嫌悪の一条件がある」とし、「いいかえるならば、「便衣」「町人」「地方人」というのは、召集ないし志願以前の日本軍兵士そのものの規定語なのであって、そこでは、かつての八幡製鉄所の見習職工が「一一月一日付を以て海軍一等兵曹に昇進しました。とてもこの度は昇進せないと九分九厘迄思つて居ましたが昇進しましたので天につくやうに喜んで居ります。陸軍なら曹長であります」とかくことが全生涯にわたってついにできないような出身や学歴や財産やによる地上的差別の総体がいきてはたらいているのであるから、そこからやっとぬけだした「帝国軍人」としてのじぶんがかつての日の自己の同類に殺されるのは「堪らない」と、出血多量の意識のなかですら感ずるのではないか。つまり、さらにいいかえてみるならば、これらの日本軍兵士たちは、「軍服」をきた兵士によって、殺されるなら殺されたいのであり、すなわち、「戦争」で死にたいのだという、あるいみでおどろくべき願望をもっていたことになる。新婚早々の若妻は、夫を「戦争」で死なせたいとのぞんでいたということになる。末松太平氏によれば、この一九三二年ごろ、満州ないし北支の出征兵士に対して「お前は必ず死んで帰れ。生きて帰ったら承知しない。おれはお前の死んだあとの国から下がる金がほしのだ」といったいみの手紙を送った「実父」があったという。この話は、「便衣隊」にだけはころされたくないという意識の「下部構造」なのではないか」（黒羽 1979, 111-112）。つまり、「支那兵の死人は直ぐ生き返る」という日本兵の間にひろまった風説・説話が自立した意味をもち、現実の世界へと降りていくような、それを受容し育む共同性が日本社会にあったのだ。この説話の底に響く、人々の深い挫傷感。そこに、黒羽が指摘するような大衆の死への情念が渦巻いている。

あるいは、ここに、本書第一章でふれた映画『上海』の松井翠聲が戦場の中国人の屍体に感じた印象を書き加えておいてもよいかもしれない。「支那人の死骸は苦痛を現してゐない。虚空を摑んで死んで居るといふのはない。尤も支那人は生きて居るやつでも死骸みたいな顔をして居る。死んでても生きてても同じなんだ。粟だの稗だの食つて居るから死骸のやうな色をして居る」（三木他 1938, 14）。ここから南京の道は近い。

近年の研究では、南綾瀬村字柳原の虐殺における裁判記録をもとに、藤野裕子は虐殺の現場において、日本人と朝鮮人、あるいは軍隊と民衆との関係だけでなく、日本社会における上下の階層、さらには地域社会の内と外を侵犯するものとして、象徴的な意味をもっていたことが指摘されている。虐殺を行った日本人は男性であり、その行為は侵犯に対する制裁として、善事をなす義侠心や度胸といった男性的な行動様式によって正当化されていたとする（藤野 2015, 291）。こうした心的構成要素は、そのまま黒澤作品の構造へとつながる。

どちらにしても、関東大震災時の「不逞鮮人」という言葉の響きには、人びとをして、他者（朝鮮人）を死へと至らしめる狂騒へと駆り立てるものがあったのだ。わたしは、黒澤の映画の底に眠る情念のありかを、そうした大衆的な正義と死への渇望を形にしたものとして感じる。黒澤は戦後を通じて、終始一貫して人びとの心の底に隠れたファナティックなまでに死を求究する情熱を映画化しようとしてきた。そこには、サムライがおり、死の美学がある。彼はひとり執拗に、戦争というものが明かにする人びとの異常な情念を何とか造形しようとしてきた。極端なフィクション、異常なまでに秩序だった美をパッショネイトに形づくり表現することで、我々の奥底に眠る深い無念の気持ちを解き放とうとしてきた。しかし、それは、どちらかといえば、他の人びとの為というより、何よりも自分の為であったはずだ。そこに、彼の救済への祈りがあるからだ。

## 第六節　ファルス――『まあだだよ』

ここで、もう一度『まあだだよ』に戻りたい。この文章を書かせる動機となったラスト、夢のなかで少年に戻った先生が、隠れん坊をして、藁束の中に隠れようとして鬼に向って「まあだだよ」と声を上げるシーンである。見る者は、ここで、この先生がさんざっぱら生きて教え子たちに「まあだだよ」と、「俺はまだ生きているよ」と言い、更に、まだなお夢のなかで「まあだだよ」といっている姿に微苦笑を禁じえないかもしれない。

だが、作品につくり手である黒澤明を投げ込まずにはいられない、このつくり手のフィクションのつなぎ目からは、ある奇妙な声が聞こえてくるのである。それは、八〇歳になったというこの映画監督の居直りとも、自信ともつかぬ声なのである。一九七一年一二月二二日の自殺未遂は、有名だが、それ以前、助監督時代にも自殺未遂をしたことがあるという。いつも死というものを引き寄せざるを得ないところでずっと彼は生き続けてきた。そうすることでしか、生きることができなかった。彼は何時死んでもおかしくなかった。

だが、黒澤は生き延びたのである。死のうと思っても死にきれなかった。そこにはおかしさがある。笑いがある。うまうまと生き延びてしまったものの笑いがある。『隠し砦の三悪人』のあのしがない二人のように、うまく仕事をしおせて生き延びてしまったのである。そこにはファルスがある。黒澤は内田百閒先生が生き続けることを祝う謝恩会にことよせて、自ら生き続けてきたことを肯定したといえばいえる。いままで語り続けてきたサムライを、その死の美学をはじめて否定したといっていいのである。黒澤は、ここではじめて自己から解放されたかのように、ぬけぬけと「俺はまあだだよ。まだ、まだ生き続けてやるよ」と言うのである。なんという、裏切り。いや、映画の名題詞をもじっていえば「表返った」というべきなのだろうか。

＊この文章の元は、黒澤明が存命中に書かれたものである。類い希な映像作家であった黒澤明と同時代を生きたことに感謝する。

# 第六章　死者がつなぐ記憶

## ――今井正が語る戦争――

### 第一節　死者が語る戦争

監督・今井正が映画というものを通して、現実社会を映画のなかでどう再現しなおそうとしたのか。あるいは、つくられた映画（作品）と、それを享受するものである観客との関係をどう考えようとしたのか。彼の作品の底に眠る、人と社会とを結び合わそうとする行為そのものを、わたしたちは問うことができるだろうか。さらには、イメージを沸き立たせようとするその構想力に、何があったのだろうか。

今井が制作した四七本の映画を通覧すると、『望楼の決死隊』（一九四三年）、『ひめゆりの塔』（一九五三年）、『海軍特別年少兵』（一九七二年）など戦争に関わる映画が一二本あるだけでなく、さらに占領期が生み出した混血児を扱った『キクとイサム』（一九五九年）、戦争責任をテーマとした『武士道残酷物語』（一九六三年）、プロレタリア作家・小林多喜二を扱った『小林多喜二』（一九七四年）など戦争に関わる映画三本を含めると、ほぼ全体の三分の一を占める。今井が国民的な経験であった一九三一年から一九四五年まで一五年にわたって続いた戦争を、映画において語ろうとすることは、マス・コミュニケーションである映画産業のなかで、単なる娯楽ではなく社会的表現として何を撮らなければならないかという誠実な問いを含んだものであったことは容易に推測できる。そして、特に戦後において戦争を扱った場合、戦争によって亡くなった死者を語り、時にその死者の思い、記憶を映像化しようとするものであったことは、今井の映画作家としての資質を語るものである。

東宝争議後の最後の東宝作品であり、フリーの最初の映画である『また逢う日まで』（一九五〇年）は、そうした代表作といってよいものだ。原作のロマン・ロランの『ピエールとリュス』は第一次世界大戦中の「一九一八年一月三十日水曜日の晩から三月二十九日聖金曜日までの」（Rolland, 1920=1961, 208）のパリ、ドイツ軍によるパリ空爆の下、亡くなった二人の若い恋人たちの物語である。映画ではそれを戦争末期の日本の社会に置き直し、人物やその家族の社会的な関係、環境を大きく翻案している。

映画『また逢う日まで』の冒頭、昭和二〇年の春、召集令状をうけた田島三郎（岡田英次）は出征前に、恋人であった小野螢子（久我美子）と逢いたいと待ち合わせ場所の駅に行こうとしたとき、義姉の急病のために行くことができなくなる。映画はそこから、三郎のナレーションと回想によって、螢子と初めて会った地下室の防空壕での出来事からはじまり、その後、何度か二人が逢い語らい、そして愛を育み、小さな幸せを必死になって摑みとろうとする姿が幾重にも思い出されていく。しかし、映画の最後、待ち合わせた駅が爆撃され、螢子は死に、会えずに出征した三郎も帰ることのない人となったことが、映画の最後で示されることになる。三郎のナレーションと回想は、既に死した男の心の言葉であり、さらにはその記憶が語られたものであったことが、映画を見ていたものに最後に明らかにされる。

今井正は映画化するにあたってデヴィッド・リーンの『逢びき』（一九四五年）を見てそのナレーションの技法に着目し、『また逢う日まで』においてナレーションを使ったのは「自分のアイディア」（今井継ぐ会 2012, 198）だったとしている。今井は水木との対談では「最初の打ち合わせで全体のスジができ」（今井・水木 1990, 186）たとしており、最初にナレーションと回想を大胆に使った構成にすることで合意していたことが分かる。さらに、今井は実際には撮れなかったシーンとして「急病の姉を病院にいれて三郎は、約束の駅に馳せつけてゆく。線路づたいに走ってゆくと途中の駅、駅は見るも無惨に破壊されている。不安になって歩きづづける三郎が、目的の駅附近にたどりついた時は、あたりは猛火につつまれて近づくこともできない。外国映画だったらこの場面はおそらく壮大なスペクタクルになったことだろう」（今井［1951］1990, 106）としており、映画的なしかけを相当用意したものであった。

ところで今井は死んだ三郎による回想とナレーションによって映画の世界を、結ばれなかった若者たちの記憶として構成する。それは回想とナレーションによる死者が語るドラマとなる。当然のことながら、これは能における夢幻能の形式に近づく。原作は、戦争という現実における生と死のドラマであり、形式的にみれば現在能といってよいとすれば、それは大きな変換といってよい。死者の語りは、どこかで美化され現実の醜さにベールをかぶせる。有名なガラスごしの三郎と螢子のキス・シーンを含め、市井の名もない若い男女の誰にでもありうるせつないメロドラマとして映画は構造化される。それは今井の大衆性であり、また、同時に映画という産業の大衆性に見合うものであったといってよい。

## 第二節　現実をどう再現するのか

しかしその後、今井はレッドパージにより映画界から締め出され生活のため屑屋を開業するとともに、ヴィットリオ・デ・シーカの『自転車泥棒』（一九四八年）を見て深く心を打たれ、「失業者の一人ひとりの生活を描いても、いくつかのすぐれた映画ができるに違いない」とし、イタリア・ネオリアリズムのように「撮影所の力に頼らないで映画を作って見たい」と「激しい闘志を私の心に湧きたたせ」ることになる（今井 1950=1990, 64-65）。新星映画・劇団前進座による『どっこい生きてる』（一九五一年）はそうしたイタリア・ネオリアリズムの影響のもと「生活をよく描いている」（今井 [1961] 2012, 74）映画といってよい。そして、「現代ぷろだくしょん」による『真昼の暗黒』（一九五六年）は、こうしたリアリズムの到達点となる。

ところで、鶴見俊輔は今井正に映画における現実再現の方法について、『ひめゆりの塔』（一九五三年）について、細かな事実から問題を提起している。鶴見は映画の最後で女学生たちが自発的に投降したように描かれていることを問いただし、今井は「沖縄の女学生の手記を読んでみても、もうだめだというので、手榴弾を出してみると、だれかが「もうちょっと待ってみよう」というので、しばらくして、どうしてもだめだというのでまた手榴弾を出すと、もう少し逃げてみようというふうに、みんな決心がつかないのですね。そうしてみんなで話しているうちに、ザワザワとうしろで足音がして、ふり返ってみたらアメリカの兵隊が現れたので、とりこになっちゃった」、つまり「死ぬ決心もつかないし、そういって投降する決心もつかないし、心の底で漠然と命が助かればいいという気持もどこかで動いているという感じ」（今井・鶴見 [1957] 2012, 111-112）だったとする。

鶴見はそこに日本社会における問題があるとするが、それはそのまま現実として、映画においてもそうした曖昧さが描けるかどうかの問題だったと置き換えることもできる。つまり、映画のリアリズムは曖昧な現実を描いて人びとを説得することができるのだろうかという問いかけであり、さらには、そうした曖昧な心のあり方を、観客自身が自己批判的に受容できるのかということでもある。

こうした映画リアリズムの問題は、今井にとって常にやっかいな問題としてあった。その内容を現代劇から時代劇映画へと転換したとき、さらにその問題は縫合することができないほどのものになった。今井は初めての時代劇映画『夜の鼓』（一九五八年）を制作するにあたって、「時代劇作品をずっと観てきて感じることは、その時代の生活が全然わからないということである。例えば、城中へみんな登城して行くが、これは一体どういう部屋でどういう仕事をするのか、昼食はお弁当を持って行ったのだろうか、どんな弁当を持って行ったのだろうか、それとも城中で何か出してくれたのだろうか。（略）もっとその時代の生活を克明に描いていったら、それはかえって古いのではなく、何か新鮮な時代劇になる。こういう行き方もあっていいという考えで『夜の鼓』に取り組んだ」（今井 [1958] 1990, 89）とする。それは、時代劇という既に虚構化された世界そのものを、リアリズムという虚構によって、もう一度、再構成してみせることである。映画『夜の鼓』はそうした倒錯した問いが秘そんでいる。

大島渚はこうした今井正の職人的ともいえる制作態度を丁寧に解説している。「田舎道を遠くから駆けてくる一騎「下に！下に！」その馬上の武士。武士の後姿からパンして茶店にいた百姓、町人達が土下座の準備。遠くから来る大名行列、大写しで駕籠が行く。土下座の百姓の七分身。大写しで荷物が行く。土下座の百姓の大写し、顔に吹き出る汗。行列の中の小倉彦九郎の半身、汗のしみ通った衣服。過ぎ行く堂々の大名行列そしてタイトル。優れた出だしである。人間の姿さえ見せぬ別の人間の前に、或いは物の前に、長い時間額を地につけなければならぬ無惨な姿、また別の人間は他の人間のひざまずく前を通りながら、実は後者と同じような肉体の酷使を強いられている哀れな姿、人間をそのような状態の中に閉じ込める歪んだ社会――封建社会の姿を、僅か九カットの中に描き尽してあます所がない。しかも構図は正確、リズムは十分な節度を保っている」（大島 [1958] 1963, 107）。

確かに、ここでは、今井正のリアリズム、膨大な時代考証の力が十二分に発揮されており、戦後のリアリズム映画のひとつの成果といいえるシーンとなっている。だが、この映画の物語である、主人公彦九郎（三国連太郎）の妻お種（有馬稲子）の、夫不在中の不義密通事件へとことが進み始めた時、映画は、不義密通「事件」の、事件の部分の絵解き——現代劇的な回想形式の展開となる。この点で、近松の戯曲（『堀川波の鼓』）をルーティンと化したシナリオ形式でしか援用できなかった、脚本家・橋本忍と新藤兼人の責任は重大である。

大島の批判を聞いてみよう。「彦九郎の妹ゆらが種の成敗を彦九郎に迫る。彦九郎は決心して立つ。部屋の片隅で短刀を出す夫。入って来る妻。対座する二人の全景「二度と妻を持たん！」妻「死んでお詫びを！」見つめる夫。妻は膝をしばる。妻は短刀を取る。夫「刃を横に！」妻は胸元を開く。夫「思い切って突くんだ！」構える妻。夫（このカットからキャメラ斜めに歪む）妻。夫。妻は短刀を落とす、夫立つ。刀を取って妻を斬る夫。血にぬれた刃。人々入って来る（キャメラ歪み直って）この部分に再び今井正の方法の誤ちが集約的に表れる。先ず何故キャメラを歪めたか？これは今井正の合理的精神に外ならない、キャメラを歪めればどれだけの効果が上がるかという計算がある。その計算自体は悪くはない。それだけでは表現し尽くせないものがあることを忘れるからいけないのだ。表現し尽くせなかったものはこの場合人間の非合理的な情熱だ。だから次に、一旦妻を許そうとした夫が、妻の自害をたとえ苦しみながらとはいえ傍観し自害し得ぬと知って斬り殺す、その人間の中の歪んだ部分をとら得ず、かつ表現し得なかったのだ。今井正は夫の苦しみを同質のものとしてカットバックする。しかしそれは断じて同じものではない。この場合既に一方は被害者で一方は加害者なのだ。夫の中の歪んだ部分こそが直接には妻を殺してしまうのだ」（大島 [1958] 1963, 112）。

大島の批評は自らの先行者である今井正の作品的苦闘を越えようとし、余すところない。しかし、ここまで論じ切ることができるのには、大島と今井とに共通する前提があるとしなければならない。そこには、「社会における人間をどう捉えたらよいのか」という地点から出発したリアリズムがある。そして、また、そのリアリズムそのものも、時代の政治的社会的文化的な枠組みのなかで概念化され構成されたものにすぎなかったことがある。しかし、そうであったとしても、こうした表現への社会的欲求に応え、作品を実現するために、ひとりの映画監督として今井正が果たしてきた仕事は、必ずしも全て作品内に還元される努力だけではなかった。今井は撮影所に所属し、映画作りも学んできたものであるがゆえに、社会の現実へと歩もうとしたとき、その映画の内容は産業化された撮影所からは生まれにくいものであることを知ることになった。そこに、戦後リアリズム映画が独立プロ映画として、運動としての側面を持って生まれてこざるを得ない理由があった。

文章を書いていた当時、松竹という会社にいた大島は映画リアリズムというものが含む複雑な現象のなかから沸きあがる、運動者としての今井正の作家的良心を、映画と観客との関係への素朴なまでのヒューマニスティックな信頼として感じとっていた。多分、まだ映画は、そうした幻想をひきおこすだけの社会的な力を十分もっていたからだ。それゆえに、戦後一〇年の歴史による変化そのものを前にした、その映画を支え続けてきた人びとの心の変化そのものに、大島渚も又、今井正と同様、逃れ得なかったともいえる。大島が、今井正を乗り越えようとしリアリズム映画の限界を越え、社会化した内面そのものを問う視座を発見しようとし、又それにみあった形と内容を模索しはじめた時、今井正はリアリズムという技法的な外形をすぐに打ち捨てることはできなかった。それまでに、今井正は映画を既に多くつくり続けてしまっていたからだ。しかし、そこには一つの問いが反響する。果たして、自分（今井）がつくった映画は本当にリアリズムであろうとしたのだろうか。『また逢う日まで』の死者の語りには、リアリズムに含み得ないものがあったのではないのだろうか。

## 第三節　被災者とアメリカ戦略爆撃調査

ここで少し問題を変えてみよう。『また逢う日まで』の田島三郎と小野螢子に戻ろう。正確に言えば、虚構としての田島三郎と小野螢子ではなく、実在し実際に空爆によって死んだであろう多くの三郎と螢子の存在についてである。

一九四五年三月一〇日の東京大空襲を撮影した石川光陽は日記にその日の夜午前二時頃の様子を書いている。空襲後、防空本部を出て両国警察署に行き、そこを出たとき、「猛烈な烈風と火と煙は容赦なく私に襲いかかり、撮影どころか、この身をかばうのに懸命だった。どこをむいても火ばかりだが、それでも少しでも風当りの弱いところを探し求めて、這うようにして進んでいった。火は倍々たけりたって強風を呼び、その強風は火を煽って、多くの逃げ惑う人びとを焼き殺していった。私の目の前でも何人かが声もなく死んでいったが、どうすることも出来なかった。倒れた死体は路面を激流のように流れる大火流に芋俵を転がすように流されていってしまった。猛火は横に唸りを発して街路を火炎放射器のように走り、その火流の中を荷物や布団が大小の火の玉になって無数に転がっていく、眼前の建物は屋根を残して、筒抜けに猛火が突き抜けて、隣から隣へ劫火は突っ走っていくのがよく見える。私は最早これが最後だと覚悟した」（石川・松尾 [1945] 2010, 63-64）とある。命からがら生き残った後、一〇日の午後二時頃には浅草本所方面の被害状況の視察に出ている。「道路の至るところに持ち出した家財が灰になっており、そこらあたりに劫火の犠牲になって焼死した男女の区別もつかない死体が転がっており、ちょっとした遮蔽物の脇には人が折り重なって焼死体の山を築いていた。（略）私は重い足をひきづるようにして、菊川、森下町、駒形と歩き、見えない眼をひきあげてシャッタボタンを押した。泥にまみれたライカを、ばんこくの怨みを呑んで死んでいった多くの死体に向けることは、眼に見えない霊から〝こんなみじめな姿をとるな〟と叱責されるような気がして、その手はふるえ、シャッターを押す手はにぶった。然し与えられた使命を果たすためには、命ある限り撮り続けなければならないので。使命の前には非情にならざるを得なかった。写し終わると合掌して、そこを立ち去った」（石川・松尾 [1945] 2010, 65）。

石川は焼き焦げた屍体たちは「こんなみじめな姿をとるな」と言っているというが、本当のことは分からない。しかし、自らも焼け死にそうになり、また多くの屍体に接した石川にとって、その声は確かなものであっただろう。とはいえ、誰も死した人びとの思い、声を聞くことができるわけではない。それを聞き取るためには、残されたものの声からその思いを知るしかない。『東京大空襲・戦災誌』をはじめ、各地域で刊行された戦災誌に収録された膨大な手記は、生者の記録であると同時に、亡くなった死者の記録といってよい。

ところで、『東京大空襲・戦災誌』には手記だけでなく「アメリカ戦略爆撃調査報告」資料が翻訳され掲載されている。この「アメリカ戦略爆撃調査報告」はアメリカ軍の空爆がどれくらいの実効性があったかをはかるために調査したもので、ドイツ関係で二〇八報告、日本関係で一〇八報告がされている。これらの報告は、「（1）脅威的な原子兵器、生物化学兵器の攻撃によってもたらせる破壊的な結果から、国家のいっそう適切な防衛手段を」見つけ出し、「（2）戦争下の敵に対して最大限の崩壊を引き起こさせること」（秋元 1982, 124）を目的としたもので、明らかに爆撃の効果に対する政策的な研究意図をもつものであった。しかしこの調査では、都市の物理的、経済的構造やその機能の分析、さらには爆撃による社会組織、人の行動、モラルに与える影響など広範囲で基礎的な調査を行っているため、その後の災害社会学の基盤となるデータを提供するものでもあった。

この「アメリカ戦略爆撃調査報告」の内、『東京大空襲・戦災誌』に限らず他の戦災誌でも多く扱われるのは戦意部の調査による「戦略爆撃が日本人の戦意に及ぼした効果」である。この調査は、一九四五年の一〇月から一二月頃に実施されたもので、一定の訓練された日系人による約四〇項目にわたるインタビュー調査であった(1)。当然のことながら、勝者による敗者の調査であることは間違いなく、必ずしも全てにおいて人びとが正直に答えているとは言い得ないが、敗戦当時の人びとの意識を知りえる数少ない調査であることは間違いない。

大部の調査を概括することは難しいが必要な範囲で述べれば、まず、日本の勝利に対する疑念がおきた理由であるが「空爆」が三四%、そして「軍事的損害と敗北のため」であったことが二八%と、その二つが大半をしめる。さらに、敗北が疑念から確信へと変わったのは日本各都市への「空襲」が三三%となっており、やはり空爆に大きな効果があったことが示されている（合衆国 1947=1988, 35）。こうした数値から考えると当然、多くの人びとが敗北を予想していたと考えるべきだが、実際の「降伏に対する直接の反応」は、「残念、悲歎、失望」が三〇%で、「驚き、衝撃、当惑」が二三%と半分を占める（合衆国 1947=1988, 275）。負けたことが悔しいということであろうが、三〇年後の一九七五年に『潮』編集部がインタビューを受けた人びとを探しだし行った再調査（潮 1975）では、多くの人びとが「負けてよかった」と言っていることは、一九四五年と一九七五年との間で意見風土が変わったことを表すものといってよい。次に、天皇に対する日本人の態度であるが、「天皇を存続させる」が六九%を占め（合衆国 1947=1988, 49）、戦中、戦後を通してその態度は一貫しており、一九七五年の再調査でも圧倒的に存続が多い。しかし、指導者の戦争に対する指導については「批判的」が三七%、「わからない」が一八%、「無批判的」が二九%となり、「わからない」「考えたことがない」といった態度が大きく占める。政治、あるいは指導はお上のすることで自分たちとは関係ないという意識の現れであろうか。奇妙な空白が社会空間に、意見風土として存在していたことになる。

一方で「戦争に対する国民態度の変化」として「団結の感覚の減退」が四四％を占める。報告書では、「何世代にもわたって日本人は外部の情報源から閉ざされていたために、また、政府が情報チャンネルをすべて慎重に統制していたために、国民は恐らく戦争をすることが何を含意するかを十分知ることができなかったし、軍事的決定についても知ることができなかった。他方、毎日彼等は、空腹と混乱の中で銃後の混乱した状況を感じたり見たりすることができた。それゆえに彼らは銃後経営についてより批判的になれる位置にいて感じ」（合衆国1947=1988, 57）ていたとする。そのため日常生活における食糧供給の急激な減少は、「持てる者と持たざる者」との格差を実感させ、「その結果生活必需品をえようとする競走が、神経の緊張と増大する困難をともなって、空襲によってもたらされ、人びとの神経に打撃を与えた。戦争が進展するにしたがって、人びとはお互いに不信感をもちはじめ、より粗野になり、より自己中心になり、より短気になり、よりけんか早くなった」（合衆国1947=1988, 58）。つまり、爆撃による物質的欠乏は、日本社会がもつ社会システムや政治組織の矛盾を顕在化させ、歴史的に形成されてきた人と人との関係性が孕む、脆弱な局面が浮び上がっていたことになる。

こうした複層的な人びとの意識の網目に、亡くなった多くの三郎と螢子の思いをおいてみる必要がある。彼らもまた、そうした意識のうちに住む人びとであった。恋愛は一時のものにすぎないが、生活は絶え間なく持続する。爆撃による焼死は物理科学的なことであるが、何を思い、何を抱いて死んでいったのかは社会的、文化的なことである。彼らの声も、そうした堆積した記憶の彼方から聞こえてくるものといってよい。せつないメロドラマ『また逢う日まで』は、切実なメロドラマへとなる必要がある。

## 第四節　人びとの記憶には何があるのだろうか

今井正が、社会化した内面を捉えようとした時、生者と死者とをつなぐ一筋の糸によってたぐりよせられたものは、何なのだろう。遺作となった『戦争と青春』（一九九一年）には、今井正によって反芻され、心のなかで反復された人びとの声がはりめぐらされた糸の反響として、海面につき出た岩のように、波に洗われては浮かび消えている。

映画は、下町にある小さな公園。一本の焼け焦げた電信柱から始まる。今日もそこに年老いたひとりの女性が、ベンチにぽつんと坐っている。下町のちゃきちゃき娘・花房ゆかりは高校の帰り、この伯母・咲子を公園に迎えにいく。何故、伯母はこの焼け焦げた電信柱に愛着を感じているのだろう。伯母の夫である古本屋の甚作さんに聞いても、ただ「あれは過去の戦争を伝えるものなんだよ」と、言うだけである。伯母にとっては弟である自分の父に聞いても「話せることじゃないんだ」と言う。何でなんだろう。

ある日、伯母はその公園の前の道を横切ろうとした子供が車に轢かれそうになるのを助けようとして、撥ねられ、病院へとかつぎこまれる。父は、その病院の屋上で、ゆかりに伯母について話すことになる。それは戦争中のこと……、父・勇太が小学生の時のことである。学校での軍事教練としておこなわれた負け抜き相撲に最後まで負け続けた勇太。泣いていた勇太をそっと励ましてくれた若い風見先生。それをきっかけにして、姉・咲子は風見に会うことになる。そしていつのまにか、二人は深い関係となり、咲子は身籠もることになるのだった。それは、いつ死ぬとも判らぬ戦争中の激しい恋である。

写真6-1　火野なかを逃げ惑う姉・咲子（工藤夕貴）と弟・勇太（島田豊）

しかし、風見はついにやってきた赤紙（招集令状）を前にし、徴兵拒否を貫くために、北海道へと逃亡を決意する。だが、朝鮮人徴用工とまじり鉱山に隠れていた風見は正体がばれ、撃ち殺される。非国民の子供を産んだ、咲子とその家族への風当たりは厳しいものだった。結局、風見と咲子にできた唯一の子・螢子(2)も、東京大空襲の時、遂に別れ離れとなるのである。爆撃され燃えさかる激しい炎の中、逃げまどう螢子を背負った咲子と勇太は火をさけるために、電信柱に上り家の屋根に登ろうとする。子供を手渡そうとした瞬間、爆弾がはじけ、その爆風に咲子と螢子、勇太は吹き飛ばされてしまう。二人は螢子を探したが、遂に見つからなかった。

それが、父（勇太）が、わたし（ゆかり）に話してくれたことである。咲子おばさんは傷がいえ、退院したものの、数日後、こと切れるように、亡くなる。ゆかりからこの話しを聞いた、東京大空襲を研究している早瀬に、数日後、ある奇妙に一致する話しが舞い込む。それは、ある朝鮮からの便りである。あの日、勇太と咲子・螢子が踏み迷い吹き飛ばされた、火の海の中。その時、その場所あたりで徴用され日本に来ていた朝鮮人夫婦が、空襲のさなか、拾いあげた子がおり、その子どもが私、李順益なのだ、と。

やって来た李順益は、娘である李春姫に手をひかれチョゴリを着ていた。しかし、李順益は目がもはや、見えなかった。李順益は本当に花房咲子の娘・螢子であったのだろうか。それは判らない。だが、皆と咲子の墓参りをして李順益は、それが自分の母だった気がするというのだった。映画『戦争と青春』はそこで幕が閉じられる。

## 第五節　記憶装置としての一人二役と二人一役

ところで、この映画の物語には「一人二役」という映画的トリックが敷設され、物語の残像が幾重にも重なり合うようになっている。今井は、この映画的アイディアをどこから得たのだろう。これについて特に述べたものはない。今井自らの発案ということもあり得るが、今井がそれまでにも自らの映画を製作するにあたって常になんらかの映画を参照してきたことにも留意する必要がある。時期的には、ルイス・ブニュエルの遺作『欲望のあいまいな対象』（製作一九七七年／日本公開一九八四年）を参照していた可能性がある。ここでは「一人二役」が生み出す映画的メカニズムを考察するためにとりあげてみる。

『欲望のあいまいな対象』のストーリーはこうである。セビリアからパリに向かう列車に乗り込んだブルジョワ紳士マチウ（フェルナンド・レイ）は追ってきた若い女性コンチータに、頭から水をかける。汽車のコンパートメントに同室した人びとは不思議に思い、マチウからこのわけを聞こうとする。コンチータはマチウの召使として採用されたのだが、マチウは一目惚れし、なんとかモノにしようとする。しかし、彼女は次の日すぐ召使をやめてしまう。

コンチータはパリの貧しい家で、母親と一緒に暮らしている。母親は身を落としてまで働くことを嫌っており、コンチータ自身も踊りのこと以外の世事に興味をもっていない。マチウはこの家にたびたび訪れ、彼女をモノにすべく金銭的な援助をしはじめる。言い寄るマチウに、コンチータは「自分はモシータ（処女）なのだ」と言う。映画はこの家のシークエンスから、コンチータの役を二人の女優によって演じられ始める。冷めた理知的な娘にキャロル・ブーケ。スペイン風の情熱的な肉体派的な若い女にアンヘラ・モリーナ。二人はコンチータという役を、交互に入れ替わり演じる。

母親を抱き込もうとするマチウの手口に怒ったコンチータは、家から突然出ていく。後悔していたマチウは、ある時、高級なバーのクローク係りをしていたコンチータに会う。「別荘であなたの女になるわ」と、コンチータは言う。喜び勇むマチウはコンチータを別荘に連れ込むと、彼女は貞操帯をつけ、体を許してくれない。それでいながら、コンチータは密かに（映画ではテロルに関わりをもっているように思われる）若い男を自分の部屋に引き入れる。怒ったマチウはコンチータを追い出す。コンチータ親子はテロリストとの連座を問われたのか、国外追放となり、セビリアへ逃亡する。愛に狂ったマチウはセビリアへと、コンチータを追っていく。そこでは、生活に困ったコンチータがナイトクラブで、いかがわしい裸のフラメンコを踊っているのだった。

マチウはコンチータを囲うため一軒の家を買い与える。夜、その家を訪れると門の鍵は閉められている。コンチータは入ろうとしても、入れないマチウにこういうのだった。「わたしはあなたを憎んでいる。キスされた時も吐き気がした」「あなたから逃げようとしても、いつも掴まってしまう」「あなたなど死ぬがいい。」そして、コンチータはマチウの眼の前で若い男と寝る。絶望するマチウ。翌日、やって来たコンチータをマチウは鼻血が出るほど殴る。するとコンチータは「昨日はあなたの気持ちを試すために演じたの」「わたしはまだ、処女なの」と、逆にマチウにすがるのである。

「ひとりの女の肉体をついにわがものとなし得ぬ」男の物語を軸にしながら、全篇にわたって社会の混乱挑発を目的としているイエスの子の革命軍団による市街でのテロルが、関係ないように関係あるように繰り返される。

この『欲望のあいまいな対象』のストーリーの展開のなかで、「二人一役」はどんな意味をもっているのだろう。これを物語的な側面かちいえば、女のもつふたつの側面、昼の知的で冷めた姿であり、夜の情欲を秘めた肉体の姿である。もちろん、これは女の側から言えば男「性」の視線によって造型されたイメージにすぎない。さらに、この二人一役を見つめる男の視線を問うた時、そこに現れるのは一役を二人でやっても気付かないという、男の欲望のあいまいさ、恣意性そのものの姿を映像で表しているともいえる。実際問題として、公開当時この作品を見た観客の何人か、あるいは、多くがこの二人一役に気付かなかったという事実は、ストーリーというもののもつ強い呪縛とともに、男性の「狂熱の愛」そのものが実にナルシズムとして、対象そのものをみつめ知ろうとするところから、生まれきたったものでないことを指し示している。ここで鶴見の問いを思い出してもよい。現実のあいまいさは私たちの欲望のあいまいさでもある。人は見ている対象そのものを、愛そう、知ろうとしているのではない。必要としているのは、対象へと視線をそそごうとする欲望であり、それが喚起する物語であり、イメージなのだ。ブニュエルは、そこに、産業化された映画においてストーリーが欲望される理由を見出し、また、そのなかでカメラの視線がいやおうなく組織化されていることを暴き出す。

「想像力に権力を」「禁止することを禁止する。」「われわれの世紀において避けては通れないテロリスムの記号体系は、わたしの心を惹きつけてやまなかったのだが、ただしそれは、あらゆる社会、さちには全人類の滅亡をめざす、全面的テロリスムに関するものである。テロリズムを政治的武器に用い、なんらかの大義名分に役立てる者、（略）そんなテロリストのことではない」（Bunuel 1982=1984, 211~213）は、ブニュエルのものだが、いささかかっこよすぎるかもしれない。映画『欲望のあいまいな対象』において、二人一役が現実化したのは、製作途中において主演だったマリア・シュナイダーが降板し、苦肉の策だったという(Colina & Turrent 1986=1990, 344~346)。

## 第六節　暴き出された、再構築された記憶

それでは、『戦争と青春』における重ねられた一人二役はどうなっているだろう。主人公である現代の高校生、花房ゆかりに工藤夕貴。その父である勇太に井川比佐志。老いた伯母・花房咲子に奈良岡朋子である。しかし、回想される戦中の物語においては、ゆかりの父である勇太はもちろん子供であり、それを子役である島田豊が演じる。だが、その姉、ゆかりにとっては伯母である咲子には、工藤夕貴が演じている。当然のことながら、回想が終り現代に戻った時、ゆかりは工藤夕貴であり、父・勇太は井川比佐志、伯母・咲子は奈良岡朋子である。ここでは、工藤夕貴が一人二役を演じている。しかし、その咲子が死んだ後、朝鮮からやってくる、その咲子の娘・螢子と思われる李順益は、再び奈良岡朋子が演じる。ここでは、奈良岡朋子が一人二役を演じている。ちなみに、工藤夕貴の二役は自らの申し出であり、奈良岡朋子の二役はプロデューサーの発案であったとされる(今井・木崎 1991, 26)。製作の裏事情があったことはブニュエルと変わらない。

しかし、一人二役は重なり合っており、まるでぐるぐると世界が循環しているかのようにみえる。今井の思惑通り、そこに時間を経た奇妙な、父と娘、姉と弟、母と子の血縁幻想が浮かび上がる。そして、もし、目の前にあらわれたチョゴリを着た朝鮮の人である李順益が、伯母・咲子の子である螢子の成長した姿であるとするなら、日本と朝鮮という空間をへだてた世界が、かつて大東亜共栄圏として統合されようとした現実的な姿——戦

時中の労働力不足を補うために内地（日本）に強制徴用された人々の姿としてあらわれる。

そこには左翼的な言説のくさみがあるが、そうしたイデオロギーを越えて、同じ肌の色も黄色い、ともに中国文化の影響を受けた仏教的・儒教的な世界観をもつがゆえの同化幻想が、底に横たわる。多分、李順益が『キクとイサム』（一九五九年）のキクとイサムのように黒い肌の混血であったならば、そうした同化幻想そのものが成り立たないのではないか。そこには、『また逢う日まで』、『ひめゆりの塔』、『にごりえ』（一九五三年）、『ここに泉あり』（一九五五年）、『純愛物語』（一九五七年）、『キクとイサム』、『あれが港の灯だ』（一九六一年）、『にっぽんのお婆ちゃん』（一九六二年）と、監督・今井正と数多くのコンビを組んできた脚本家・水木洋子との違いがあるのかもしれない。あるいは、男・今井正と女・水木洋子の違いがあらわれる場所かもしれないが、もう少し、この今井正の血縁幻想を追おう。こうした時、水木洋子との脚本から離れてつくられた『不信の時』（一九六八年）は、よくその間のことを物語っているだろう。

物語は、田宮二郎演じる商事会社の社員浅井が、バーのホステスであるマチ子（若尾文子）と関係を結び、子供ができる。それまで、妻・道子（岡田茉莉子）との間に長いこと、子供ができなかった。妻はどこか、心はなれる夫を繋ぎとめようとし、なんとか子供をつくろうとする。そして、ようやく妻に子供ができた時、妻に、マチ子のことが、子供までもうけたことがばれる。その時、妻はマチ子の子は浅井の子ではないと言う。「なぜなんだ」という浅井に妻は、今まで子供ができなかったのは、あなたの精子に種がなかったからだと言うのだ。昔、病院で調べた時、医者からそう言われたという。「では、おまえの子は俺の子ではないのか」。妻は、自分は人工受精によって、子をつくった。と言う、……　浅井は自問する、「では、マチ子との間につくった子は、俺の子デハナイノカ」。マチ子は、「あなたは、ワタシが水商売の女だから、そんな莫迦げたコトを言うのネ。わたしのことが信用できないの」。「でも、俺には子種がないんだ」。ふたりの女の子供への幻想に右往左往する浅井に、ある日、昔、好きあった人妻であった千鶴子に逢う。千鶴子は、男の子を連れていた。浅井に千鶴子は、「この子はあなたの、子なのよ」というのだった。

男にとって、子供を認知する第一歩は、相手の女性との肉体的な関係のなかからしか派生しえない。性交通を基層とした関係の幻想は、そこでは自ら子を産み出す女性とは違って、男性にとっては互いの女性との関係の想像力によってしか生れえない。血縁への幻想を、関係が生み出すさまざまなイメージによって組み立てられた形

写真6-2　左から，李順益の娘・李春姫　ゆかりの父・勇太（井川比佐志）李順益（奈良岡朋子）花房ゆかり（工藤夕貴）咲子の夫・甚作（松村達雄）

と力にあると、見切った時、今井正には万世一系にめんめんと続いた幻想のありようを、社会化された構造として捉える手がかりを得たように、一挙にかけのぼろうとする。『橋のない川・第一部』（一九六九年）・『第二部』（一九七〇年）と続く、差別と天皇への問いはひそかに、そうした心のなかに降ろされた垂線によって探れないだろうか。

『戦争と青春』における複層化された親族の論理と「一人二役」の視覚化された構造とが重ねられた時。死んだ伯母・花房咲子の墓を、その子・螢子と思われる李順益が訪れる。岡崎宏三のカメラはしっとりとした色調で押さえながら、遠目の人々の姿からバストショットへとしだいに李順益の正面へとカット割りしながら、カメラを確実に移していく。そこに、この映画の奇妙な視覚

的なトリックを通過したものは、ある、不可解な血の幻想を感じるだろう（写真6-2を参照）。

人間の内面に巣くう幻想の根本へと、たらされた垂線にまとわりつく、からみ合った蠢きを視覚化しようとして、社会構造をそこに見出した時、そこに、被害者であり、時に加害者でもある人びとの哀しみとも恨みともつかぬ声が、沸き立ってくる。今井正が映画という幻想を通過することで、探り出した人のもつ社会化され構造化されたイメージが、視覚を通して一筋の糸のようにピンと張り上げた時、鏡のように我々もまた、自らの幻想へと向き合うことになる。

戦後七十年たった私たちの記憶は、消えない痛みとして反復され、変形される。「一人二役」という原型・プロトタイプを基にしながら、次々と異なった形へと転生していく軌跡。あるいは、それをひとつの軌跡として連続性を見出した時、そこには一筋の視覚のアナロジーが横たわる。それは映画にすぎないが現実に向き合おうとするものである。つくり手の問題は裏を返せば、即、見る人間の側の問題でもある。「一人二役」「二人一役」という装置は、見えなくなった過去のふたをあけるものにすぎない。今井が映像（イメージ）を反復することで、何を感じ考え、明らかにしようとしたのか、そこからみえてくる。

映画への貪欲な欲望。今井正のつくってはのみ込まれ、再び生み出す運動をそこに見出した時、映画は物質的な直接性・フィルムや光や……等々から離れ、見るひとりひとりの心のなかへと不時着する。あるいは、そこまでのプロセス凡てを含めた時、映画というメディアの姿がはじめて、あきらかになるといってよいのだ。

注

（1）インタビュー調査がどう行われたかについては、『福岡空襲とアメリカ軍調査』（アメリカ 1998）を参照。

（2）『また逢う日まで』の螢子と、『戦争と青春』の子どもの名前が螢子であることは、意図されたものと思われる。

# 第Ⅲ部　メディアとしての映画の戦時・占領

現在、アメリカの公文書館などにおいて情報公開が進み、第二次世界大戦あるいは、日本における占領について調査、研究しようとする場合、アメリカの国家機関が保有する膨大な資料にアクセスするのが普通になっている。研究に限らず、NHKなどのテレビ・ドキュメンタリーにおいても、資料の多くをアメリカ側から求めている場合が多い。占領期の研究において特に利用されるのは、米国国立公文書館・記録管理局（National Archives and Records Administration: NARA）とメリーランド大学が所蔵する「ゴードン・W・プランゲ文庫――一九四五―一九五二年日本における連合国の占領」（以下、プランゲ文庫）である。

米国国立公文書館ではアメリカ政府機関の文書・映像などが所蔵され閲覧できるが、日本に関するものは、アメリカの対日政策、日本における占領政策に関わる資料となる。当然のことながら、非公開資料があり、その公開の規準は明確に示されているわけではなく、その資料の全体像を知ることもできない。一方、プランゲ文庫はその全てが公開されている。その意味で、資料の置かれている政治的文脈は必ずしも同じではない。

ここでまず、プランゲ文庫の概要を記しておこう。連合国最高司令官総司令部（GHQ/SCAP）民間検閲支隊（Civil Censorship Detachment, CCD）は、占領政策の浸透と思想動向の綿密な調査を行うために検閲を実施した。検閲の対象は日本国で出版されたあらゆる図書、雑誌、新聞のほか、映画、演劇、放送番組はもとより、学級新聞のようなミニコミ誌、郵便、電報に及び、さらには電話の盗聴も行われた。検閲制度は一九四九年の一〇月に終了し、同年一一月にCCDが廃止される。ゴードン・W・プランゲ（Gordon William Prange 1910-1980）は、この検閲のために提出された資料の歴史的価値に注目し、G-2部長ウィロビーとメリーランド大学学長バードを説得して、そのうちの図書、雑誌、新聞等をメリーランド大学に移管させることに成功した。プランゲ文庫は、雑誌約一三八〇〇タイトル、新聞・通信約一万八千タイトル、図書約七万三千冊などからなる。

和田敦彦は、この資料群のもつ意味、特徴について、一つに占領期という限られた時期の刊行物を網羅的に含んでいること、二つに、占領下における検閲の痕跡を残した文献を含んでいることをあげている。そして、さらにこの膨大な資料群を活用するためには「提供するシステムや利用するインタフェース」（和田 2010, 363）が必要だとする。つまり、網羅的な資料から研究において必要な資料へといたるには、それを可能にする検索システムが必要となる。ＮＰＯ法人インテリジェンス研究所「20世紀メディア情報データベース」はそうした研究システムのインターフェースとして、研究的な要望に応えるものであり、本書もこのデータベースによっている。

ところで、産業としての映画は、制作、配給、興行、宣伝・批評といった異なった一連の過程において成り立っている。その意味で映画というシステムはさまざまなジャンルや領域を越境し、他領域に関わるメディアとして現れる。そして、そうしたメディアとしての映画の資料は一様ではなく、またそのあり方も分かれる。現在、映画そのものの検閲についての資料は、米国国立公文書館にある。一方で、映画というメディアが関係する多様な資料はプランゲ文庫にある。通常、プランゲ文庫の資料を利用する場合、検閲の問題を扱うのが普通である。しかし、既に述べたように、映画そのものへの検閲の資料はプランゲ文庫にはない。プランゲ文庫を使って映画の研究をすることは、他領域にわたって広がり展開していく映画というメディアの広がりと、何よりそれを受容し享受する受け手の人びとの姿を明らかにする資料となる。それはそのまま、大衆文化として、映画が日本社会に普及し、確立する過程を外縁から記述する試みとなる。それは、検閲資料という枠組みで捉えられるプランゲ文庫を、全く違った資料群として捉えようとするものとなる。第Ⅲ部の議論は、こうした研究のあり方そのものを実体化しようとするものだ。

# 第七章　映画における普及と検閲

——戦時期における制度と興行——

## 第一節　映画の「検閲」の歴史が示すもの

ひとつの新しいメディアであった映画が、社会にいかに普及したか。こうした映画の普及過程を考える上で、検閲の問題は一つの指標となりうる。なぜなら、映画というメディアが社会に普及するという大きな社会の流れのなか、映画を通して社会的欲求を満たそうとする不定形な「受け手」の行動は、非行や犯罪の助長といったなんらかの社会的トラブルを、その地域のローカルな局面で引きおこすものとして問題になってきた。通常、メディアの普及の過程においておこるこうした社会問題に対する規制は、規範によるか、法律によるか、市場によるかの三つの要素によって展開する。普及の過程の初期段階では、新しいメディアを支持するコミュニティの社会的規範や慣習が大きな役割を果たすが、普及の展開にともなって検閲などの法律化、あるいは制度化へと展開する。また、その過程で産業としての経済性や市場の動向によってメディアは制御される。

マス・メディアである映画に対して、国家はその普及とともに派生するこうした社会現象を犯罪や非行の問題としてフレームアップすることで、「送り手」と「受け手」との関係に陰に陽に関与し、映画という新しいメディアを管理しようとしてきた。また、そうすることで映画が社会に定着する方向を演出し、新しいメディアである映画を体制内に取り込み、支配体制をより強固にするものとして利用しようとしてきた。こうしたとき、国家による検閲のシステムは、映画が普及する過程で法的「規制」であったものから制度的な「統制」へと転換していった。この転換の背景には、戦争による社会の軍事化があった。

ところで、牧野守『日本映画検閲史』（牧野守 2003）は、日本に映画が移入された一八九六年から一九四五年までの歴史を、書誌的な側面から検閲について概観している。平野共余子『天皇と接吻――アメリカ占領下の日本映画検閲』（平野 1998）と合わせれば、一九五二年までの映画検閲の歴史を概観することが可能となる。牧野は、検閲の歴史を五つの時期に分けている。第一期は一八九六年から一九一六年である。この時期は映画が他の芝居や見世物などの取り締まりの法律によって、各地方の警察署ごとに、別々の規制を受けていた。これは、映画そのものが芝居や見世物の一種とみなされ、そうした興業形態に組み込まれていたことを反映したものである。第二期は一九一七年から一九二四年までである。この時期、映画の上映は弁士と楽団とが一緒に上映するスタイルになる。映画は新しいメディアとして、興行としても確立する。警察庁はそうした事態を受け、映画のための特別な検閲システムを創設する。映画の普及とともに、全国規模の統一的な規制が模索されることになる。第三期は一九二五年から一九三一年までである。映画の検閲権を内務省警保局が掌握し、全国一律に規制するメカニズムが成立する。第四期は一九三一年から一九三八年までで、政府レベルで映画統制委員会が成立し、映画製作、興業への介入が検討された。第五期は一九三九年から一九四五年までで、映画法の成立による統制から敗戦までである。

全体の過程を概観すれば映画芸術の歴史は、その内容の質的向上と扱う領域の拡大とともに、相即的に社会に浸透し、与える影響が拡大する過程として捉えることができる。特に第四期以降、映画はトーキー化され、欧米映画を手本にいかに模倣するかということから、現実の日常生活を描写する方向へと、表現はより高度なものになっていく。表現を現実的なものとさせ、日常を凝視し、映像として表象化することは、その表現内容を高めるだけでなく、より日本社会に映像を土着化させる過程でもあった。これは、映画を製作する側だけでなく、興業する側（市場）にとっても必要なものであった。こうした表現の拡大と、映画の定着化は、新たな観客層を開拓していくものでもあったからだ。普及する初期の過程においては、製作する側、興行する側、国家的な立場で規制、あるいは統制する側、そして見る側といったさまざまな立場の者同士が相互に作用し合い、映画の社会に対する影響力を拡げ、新たな社会的な文脈を創発する可能性をひろげていくことになる。

ところで、秩序を維持し、形成しなければならない治者の立場にあるものにとって、映画になんらかのコントロールが必要であるとするのは当然なことである。しかし、新しいメディアの社会的媒介作用がいかなるものであるかを推測することは、特に初期段階では難しい。どうしても規制は、事後的にならざるを得ない。第一期、第二期を通して、検閲の統一化が徐々に進められてきたことは、検閲体制が徐々に国家規模のものとして整えられてきたことを意味するだろう。しかし、それは、同時に映画というメディアが越境的に、飛び地的に各々の場所、地域に拡がっていたことを現す。また、その検閲内容が皇室をめぐるもの以外、公安と風俗の取り締まりを中心に、漸次その内容を拡大させていったことも、映画の社会への浸透、普及に見合って、事後的に規制が、局面局面でのローカルな対応から、拡大されてきたことを示すものといってよい。

ここで問題になるのは、全国規模の検閲のメカニズムが確立した第三期に、何があったのかということである。牧野はこの時期にもっとも頁数をさいており、検閲制度が意味するものが何であったかを暴き出そうとしている。

映画という新しいメディアが普及する背景には、近代社会における都市化が日本社会のなかで進み、その過程で社会的になんらかのコンフリクトをかかえざるを得ない人びとが生み出されたことがある。人びとは、映画という新しいメディアを受容することで、自らの社会的不安をイメージとして表象化し、なんらかのかたちでそれを解消しようとする。また、その解消する過程で、映画はコスモポリタンな外との新しい世界との出会いを希求する欲望を増幅させることによって、社会的には対抗文化として、目の前の社会を否定しようとする急激な反応を惹き起こすことにもなる。

第三期を代表する傾向映画とエログロ・ナンセンス映画は、当時の社会状況を反映し、興行的にヒットする。傾向映画が表象化した過激なチャンバラシーンには、現実の社会を否定して新たな社会を闘争の先に見出そうとするものがあり、またエログロ・ナンセンス映画には、エロチックな男女の恋愛を通して伝統的な家族制度や、道徳を否定しようとするパッションが込められていたりしたのである。つまり、こうした伝統的な意識を否定し、解体することを支持する人びと、社会層が存在していたのである。検閲を掌握する内務省警保局にとって、こうした映画の傾向は、当然のように取り締まらなければならないものである。ここでの検閲の戦略は、傾向映画やエログロ・ナンセンス映画が内包するアナーキーな情動を、社会的闘争や、規範意識の解体へと結びつけない程度に軽減させるという点にあった。また、執拗な徹底した検閲作業によって、興行という経済性をからめ、全国化した均一な検閲の圧力によって、映画会社に経済的リスクを負わせることであった。映画会社は結果的に、こうしたハイリスクの商品から手を引かざるを得なくなるのである。当局は、検閲による規制によって、映画製作の方向性を転換させる。

## 第二節　国策としての映画制度の確立

第四期から第五期にかけ、検閲制度は改変され、国家的な制度のなかへと映画は組み込まれることになる。既に述べたように、牧野は「検閲」という法的側面から書誌的な研究を概観している。これに対して加藤厚子『総動員体制と映画』（加藤 2003）は、この第四期から第五期への過程について、映画の制度的な局面から総合的に取り扱う研究をおこなっている。これは映画の社会への普及過程において、戦争を遂行するために映画を国家がコントロールし、支配する形態へと変わったことを受けてのものといえる。まず、加藤は第四期における統制の構想において、二つの問題を提示している。

一つ目は、検閲史における「規制」から「統制」という変化を、制度的局面から、検閲という消極的統制に、指導・教化という積極的統制が新たに加えられたものとして捉えたことである。制度改変を担った内務省警保局が、一九四〇年一二月に情報局に編制変えされたおりも、これはそのまま消極的統制である検閲は第四部第一課に、積極的統制は第五部第二課が担当するという区分けがなされている。

二つ目は、映画の国家制度への組み込みにあたって、一九三一年の満州事変と一九三七年の日中戦争が大きな役割を果たしたことである。映画を国家レベルで統制しようとする思想は、戦争と不可分な関係にある。本書第一章で述べたように、一九三一年の満州事変を受けて、対外宣伝の必要が認識され、一九三四年四月に外務省が指導する国際文化振興会が設立されていることも、映像メディアに対する積極的統制のもう一つのあらわれとして捉えられてよい。映像メディアは対外と対内を媒介することで、プロパガンダとしての役割を果たすことになるからである。

ここでは、こうした加藤の問題設定に、すでに牧野が第三期に示した、映画の対抗文化的な性格を付け加える必要がある。映像メディアが戦争や国家の仕組みと結びつく過程で、その対抗文化的な性格が、陰に陽にはたらくことになるからである。映画というメディアを研究するむずかしさも、そこにあるといえるからだ。

つぎに、加藤は第五期を映画の統制政策の過程として捉え、その過程をさらに、一九三九年一〇月の映画法の施行、一九四〇年九月よりの映画新体制、一九四一年九月よりの映画臨戦体制の三段階に分けている。

ここでまず、映画法の内容をみておくと、

一　映画事業の許可制
二　映画製作従事者の登録制度
三　検閲の規定
四　外国映画上映本数の制限
五　主務大臣の命令権付与
六　優良映画の選奨制度
七　文化映画の強制上映制度
八　興業時間や上映方法を制限する規定

である。加藤は映画法の法案において、消極的な統制であったものから積極的な統制へと転換する政策意図を体現した、内務省警保局警務課事務官・舘林美喜男に焦点を合わせ、作成のためのさまざまな資料の検討に加えるだけでなく、舘林の「日記」を分析し、映画統制の理念をあきらかにしようとしている。これまでの制度研究の限界をこえて、官僚制度のなかで、政策を遂行する実務を担当した人間がいかにふるまったのか、問題を深化させ、分析しているのである。そこで、加藤は舘林が映画法を成立させるためのさまざまな省庁間の折衝のなかで、映画法の第一条「本法ハ国民文化ノ進展ニ資スル為映画ノ質的向上ヲ促シ映画事業ノ健全ナル発達ヲ図ルコトヲ目的トス」を新たに付け加えた事実をつきとめている。

そして、この第一条こそが、個々の映画作品の検閲から、映画事業そのものを統制することで映画の内容をコントロールしようとする積極的統制へと転換させる法的根拠となり、映画を国家制度に組み込ませることになったことを明らかにしている。映画法を受け、製作制限がされ、興業時間の制約、文化映画などの併映と合わせ、興業形態は事実上劇映画一本立となった。しかし、加藤が指摘するように、想定された製作制限→濫作防止→質的向上という図式は、映画会社にとっては、「製作制限」による市場競争の沈静化と業界の安定を求めるものであった。それに対して、内務省にとって、「質的向上」の意味するものは、作品内容を戦争を遂行するための教化、あるいは煽動を求めるものであった。その間には溝があり、結果的にその溝が埋まることはなかったとする。情報局は一九四一年九月より映画臨戦体制として映画会社に対する指導を強化するために、映画会社を松竹、東宝、大映の三社に統合し、配給を社団法人映画配給会社に一元化することを画策した。そして、その計画は国家総動員法改正を「計画の契機」とし、フィルム不足を「実施の契機」として、実行に移されることになる。

ところが、一九四三年以降になると、制度的な統制が整備されるとともに、作品内容、特に企画に対して官庁側から積極的に関与、統制しようとすることになった。ここで加藤は二つの問題点を指摘している。一つ目は、映画臨戦体制となり、興業システムが一元化されたことによる問題である。興業は、全国的な映画配給社によって管理されることになった。しかしながら、興業はそれまでの長い間の慣行があり、それぞれの場所によって非常に複雑な社会的、興行的な慣習があり、全国単位で包括的な興業統制はおこなうことができなかった。新しい配給システムは、すでにある興業体制と摩擦を引きおこさざるを得なかったことである。また、映画観客にとって、配給システムの変更は、それまで特定の映画館に行くことや、その映画館が属する映画会社のプログラム・ピクチャーのもつ作風を見に行くということで成り立っていた、習慣性を崩すことになった。そのために、作品価値が直接的に興業成績に反映する形にならざるを得なくなった。つまり、一九四三年までは、「国策映画」はプログラム・ピクチャーというひとつの枠のなかで、観客に対してある一定の影響、効果を果たしていた。それにもかかわらず、映画の既存の興業制度を解体させてしまったため、番組編成そのものの有効性が発揮できなくなってしまったのである。「国策映画」は、単体の作品として強制的な動員や巡回上映によって観客層を広げるしかなくなってしまった。

二つ目は、実際の興行成績によって観客の動向を見たとき、あきらかに指導された国策映画の成績は高くなく、娯楽映画としてみとめられる作品の多くが興行成績の上位を占めたことである。つまり、官僚は映画による教化、指導という方針を示し、すでにある映画の産業制度を統制することでこれをコントロールしようとしてさまざまな改変策を施した。しかし、「送り手」である映画製作会社の体質を変えられなかっただけでなく、それまでの興業制度を解体させ、映画館から人びとを遊離させる結果になってしまった。さらに、企画、指導した作品によって、観客の嗜好に合うものを、つくることもできなかった。あるいは、「受け手」である観客の嗜好を、変えることもできなかったのである。加藤が指摘するように、基本的に、官庁側の要望と映画会社の製作傾向、観客の観覧嗜好は、かみ合わなかったとしなければならない。

## 第三節　普及過程における「受け手」の実態

古川隆久『戦時下の日本映画――人々は国策映画を観たか』（古川隆 2003）は、加藤が「送り手」の映画機構の問題として議論したことを、日本映画を見ていた「受け手」の側から、具体的は興業（市場）の側から日本と中国との本格的な戦争が始まる一九三七年七月から敗戦までの一九四五年八月まで捉えたものである。通常、この八年間について、映画史では戦時体制下、戦意高揚映画や国策宣伝映画が製作、上映され、人びとは戦争遂行に協力するように訓知されていたとされる。古川はこうした「通説」に対して、疑問を投げかけている。なお、古川は、当時において「国策映画」という名称はきわめて曖昧なまま用いられていたとし、ひとつの規定をしている。それは、「なんらかの形で国家の戦争遂行という政策に協力を意図して製作された映画」であり、かつ、「一九三七年四月の映画検閲規則改正によって検閲手数料を免除されたもの」、あるいは「いずれかの官庁が指導、後援して製作されたもの、あるいはいずれかの官庁が優良であると推奨したもの」、という三つの要件のどれかに該当している映画としている。

ところで、戦意高揚映画や国策宣伝映画によって人びとが戦争協力へと訓知されたという映画史の「通説」に対する古川の批判とは、どういうものであろう。古川は特に、この点について触れていないが、こうした観点からの重要な著作として櫻本富雄『大東亜戦争と日本映画』（櫻本 1993）、ピーター・B・ハーイ『帝国の銀幕――

十五年戦争と日本映画』(High 1995) をあげている。特にハーイの『帝国の銀幕』は、古川と同じように日中戦争以降から敗戦までの八年間の代表的作品について、いかにこの時期の映画が人びとを戦争へと駆り立てる役割を果したかを、徹底した外からの眼による作品分析によって、明らかにしている。その意味では、古川の著作は、直接的には櫻本やハーイなどの説を批判したものと考えてよい。もちろん、古川はハーイの作品分析に対して、直接的な批判はしていない。しかしながら、古川は映画のもつ興行的な側面に着目して、観客の嗜好を読みとることによって、こうした作品分析における作品選択と内容の分析の恣意性を暴き出そうと暗にしている。

しかし、古川の批判をそうした範囲に限ってしまうと、この本の意味を非常に小さく見積もってしまうことになる。そこで、ここでは、もう少し、古川の立場を拡大させ、その問題提起の射程距離を、三つの観点から考えてみたい。

まず、一つは、古川が映画における観客の嗜好を、興行形態を通して量的に把握しようとしていることである。ここで、古川がもちいているのは、『検閲年報』と『映画年鑑』に示された観客数、映画館数、封切り映画本数であり、さらに、『キネマ旬報』の「映画館景況調査」に掲載された一週間合計の興行収入額といったものである。こうした映画の統計資料によって、観客の動向を明確化しようとしているわけである。なお、古川は興行の中での「国策映画」が占める割合を簡単にみることができるように、一九三七年から一九四四年まで、毎年のヒット映画と優秀映画の一覧をあげている。その各年の一覧を見るだけでも、「国策映画」の占める割合は小さく、戦時下においても、観客はあいかわらず娯楽としての映画を楽しみにし、見に行っていたことがうかがえる。つまり、戦時下においても、大多数の観客は映画を娯楽として享受していた。この事実の延長線上には、映画を通した国策的な訓知に、人びとが「受け手」として抵抗するものがあった。

しかしまた一方で、政府がなんらかの戦意高揚映画や国策宣伝映画の必要を感じていたのは、すでに社会そのものに戦争遂行という政策に対して抵抗するものがあったからだとも考えられる。もしそうであるならば、「国策映画」は全体のなかでの割合は小さくても、大きな役割を果たしていたと考えることもできるかもしれない。「娯楽」として映画をみた場合、「受け手」が国策映画をどう受け入れていたかについての解釈にははばがあるとしなければならない。

つぎに二つめに、「国策映画」は観客の対象を見誤っていたのではないかという問題である。まず、映画会社は「国策映画」を製作するにあたって、観客はどういった層を考えていたのだろう。明確な指針があったようにみえないが、とりあえず戦意高揚という目的を考えれば、青壮年を中心とした男性層と想定できるのかもしれない。さらに、古川が指摘するように、当時の映画を指導しようとした言説の教養主義的傾向からみて、考えられていた大衆はある程度の知性が要求されていたように推測される。ところで、映画会社は製作と興行を一貫させ、ある傾向性をもったプログラム・ピクチャーを作りつづけることで、ある一定の観客層を開発してきた。そうした流れのなかで、「国策映画」はいかなる観客層にアピールしようとしたのだろう。古川は、たんてきに「国策映画」は不人気であったと指摘している。もしそうであるならば、なぜ不人気だったのだろう。

こうした問題を考えるうえで、映画の観客数の統計はある示唆を与えるかもしれない。一九三一年の映画館数は一四四九館、入場者数は一億六四七一万人であったが、戦前のピークである一九四二年の映画館数は二四一〇館、入場者数は五億一〇〇九万人であった。ほぼ十年間で三倍という急激な増加傾向を示している。映画というひとつのメディアが社会に普及する、初期的な段階にあることはこうした統計的な数字からもわかる。ここで、古川は統計の「小人」（一四歳未満）に着目して、子供の入場数の割合をはじきだしている。この割合は、一九三六年では観客数の約二五％弱、三七年では約二〇％、三八年では約一六％、三九年では約一六％、四〇年では約一四％であった。ちなみに映画移入期の一九一〇年の推定では七〇％であったことが指摘されている。子どもが映画を社会へ普及させるのに大きな役割を果たしていた。そうした観点から考えると、日中戦争以後、子ども時代に映画を見ていた人びとが映画の社会的普及とともに成長し、映画を見に行くことが習慣化したことが推定される。映画を見に行くことが単独行動ではなく、なんらかの連れをともなう行動であることを考えれば（原田 2012）、こうした人びとが映画の普及過程で大きな役割を果たしていた可能性は否定できない。

ところで、こうした映画の観客統計に男女別というものがない。そのため、男女の比率が分からないのが残念だとしかいいようがない。しかしながら、古川は各年のヒット映画のなかで女性映画が一定の割合で占めていることや、『愛染かつら』、『支那の夜』といった作品のヒットが引きおこすさまざまな影響が、社会現象にまで拡大していることを指摘し、暗に女性客が観客動向のなかで大きな役割を果たしていることを示唆している。

映画を受容する観客層の中心が若年層であり、普及過程において若い女性と子どもがオピニオン・リーダーとして大きな役割を果たすことを考慮に入れれば（原田 2012）、戦時下における日本の映画観客動員の中心がどこにあったかを推測するに難くない。ここで考えられるのは、「国策映画」が戦争遂行をするために、影響、効果を与えようと想定したターゲットが男性青壮年層であるなら、実際の映画観客動員の中心である子どもや女性層とでは明らかにずれがあった。結局、「国策映画」は、このずれを克服し、新しい観客層を映画館に巻き込み、呼び込むことができなかったのではないかということである。

三つめは、制度としてのプログラム・ピクチャーを、どう捉えるかである。プログラム・ピクチャーの映画を、一作品としてではなく、ひとつながりの作品の山並みとして見た場合、そこに、興行的に高い低いがあり、芸術性や娯楽性に富んだ山や、時には国策的要素を多く含んだ山が散在していることになる。「受け手」はこうした制度的枠組みに対して、二つの行動的な特徴をもつ。既に述べている通り、一つは、連れ行動である。映画を見に行くのが、単独行動ではなく、基本的には連れともなう集団的な行動であることは、映画の影響、効果が常に人と人との関係のなかで、生起することを意味する。その意味でも当時、子どもや女性がおかれていた社会的文脈がどうであったかが、映画の受容において大きく作用することは分かる。二つは習慣性である。古川は三六年の統計を基に、映画館の所在地、産業別人口の統計を統合し、二〇歳以下の割合が約六割であることと、映画館が集中する東京、大阪などの七つの府県の人口総計が二二〇〇万人程度であることから、映画を月に数回見るのは、一〇〇〇万人弱、年に数回見るのが二〇〇〇万―三〇〇〇万人程度であることを推定している。

プログラム・ピクチャーは一定の作品傾向をもつものであり、これはそのまま「受け手」の作品選択の傾向をも代表する。例えば、女性映画を好むものは、再び女性映画を見ようとするだろうし、チャンバラ映画を好むものは、同じようにチャンバラ映画を見るものである。プログラム・ピクチャーも、同様に一定の会社の作風をもつことで、作品選択の嗜好を涵養し、観客に映画館へ足を運ぶことを習慣化しようとするものである。その意味では、映画の影響、その効果がもっとも顕れるのは、こうした映画に行くことが習慣化した人びとであろうことは推測できる。ここで問題にされなければならないのは、こうした一定の傾向性をもった映画の体験における蓄積効果である。つまり、一本の作品の内容というより、複数の映画群のもつ傾向によって蓄積する内容なのである。

こうした点を踏まえ、古川の著書に対して批判をすれば、この時期、映画を社会に浸透させる役割を担った、連れ行動をし、何度も映画に行く、観客の核となる「受け手」の役割について、十分に検討されていないことになる。また、こうした能動的な「受け手」の人びとが映画に求めた娯楽というものの内実について、その内容の分析がおこなわれていない。

ここでも加藤と同様、映画における「娯楽」性が示す、「受け手」の欲求の方向性が問題にされていない憾みが残る。映画というメディアを問題にしようとした時、制度や興行（市場）からだけでは分からないからだ。この時期、映画が表現史のなかで、ひとつのピークを形成している事実は、見逃してはならない。「送り手」は戦争という現実に対し、国策映画、あるいは娯楽映画という姿をとりながら、映像表現を紡ぎあげようとした。そうした行為に対して、「受け手」である観客はなんらかの形で応答していたのである。「国策」映画というひとつの枠組みに対して、映画は対抗文化的な反作用を含みながら、戦争への抵抗、逃避、協力という、相矛盾した相互作用を「送り手」と「受け手」との間に引き起こす。この問題は、「送り手」と「受け手」とがメディアを通して、それぞれの欲求をなんらかのかたちで媒介し、同工異曲に、互いが変奏し合っていた点にある。これは戦時下の問題ではあるが、同時に、映像メディアそのものの本質に関わる問題でもある。

# 第八章　語られなかったもの

## ──映画雑誌などの娯楽雑誌にみる占領期の検閲の諸相──

### 第一節　雑誌検閲の実際

第八章から第一一章ではプランゲ文庫の資料をもとに、まだ、普及し拡大していく過程にあった映画メディアの占領期における日本社会のなかでのあり方を素描する。

まず、この章では、雑誌メディア、特に映画を中心とした雑誌の検閲の特徴について述べたい。日本の敗戦にともなって連合国軍がその統治を始めたが、当初、日本のメディアはその統治にとって不都合なニュースを流すことを止めなかった。ＧＨＱはこれに対して、一九四五年九月一九日に新聞社、通信社、出版社などの活字メディアが守るべき報道の基準を示したプレスコード、さらに九月二二日にはラジオコード、また映画・演劇についてはピクトリアルコードを出し、ＣＣＤ（民間検閲支隊）によって直接、メディアの検閲をおこなうことになった。この検閲は、東京、大阪など中心の都市にある新聞社、通信社、出版社、放送局、映画会社などだけを対象としたものではなく、全国にあるすべてのメディアにわたっておこなわれるものであった。ここで扱う雑誌メディアにおいても、活版印刷による大規模なものだけでなく、ガリ版刷の地方の小さな雑誌まで、公に刊行されるものは、検閲のために提出が義務づけられた。

ここでは、こうした検閲の過程を明らかにするために、まず、地方の一つの小さな雑誌の事例をみてみる。雑誌『黎明』は、佐賀県小城郡小城町にある小城町青年団が編集し、一九四六年一一月三〇日に第一号を発行したガリ版刷三四頁の小雑誌である。発行部数は一七〇部、雑誌刊行後、当該雑誌と刊行申請書の提出が求められ一二月二七日に提出している。（a）の和文の申請書だけでなく、それを英訳した（a'）が一九四七年一月二九日に作成され、（b）の英文の出版許可が一月三一日におり、その和訳をした（b'）が出ている。それにともない、今後、出版にあたっては、事前に検閲のために雑誌を提出することを命じた英文書（c）、和訳文書（c'）と、また、検閲があることを分かるようにしてはならないという説明英文書（d）と、それを翻訳した和文書（d'）が付けられている。佐賀県の小さな村の青年団のガリ版刷の雑誌にこれだけの手間暇がかけられていることになる。

雑誌はもともと資本金や設備が小さくても出版可能な活字メディアであるが、こうしたガリ版刷のものを含め、一九四六年ごろから新たに刊行された雑誌が急増することになる（山本武 1996, 295）。当然のことながら、検閲する側としては、それに対処するためにはかなりの人員を必要とすることになり、大きな負担となる。ある程度、当局にとって従順な内容であることがわかってくると、事前検閲から事後検閲へと移行することになるのは当然といえる。一九四七年九月から映画・演劇などの雑誌は、批判的な記事による違反が少ないことから、事前検閲から事後検閲の対象になっていったことを山本は指摘している（山本武 1996, 303）。

## 第二節　映画雑誌の検閲の対象となった内容

ところで、占領軍による活字メディアの検閲はプレスコードをもとにし、それでは判断しにくい細かなものには指針としてキーログを用いておこなっていた。この処分の対象となった内容は、どういう傾向をもっていたのだろうか。これについて、一九四七年四月から一九四八年七月までのものであるが、ＭＩＳ（軍事諜報部）の資料「カテゴリー別検閲処分件数の推移」（山本武 1996, 648-49）が明らかにしてくれる。図８-１はこのデータをグラフ化したものだが、検閲によって処分された日本のメディアによる情報のうち、「右翼プロパガンダ」「封建思想の賛美」「軍国主義プロパガンダ」「国家主義プロパガンダ」などが約四一・六％を占め、もっとも多い。日本の軍国主義の排除と民主化という大きな目的を占領軍がもっていたことを考えれば、これは当然の結果ともいえる。つぎに、「占領軍の不当な関与」「占領軍批判」「連合国軍への一般的批判」「アメリカ批判」などが一八・九％となる。占領という事態を維持するための措置として、不自然ではない。また、左翼関係では「暴力・不安の助長」がその背景に労働争議など左翼の活動としてあることを考慮にいれ、「左翼プロパガンダ」と一緒にすると一六・〇％となる。こうして検閲全体を大きくみると、この三つの要素で七六・五％となる。

図 8-1　カテゴリー別

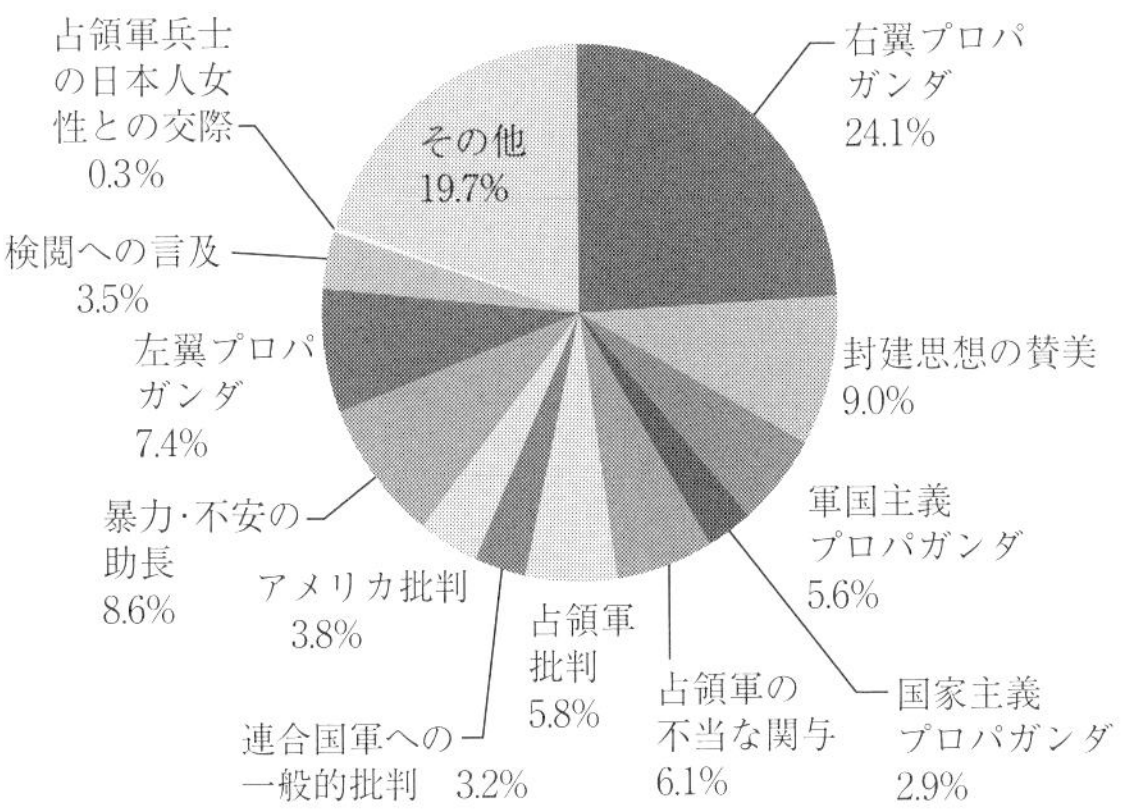


　これを検閲における一般的な傾向としてみたとき、映画を中心とした大衆文化の領域にある雑誌には、いったいどういった傾向がみえるであろうか。ここで、まず、こうした大衆文化を扱う雑誌の特徴を考えておく必要がある。映画、演劇、音楽、写真、ス

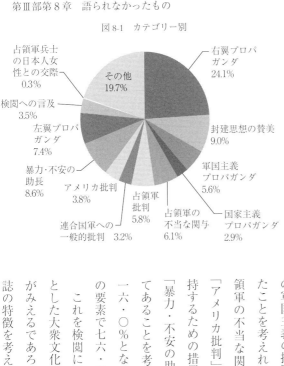

ポーツなど諸ジャンルには、個々それぞれに映画雑誌、演劇雑誌、スポーツ雑誌などその専門誌もあるが、それだけでなく映画、音楽、演劇などさまざまな文化のジャンルが混じった形態の雑誌や、社会や経済を扱うような一般総合誌や、労働組合の機関誌、あるいは既にあげた『黎明』のような小さな同人誌のようなところにも多くの関連した文章が掲載されている。

「20世紀メディア情報データベース」はこうしたさまざまな領域の雑誌・新聞を横断的に検索、調査するにはたいへん有用なものであるが、大衆文化全般の検閲状況を調べようとすると、あまりに膨大になり、調査は困難となる。そこで、ここではプランゲ文庫の雑誌について、国立国会図書館でおこなった分類から、芸術・言語・文学部門の「ZK08　音楽・舞踏・演劇・映画」の一五七種の雑誌タイトルと、各種小雑誌・機関誌・同人誌・個人誌「三〇　芸術・芸能・スポーツ」の一五六種の雑誌タイトルを扱うことにする。なお、この二つの合計四一三タイトルのうち、映画専門の雑誌ならびに映画の文章を含む雑誌は一六九タイトルあった。この一六九タイトルについて、データベースをもとに調べた結果、検閲による書込がなかったものは一二二タイトル、書込みがあったものは四七タイトルであった。さらにその検閲があったもののうち、単に書込みのみのものが八タイトル、実際に検閲による処分がおこなわれたものが三九タイトルであった（雑誌名は章末の表8-1を参照。）。また、この三九タイトルの雑誌の検閲件数のうち、disapprove（不可）は三件、delete（部分削除）は一〇五件、suppress（公開禁止）は二件であり、全部で一一〇件あった。

そこで、この一一〇件につき、カテゴリー化して作成したものが図8-2である（なお、検閲理由について書いてないものについては「カテゴリー別検閲処分件数の推移」に準拠して整理した）。一一〇件と数量が多くないこともあり、これで映画雑誌関係の検閲の状況を一般化するのはやや無理があるが、傾向を知るには十分であろう。

このなかで、「カテゴリー別」では「検閲への言及」は三・五%しかないが、「映画雑誌関係」では検閲に関係するものは全体の六三・三%（七〇件）を占め、他の項目に比して明らかに大きい。

ここで言う「検閲への言及」とは、例えば、映画『エノケンの千万長者』が「検閲提出中」（『興行部週報』三号一九四八年四月）と記したものが部分削除となっているが、こうしたCCDによる指導、検閲活動の存在について述べたものが二六・六%（二九件）ある。

図 8-2　検閲処分件数 映画雑誌

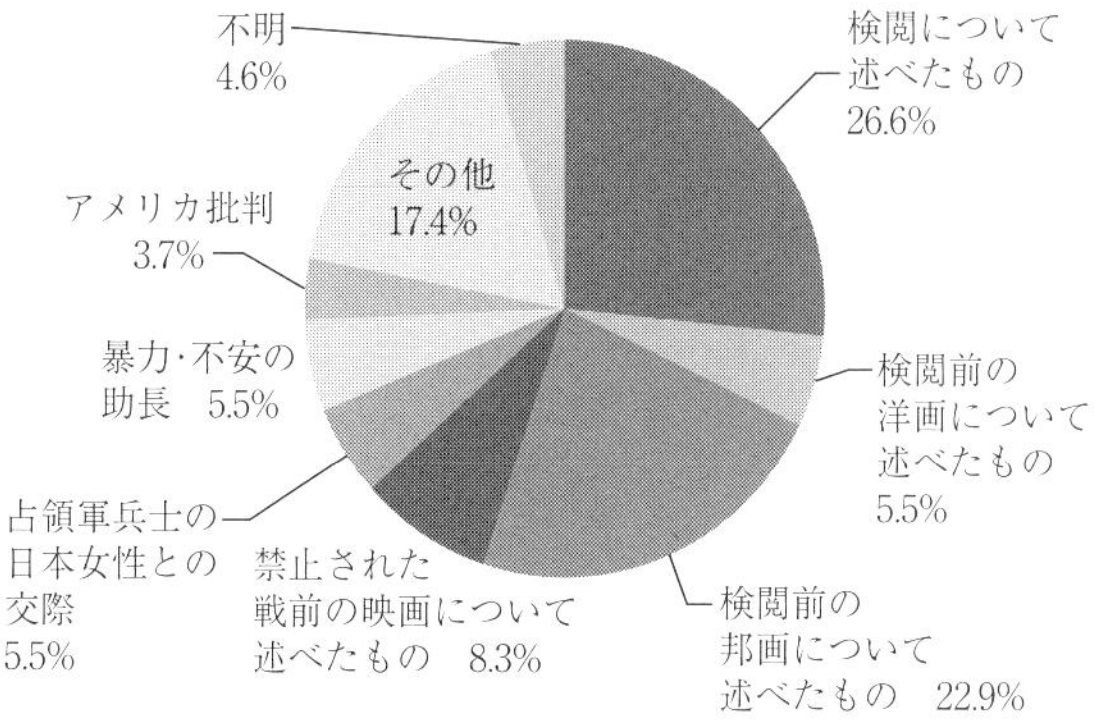


これに加えてさらに、例えば、「占領軍批判」とされている藤本真澄「企画者のシナリオライター」（『シナリオ』一巻一号 一九四六年六月）では、削除部分「われわれの提出した脚本へのコンデ氏の批判が常に細部に至るまで正鵠を得て居るとは正直の処考えないが、彼は決して大綱をはずして居ない」と映画への指導について述べたものである。次に、映画作品がCCDの検閲を通過する前に、その「作品」の紹介、あるいはその「作品名」をあげただけでも「検閲への言及」とされ削除の対象となっている。これは、洋画、邦画、邦画の禁止映画ともに合わせると三六・七%（四〇件）と非常に多い。また、実際に削除されていなくても、文章中に触れられている作品が検閲を通過しているかどうかについても、かなり厳しくチェックされている。

例えば、田村幸彦「肉体と幻想」（『近代映画』二巻七号 一九四六年七月）は単なるアメリカ映画の紹介にすぎない。しかし、作品が検閲を通過していないために見開き二頁のグラビアが suppress（公開禁止）になった例である。本来、民主主義を促進するアメリカ映画を宣伝するためのものであるが、それゆえに検閲から逃れられるわけではない。当時、アメリカ映画を配給するセントラル映画社に勤務していた淀川長治は、「アメリカ映画の新しいファンへ」（『芸林』一巻四号一九四六年七月）で輸入されたアメリカ映画の紹介をしている。これも、同様に検閲を通過していない作品に触れたため、削除されている。なお、占領期に製作されている日本映画については、「スタジオ製作現況」といった、現在製作中の映画の情報などがかなり削除の対象となっている。

また、一九四五年一一月一六日に戦前の日本映画で軍国主義的な映画について上映が禁止されたが、そうした禁止映画は、特に時代劇が多い。東郷忠「スタア豆伝記 長谷川一夫」（『映画ファン』六巻四号一九四六年九月）は時代劇に多く主演していた長谷川一夫の紹介記事にすぎないが、禁止映画の作品名が記されているゆえこれも見開き二頁のグラビアが公開禁止となっている。こうした禁止映画は、「軍国主義プロパガンダ」や「封建思想の賛美」といった項目とも深い関係をもつものである。徳川夢声「スタア交友録2」（『映画物語』一巻二号一九四六年九月）は、大河内傳次郎と映画『忠臣蔵』で共演したときのことを書いたたわいのない内容だが、忠臣蔵という出し物が「封建思想の賛美」にあたるものとして削除されている。

映画製作において、日本の民主化を進めるためにGHQによる指導と検閲がいかにおこなわれていたかについては、平野共余子（平野 1998）、谷川建司（谷川 2002）の研究があるので、それを参照していただきたい。ここで注意したいのは、映画というメディアは製作・配給・興行・観客という四つの局面から成り立ち、この四つをつなぐものとして、紹介、批評などの映画ジャーナリズムがあることだ。占領軍が映画に関する雑誌において、映画製作への指導、検閲と同時に、これを紹介、批評するジャーナリズムも一貫した流れ、システムにあることを認識し、連関した一つのものとして考え、全体として統制しようとしていた。占領軍にとっては、システム全体が有効に機能していることが重要であり、ジャーナリズムの界面にみえる映画に関連する文章だけ検閲して、それが娯楽的な内容であり、批判的記事は少なく従順だと判断していたわけではない。映画というメディアは、出版メディアなどさまざまなメディアとつながることで、相乗的に機能していると適切に理解していたといえる。

つぎに、「検閲への言及」が突出しているために、五・五％（六件）と必ずしも数が多くはないが、「暴力・不安の助長」に注意しておきたい。例えば、岩崎昶「『生物学的』映画論」（『キネマ旬報』一二号 一九四六年五月）は、インフレの昂進と食糧問題にふれ「日本政府はポツダム宣言の履行の線に沿つて軍国主義の排除と民主主義の確立に向かつて進んでゐるといふ。だが、このままにしておいたらどういふことが起るか。この冬の間に国民はどんどん餓死して行く。上野の山で行き倒れるだけが餓死ではない。栄養失調と「緩慢なる餓死」の間である」と、この部分が「暴力・不安の助長」とカテゴライズされ、処分されている。しかし、ここには左翼的ではあるが、厳しく現実をみつめ、批判をしようとするジャーナリストの目がある。

こうした観点からみると、fraternization（占領軍兵士と日本女性との交際）も違った形でみえてくる。「カテゴリー別検閲処分件数の推移」では〇・三％しかないものが、「映画雑誌関係検閲処分件数」では五・五％（六件）あることはやはり注目すべきことである。清水晶は「アメリカ映画に学ぶ」（『キネマ旬報』三号 一九四六年六月）で、「ハーシーのチヨコレートがいかに甘くても、それにつられて進駐軍との交際の度を超すことが日本人として□に戒められなければならない。同時に、『春の序曲』の最大の印象がフィナーレの接吻であるとしても、そ

写真8-3 「解禁された海—KAMAKURA」の見開き頁の左頁の写真が削除の対象となった。

の挙句が、ここにこそ「自由」ありとばかり明日からの親しい「お友達」との交際の仕方が一層「思ひきつた」ものになるようなことでもあつては、アメリカ映画愉しさもまた心すべきものとなる」（傍線の箇所は部分削除）として、アメリカ映画、接吻、日比谷ガール、チョコレート・ガールの問題がつながっていることを示唆した部分が、削除されている。こうした現実を映画の製作で扱うことは禁止されていたが、グラフィズムや写真、イラスト、漫画などのビジュアルな表現においても同じである。今回の調査では、量的な調査をすることはできなかったが、こうした表現は数多く散見する。

ここでは、映画雑誌から離れ、もう少し広くビジュアルな表現領域そのものから、こうした問題についてみておきたい。例えば写真8―3「解禁された海――ＫＡＭＡＫＵＲＡ」（『旬刊ニュース』一巻一二号一九四六年八月）は戦争中、遊泳が禁止されていた鎌倉の海辺で、日本女性と占領軍兵士とが鎌倉の砂浜で交際している様子を写し、「日本女性の背中がいよいよ世界に登場する」と皮肉なキャプションとともに掲載しようとし、削除の処分を受け、ありきたりの海辺の情景の写真に差し替えられたものである。また、写真8―4宮尾しげお「新版　孫悟空（一二）」（『月刊民報』一巻三・四号一九四六年一〇月）では、あからさまに黒人の混血児の出産を描いて削除の処分を受け、四コマ漫画が三コマ漫画となって掲載された。

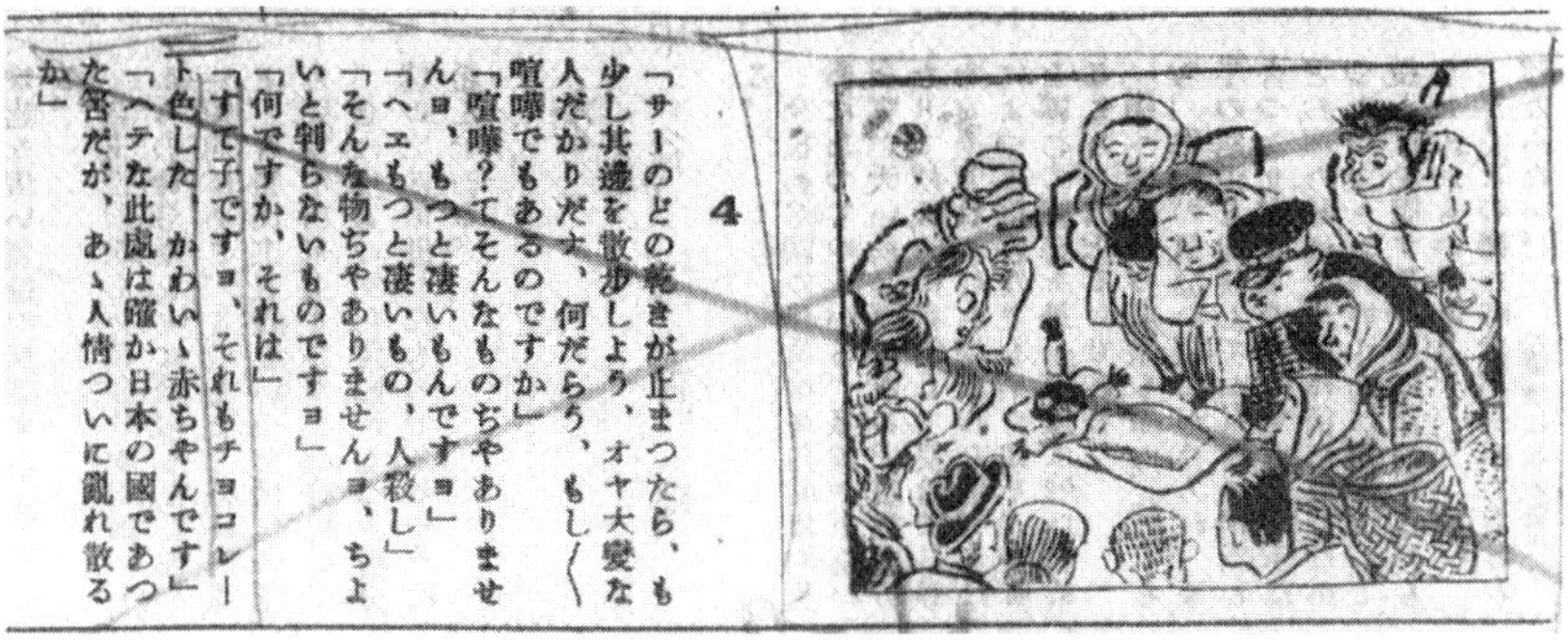


写真8-4　宮尾しげを「新版　孫悟空　第1回」の削除された4コマ目

　こうした検閲状況を考えると、富田英三の「ヘロー！Moo Soo mee San」（『新生活』一巻二号一九四六年二月）は独特なユーモアと軽快なタッチで占領軍兵士と日本女性との交遊を描くことで、かろうじて検閲処分ぎりぎりのところで成り立っていた作品であったことが分かる（富田［1946］2008, 312〜317）。こうした表現は一見すると、単なる風俗ネタ、エロ、ポルノに見られがちであるが、必ずしもそうではない。ヘ・ベエレキー「Tam・Tam」（『新生活』一巻四号一九四六年五月）は「『星条旗』紙の報ずるところによると、この八・九月頃には、東京、横浜地区に於いて、約一萬五、六千名の混血児が生れる予定ださうである。これを日本全国に拡大したとしたら、どんな数字が現れるであらうか。いやはや、全くわしやハヅカシイよ。（略）『ライフ』誌によると、世界中でもつとも御しやすい女性は、日本の女だといふことである。恐るべきは文化、教養に欠けた女性群である」と、アメリカの新聞・雑誌を引用する形で、占領の現実を揶揄し、批判している。もっとも、ここには敗戦後、GHQの方針のもと婦人解放が叫ばれ、さまざまな領域で女性が社会で活躍していることへの日本人男性の側の秘かな敵意が含まれており、占領軍（男性）為政者への微温的な親愛性が醸し出されてもいる。どちらにしても、こうしたストリート・ジャーナリズムにあらわれる娯楽性の内容は複層的な社会的な意味を構成して

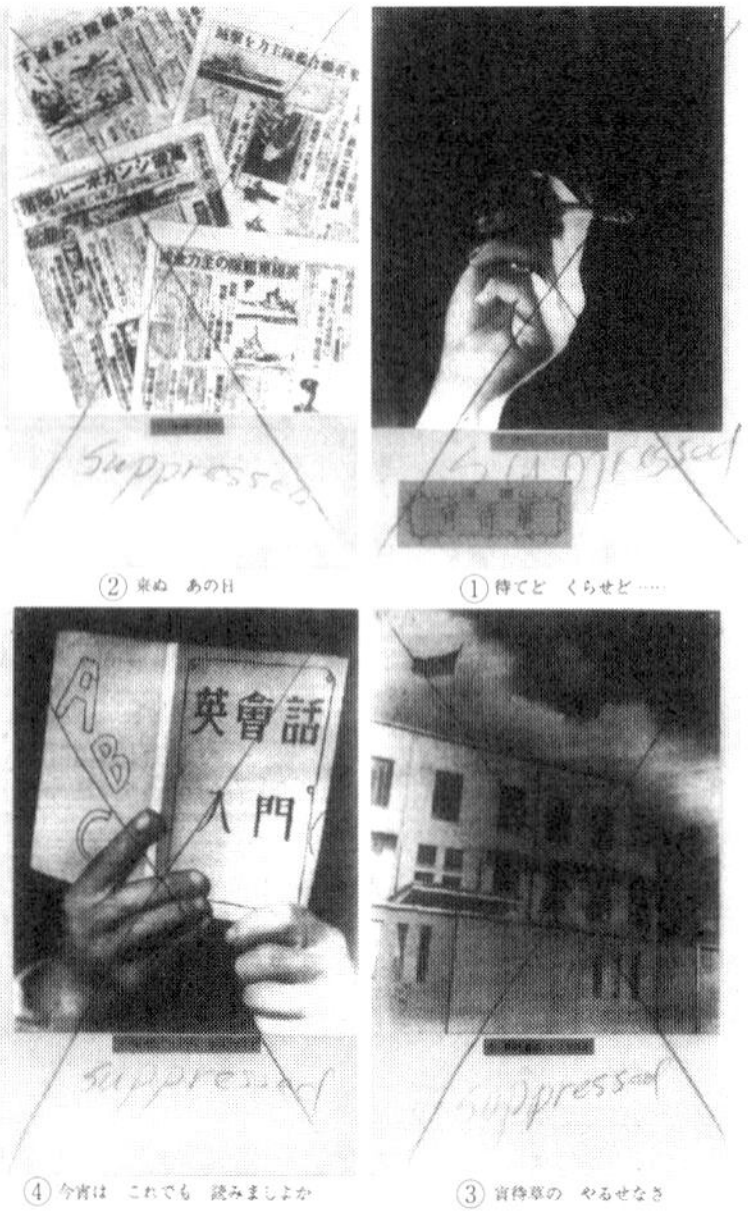

写真8-5　削除されたグラビア「新版　宵待草」

おり、一義的ではない。

もちろん、こういった表現は、単なる楽しみや時間つぶしの一瞬の笑いにすぎないものかもしれない。しかし、一方で、性風俗をたてに面白おかしく政治と社会を嘲笑することで、現実を暴露し、為政者の弱点をつくこともある。混血という異文化接触の最も具体的で為政者にとっては統制しにくい明らかな社会的問題をつくことで、占領そのものを暗に批判するという考えである。こうした発想でのゲリラ的な批判は、例えば写真8-5グラビア「新版 宵待草」（『VAN』一巻二号 一九四六年七月）では、「①待てど　くらせど……　②来ぬ　あの日　③宵待草の　やるせなさ　④今宵は　これでも　読みましよか」という庶民による落書き、流言、うわさ話といったスタイルによる、写真と四コマ漫画のセンスによる占領軍批判と通底する。こうした泡沫的な社会諷刺、表現といったものは所詮たいしたことではないということも可能であろう。政治社会問題を扱う知識人や、それを支える労働組合などの確固たる社会組織を背景にもった言説より、こうしたエロやグロ、ナンセンス的な表現は一時的なものに過ぎず、またそれを扱うジャーナリズムの基盤もきわめて弱い。

しかしながら、いわゆるカストリ雑誌と言われた、占領期に澎湃としてわき起こった数多くの雑誌が生み出した人びとのジャーナリズム性とは、こうした娯楽という衣装をまとった形になりにくい、草の根の人びとの小さなメディアだったことも忘れてはならない。声にならない庶民の声とは、こうした諧謔的な笑いをともなってしばしば現れるものでもある。メディアを使って情報やメッセージを発信しようとする側と、これをコントロールし、ある方向性をもって導こうとする権力の側との接触、葛藤の様相は指導、検閲という過程において、様々なことを明らかにする。

| | |
|---|---|
| Kooei | K1693 |
| マキノ | M59 |
| Meiho bunka | M185 |
| モダン映画 | M514 |
| モーション・ピクチュア・ライブラリー | M578 |
| ムービィ | M585 |
| ムービィテキスト | M586 |
| ななかい | N118 |
| 日米キネマ | N218 |
| Nichigeki | N226 |
| 日本映画 | N272 |
| 日本映画技術協会々報 | N273 |
| 日本映画スタア | N274 |
| 日活週報 | N474 |
| 西日本小型映画協会機関誌 | N523 |
| ニュースタア | N812 |
| オアシス | O3 |
| 音楽 | O89 |
| オールダンス | O130 |
| オール映画 | O131 |
| 良友 | R567 |
| 珊瑚 | S157 |
| Screen N・C・C. | S337 |
| セントラルニュース | S941 |
| シブヤ東宝ニュース | S1085 |
| シナリオ新人 | S1290 |
| 新映 | S1326 |
| シネマニュース | S1332 |
| 新演伎座 | S1336 |

| | |
|---|---|
| シネ・ロマンス | S1337 |
| 新人シナリオ作家協会会報 | S1391 |
| 新世界 | S1662 |
| 新東宝 | S1745 |
| 白ばら | S1861 |
| 松竹 | S1978 |
| 松竹グラフ | S1979 |
| 松竹ニュース | S1981 |
| 松竹ウィークリー | S1982 |
| 週刊映画 | S2323 |
| Smile | S2404 |
| スバル | S2556 |
| スクリーン | S2672 |
| スクリーン | S2673 |
| スクリーンひろしま | S2674 |
| スクリーンヂャーナル | S2675 |
| スクリーン・ステージ | S2677 |
| S.Y.week1y | S2770 |
| たちばな | T11 |
| 東宝映画シナリオシリーズ | T466 |
| 東宝ファン | T467 |
| 東宝セールス月報 | T502 |
| 東宝 studio | T503 |
| 東宝ウィークリー | T504 |
| 富山映画同好会会報 | T757 |
| 通信映画学校友の会会報 | T909 |
| Umeda | U39 |
| 全日本映写技術者連合会会報 | Z65 |
| 森都映画 | Za47 |

表8-1　調査した雑誌タイトル
【検閲の書込みのなかった雑誌】122タイトル

| | | | |
|---|---|---|---|
| アメリカ映画 | A222 | 映画世界 | E53 |
| アメリカ映画物語 | A223 | 映画集団 | E55 |
| AMPC | A238 | 映画速報 | E57 |
| アンサンブル | A246 | 映画スナップ | E58 |
| 青空 | A318 | 映画スタア | E59 |
| 別冊キネマ画報 | B58.1 | 映画タイムス | E60 |
| Cheerio | C18 | えんげい | E114 |
| Capitol | C2.1 | エスエス | E159 |
| 調査室 | C170 | 学生映画 | G64 |
| 大映映画 | D14 | 芸苑グラフ | G140 |
| 大映ファン | D15 | 芸能春秋 | G150 |
| 第二紀 | D50 | 幻影 | G260 |
| 同好会会誌 | D252 | 配給ガイド | H72 |
| 映画美術 | E22 | 配給会計旬報 | H73 |
| 映画文化 | E23 | 俳優雑誌 | H81 |
| 映画文庫 | E24 | ハリウッド | H250 |
| 映画ダイジェスト | E25 | 日比谷映画劇場ニュース | H353 |
| 映画技術 | E29 | 北海文叢 | H589 |
| 映画娯楽 | E30 | ほくえい | H642 |
| 映画グラフ | E31 | 北映 | H643 |
| 映画時代 | E33 | 自由劇場 | J232 |
| 映画歌劇 | E35 | 16ミリ映画 | J400 |
| 映画界 | E36 | 軽音楽と映画 | K725 |
| 映画会計月報 | E36.1 | キネマ画報 | K1090 |
| 映画感覚 | E37 | Kirishima | K1161 |
| 映画鑑賞 | E38 | 小型映画 | K1400 |
| 映画鑑賞 | E39 | 小型シネ | K1402 |
| 映画ノート | E46 | 興行部月報 | K1429 |
| 映画ニュース | E48 | 興行月報 | K1430 |
| 映画ロマンス | E49 | 興行研究 | K1442 |
| 映画作家 | E50 | 高陵映画 | K1723 |
| 映画サークル | E51 | Kudamatsu A.M.C.A news | K1912.1 |

【検閲の書込みのあるうちチェックのみの雑誌】8タイトル

| | | | |
|---|---|---|---|
| アメリカ映画 wekly | A223.1 | 花形世界 | H183 |
| 大映ヂャーナル e | D16 | Human | H835 |
| 映画読物 | E63 | スタア | S2732 |
| フォトプレイ | F16 | 東宝配給旬報 | T470 |

【検閲処分がある雑誌】39タイトル

| | | | |
|---|---|---|---|
| 映画 | E20 | ゴールデンスター | G390 |
| 映画 and 映画 | E21 | 歌劇と映画 | K121 |
| 映画演劇興行新報 | E26 | 近代映画 | K1079 |
| 映画ファン | E27 | キネマグラフ | K1091 |
| 映画芸術 | E28 | キネマ旬報 | K1093 |
| 映画評論 | E32 | 興行部旬報 | K1426 |
| 映画季刊 | E41 | 興行部週報 | K1427 |
| 映画クラブ | E42 | 興行ヘラルド | K1434 |
| 映画教育資料 | E43 | 日映 | N224 |
| 映画教室 | E44 | シナリオ | S1288 |
| 映画物語 | E45 | シナリオ文芸 | S1289 |
| 映画の友 | E47 | 新映画 | S1329 |
| 映画製作 | E52 | シネマグラフィック | S1330 |
| 映画春秋 | E56 | シネマ時代 | S1331 |
| 映画展望 | E61 | 新世紀 | S1636 |
| 映画と文学 | E62 | 新東宝 | S1744 |
| 演芸クラブ | E121 | スクリーンヂャーナル | S2676 |
| 芸能往来 | G148 | 東宝 | T464 |
| 芸能タイムス | G151 | 東宝配給月報 | T469 |
| 芸林 | G152 | | |

# 第九章　語られた復興の諸相
## ――地方と中央の映画館事情――

### 第一節　映画館数と映画観客数

本書では、時事通信社から毎年発行されている『映画年鑑』に掲載のデータをもとに、一九三六年から一九五四年までのほぼ二〇年間、戦時期から占領期にかけての映画状況をみてみたい。最初にみておきたいデータは、映画館数である。一九三六年一六二七館以降漸増し、一九四一年二四七二館をピークに戦争の影響を受け減少しはじめ、一九四五年八四五館と戦災により壊滅的なまでに減少し、その後、復興、増加することになる（図9-1）。一方、常設館の観客入場者数は、一九三六年の二億二六五万人の後、一九四二年の五億一〇〇九万人をピークに漸次減少する。しかし、戦争が終わった一九四六年では七億三二七四万人と一挙に倍増している（図9-2）。一九四五年の観客数は不明だが、翌一九四六年では映画館数は一三七六館で戦前のピーク時である一九四一年の半分強の数であり、観客数では一・五倍に近かい。敗戦後、人びとがいかに映画館に殺到し、映画館が混んでいたかが分かる。

時実五郎は一九四五年秋以降の映画興行の様子について、次のように述べている。「終戦の秋、映画館から警官の姿が消えた。嘗て、巡査諸公は興行取締規則（内務省発令）といふ権力を以て映画館に臨場し、観客よりも

図 9-1　映画館数

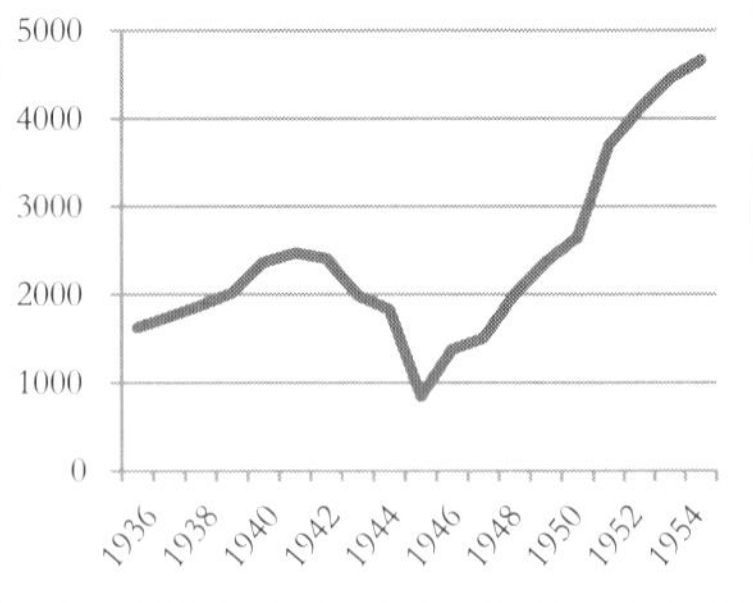


図 9-2　常設館入場者数

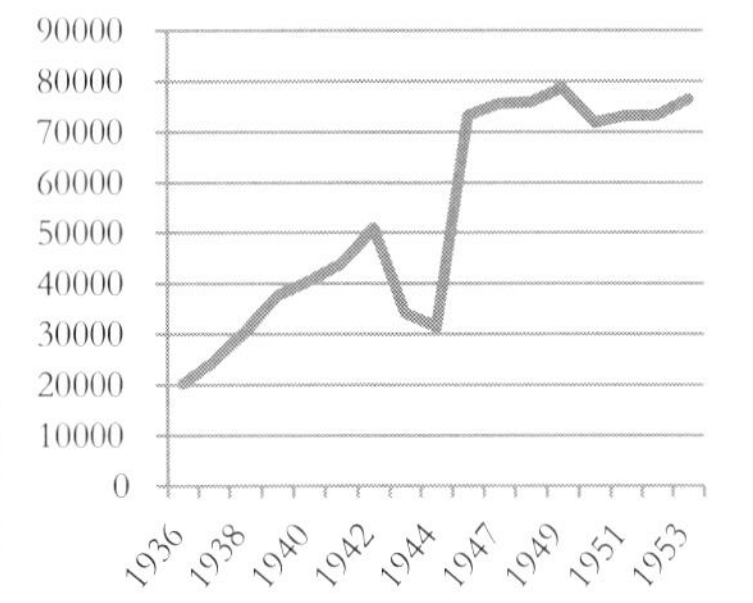


一段高い特別席に座して館内の風紀、衛生を取締ってゐたのであつた。映画法の撤廃と共にあらゆる映画に関する施行規則は撤廃されて警官の特別臨官席は取除かれたのである。かくて定員外入場の制限は解かれ、館の衛生は興行者の自主に委ねられ、巡査諸公は映画館に用向きのあるときだけくればよろしい、と時代の風は過去の特権者に極めてつめたい。さて、興行の自由を業者自身手にしてみるとこやの表には、娯楽に飢えた大衆は長蛇の陣である。興行の自由には定員外入場制限の枠がない。一人でも余計いれれば収入が増える、つめろ！つめろ！といふわけでつめこんだら、ある映画館で五百脚の椅子がこわれて満足なのが三脚残つた。一例かくの如く、何処の映画館も満員である。『あんまり混んでゐるのでスクリンが三角にしかみえない！』——人の首と首の間から銀幕を見てすら映画をたのしむ観客の独語である。興行の自由は銀幕を三角にした。今は敢て多くは云はぬが、これが映画法撤廃の後に生れた興行の自由であつてはならぬ。映画法は時代の転換と共に当然葬り去る可き運命にあつたが、未だ業者の自主は美しき秩序を意図する法の反面に及びもつかぬ。果して興行者に映画法の厳粛な面を回想するものありやなしや？」（時実 1946, 38）と、映画館の混雑ぶりを伝えるだけでなく、映画法が思ってもみない形で映画館の秩序を維持することに役立っていたことを指摘しており興味深い。

## 第二節　県別の映画館数と映画館客数

次に都道府県別で映画館の増減について、どういった傾向やパターンがあるかをみてみよう。ここでは、『映画年鑑一九五一年版』の「全国映画館年度別増減表」から戦前の一九四〇年、敗戦直後の一九四五年、戦後の一九五〇年の映画館数をもとにグラフを作成し、タイプ別にグループ化し抽出した。

タイプA（図9-3）は二五県で最も多く、一九四〇年の映画館数が、戦災などによって一九四五年には一時的に減少したが、復興して一九五〇年には戦争前より増大したものである。代表的な例として兵庫県（一九四〇年九二館、一九四五年五七館、一九五〇年一三五館）を図示している。他に愛知県、秋田県、岡山県、香川県、鹿児島県、岐阜県、群馬県、熊本県、高知県、佐賀県、千葉県、鳥取県、富山県、長崎県、奈良県、広島県、福井県、福岡県、福島県、三重県、宮城県、山口県、山梨県、和歌山県がある。

タイプB（図9-4）は一〇県で、一九四〇年の映画館数が、戦災などによって一九四五年には一時的に減少し、復興したものの一九五〇年において戦争前よりは減っているものである。代表的な例として東京都（一九四〇年三〇三館、一九四五年一〇二館、一九五〇年二〇七館）を図示している。他に大阪府、京都府、神奈川県、埼玉県、滋賀県、静岡県、徳島県、長野県、新潟県がある。

タイプC（図9-5）は一〇県で、戦争中にほとんど戦災を受けず、一九四〇年と一九四五年の映画館数に変わりがなく、戦後、急激に増大しているものである。代表的な例として茨城県（一九四一年二五館、一九四五年二五館、一九五〇年五六館）を図示している。他に青森県、石川県、愛媛県、岩手県、大分県、島根県、栃木県、

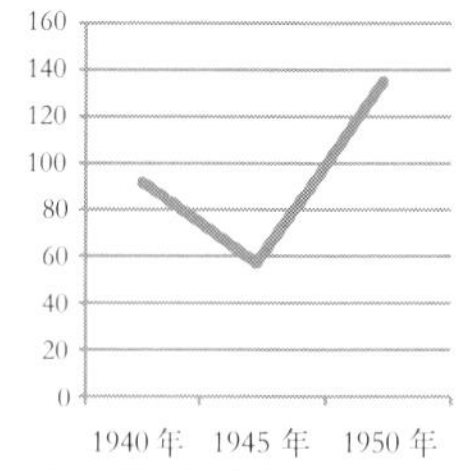

図 9-3　タイプA（兵庫）

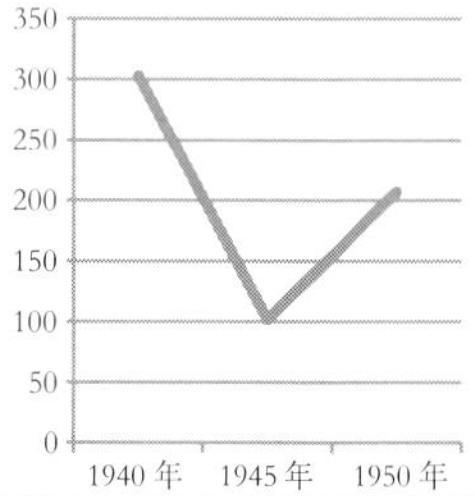

図 9-4　タイプB（東京）

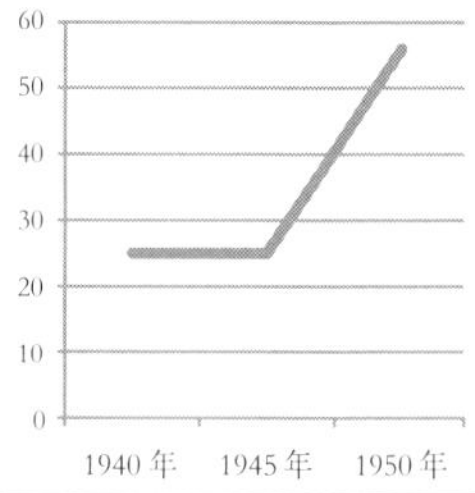

図 9-5　タイプC（茨城）

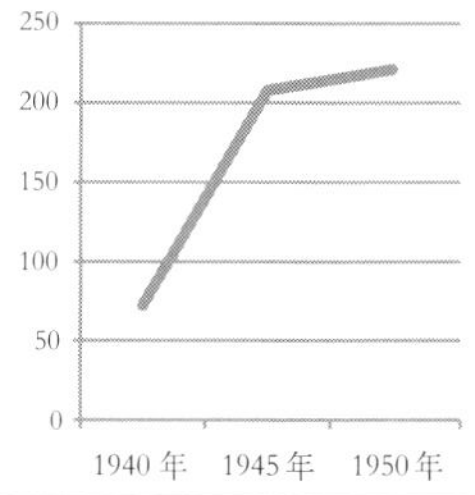

図 9-6　タイプD（北海道）

宮崎県、山形県がある。

タイプD（図9―6）は北海道のみで、戦争中、一九四〇年七二館から一九四五年二〇八館へと映画館数が急激に増大し、一九五〇年には二二一館とゆるやかに増えているものである。

図9―1で見たとおり、映画館数は、戦争による一時的な減少はあるものの、戦後は全体としては増えている。そうした状況のなかでみてみると、タイプBのみが戦前と比較して減少している。しかも、タイプBには東京都と大阪府という、戦前、最も映画館が多かった二つの県が含まれている。映画館数は、明らかに東京、大阪という中心都市では戦前ほどに復興しなかったが、それ以外の県、なかんずく地方において著しく増大した。一九四〇年と一九五〇年の全国映画館数に対する県別の映画館数の割合を比較してみると、全体のなかでの東京と大阪の割合が小さくなっていることは明らかである（表9―1）。

『映画芸能年鑑 一九四七年版』によれば、敗戦後、それまで普及していなかった農・山・漁村における映画の需要が急激に高まっているとし、特に、戦前、鬼門とされた東北地方において、各館とも入場者数の新記録を次々と更新していることを報告している。さらに、移動映画の上映が活発化し、巡回上映の要請に応じきれない状態にあるとする（時事 1947, 117）。ちなみに、一九四七年九月から一九四八年二月にかけての日本移動映写連盟の地方別実数は、北海道二一六件、東北三〇九件、関東信越一六八件、北陸東海一四一件、近畿（但し九―一二月）一二〇件、中国二二七件、四国二四一件、九州九三件、総計一四二五件である。東北地方の需要が高いことはみてとれる（大内 1948, 48）。

『映画芸能年鑑 一九四七年版』では、一九四六年秋、映画常設館のある市町村は六〇一、ない市町村は九八三四であり、ある市町村は全体のわずか五・八％にすぎない。映画常設館のある市町村の人口は総人口の三五％に当たるが、生活に忙殺され映画を見ることができない人や幼児や老人などを差し引くと結果的には総人口の二〇〜二五％程度の人しか映画を見ていないと推定している（時事 1947, 118）。また、一九四六年秋に、東京でおこなった時事通信社の調査によれば、観客層は一〇代一五％、二〇代七〇％、三〇代一一％、四〇代以上三％であった（時事 1947, 118）としており、そうした調査を加味すると、占領期における映画を見る人びととは、都市とその近辺に住む二〇代を中心とした限られた社会層であったことが推測される。つまり、この時期、日本社会において映画を普及させる動因の中心となっていたのは、東京、大阪などの大都市というより、いわゆる地方の都市部に住居する人びとであり、年齢層としては、中心は若い男女だった。また、各地域の小都市の周辺にある農・山・漁村の青年の

表9-1　県別映画館割合（上位10都道府県）

| | 1940年 | | 1950年 | |
|---|---|---|---|---|
| 1 | 東京 | 15% | 北海道 | 9% |
| 2 | 大阪 | 10% | 東京 | 8% |
| 3 | 福岡 | 5% | 大阪 | 6% |
| 4 | 静岡 | 5% | 兵庫 | 5% |
| 5 | 兵庫 | 5% | 福岡 | 5% |
| 6 | 神奈川 | 4% | 愛知 | 3% |
| 7 | 愛知 | 4% | 静岡 | 3% |
| 8 | 長野 | 4% | 栃木 | 3% |
| 9 | 北海道 | 4% | 宮城 | 3% |
| 10 | 京都 | 3% | 愛媛 | 3% |

間では、映画館がないため映画を見ることは難しかったが、映画への熱烈な思いが沸き起こっていた。そうした熱い思いが移動映画の巡回上映の要請となって表れることになる。また、こうした背景には、敗戦後、六〇〇万人を越える兵士と旧植民地からの引き揚げ者を、各地域の農・山・漁村が受け入れ、一九三〇年代に農村から都市へという人口移動は、占領期に入り逆転していたこともある（高岡 2011）。こうした人口移動のあり方は、新たな経験を農・山・漁村に持ち込み、映画というものへの切望をもたらしていた。雑誌の読者欄にはこうした思いが率直に書かれている。

「私は農村の一青年であります。真白に雪化粧して聳える美しい山底の砂利迄見える程の清らかな川自然の美と言うものを味わひ尽している私達農村の若者が望むものそれは文化がもたらす娯楽であります。私達が如何に善き映画の観賞を求めている事か――けれど事実私共の村へは映画らしい映画は参つた事がありません。一ト月に一回、いえ、ひどい時には二月に一回、而も人々の忘れて了つた様な古い映画をやつて参ります。底冷えのする国民学校の雨天体操場ででも結構です、村をあけて都会まで映画を見にゆけない私達が村にいながらにして名画に接しられるのは何日の事でしよう?」（関西の農村青年「読者欄」『新映画』四巻三・四号一九四七年四月）

この時期、農地改革が進み、農村に住む若者たちは時代の大きな変化のなかで、新しい世界、新しい文化、新しい価値観を身につけようと、映画というメディアに大きな期待を寄せていた。一九四七年、後に東映に発展する東横映画の撮影所開設にあたってマキノ光雄（牧野満男）は全農映と提携し、一六ミリ映画をもって、農・山・漁村に新しい映画を提供したいとしているのは、こうした映画状況を踏まえて都市以外に観客を開拓せんとする経営戦略が意識されていて、後の東映の映画の方向性がどこにあったのかをうかがうことができる（牧野満 1947）。

ところで、この時期の映画の内容には、どういった特徴があるだろうか。占領期における日本映画の製作は戦災による被害、激しいインフレーション、フィルム不足、電力危機などによる製作状況の悪条件が重なり、必ずしも生産性は高くない。製作封切本数でみると一九四五年二一本、一九四六年六七本、一九四七年九七本、一九四八年一二三本、一九四九年一五六本、一九五〇年二一五本となり、本格的な生産体制が整ったのは一九五〇年代に入ってからである。井沢淳は、日本映画はGHQの指導による民主主義映画よりも、その新作の欠乏を補うようにして上映されていた、戦災にあう以前の豊かだった日本を写し出した戦前の日本映画に、多くの観客が集まっていたと指摘している（井沢 1946）。観客が、何を求めていたかを示すものであろう。

一方、外国映画はどうであっただろうか。戦争中、上映されなかったアメリカの新着映画『春の序曲』（一九四三年）『キューリー夫人』（一九四三年）などが、一九四六年二月二八日から東京で公開され、圧倒的な入りを示した。もちろん、戦前にも東京や大阪など都市部でアメリカ映画は受容されていた。しかしこの時期、こうした傾向は東京、大阪などの中心都市のみならず、全国の多くの都市にみられた。一九四六年においてアメリカ映画上映専門館は一八三館、一年二四～二六週以上の特約館が九二館で、合計二七五館（同年の総館数一三七六館の二〇％を占める）であった。なお、そのうち東京の映画館は四〇館で、全体の一四・五％にすぎず、その多くは地方の都市、市町村にあった。なお、一九四八年においてアメリカ映画の専門館は約四〇〇館、特約館は約二〇〇館で、合計約六〇〇館（同年の総館数二〇〇三館の約三〇％）と、映画館全体の増加のなかでも、拡大し続けている。一九四八年における外国映画の輸入封切本数は、アメリカ七二本、フランス一五本、イギリス一八本、ソビエト九本、合計一一四本で、アメリカ映画は全体の六三・二％を占める。映画観客の全体の傾向としては、明るい娯楽性を豊かにもったアメリカ映画が強く求められていたとしてよい。

次に、こうした占領期の映画の受容状況のなかで、映画雑誌はどのような特徴をもっていたかをみておきたい。本書第八章の資料で示した映画雑誌一六九タイトルを出版地の都道府県別でみてみると、圧倒的に東京都が九三タイトルと多く、過半数を占める。さらに大阪府一五タイトル、京都府一一タイトル、愛知県一〇タイトル、福岡県八タイトルを加えれば、合計一三七タイトルで、全体の八一％になる。東京を中心としたこれらの都市が、映画の製作、あるいは配給の中心であることを考えれば、その宣伝、広報を担う役目をもつ映画雑誌も、同様にこれらの県に集中するのは致し方ないことと言える。

しかしながら、占領期の中心が各地域の町や村への人口が移動していたことを考えれば、この時期の映画を受容した人びとについて知るためには、各地の町村の青年団、学生などが作成したガリ版刷の小雑誌に書かれた映画についての片々たる文章に注目する必要がある。また、中央の都市で発刊されたこれらの映画雑誌に投稿されたさまざまな地方の声に着目する必要もある。なぜなら、既に述べたように、占領期における急激な映画の普及過程は、アメリカ映画により牽引され、若い人びとを中心にして展開されており、特に各地域の地方都市においては顕著にその傾向が現れた。こうした映画を見る人びとは、その地域において映画のオピニオン・リーダーというべき存在であり、自らのコミュニティとの関係をもちながら、外の世界を指向し、その外部の新しい世界においても、自分が不可欠な存在であることをアピールし、あるいはアピールすることで自らの存在を感じようとするコスモポリタン的な社会特性をもつ人たちといえるからだ（原田 2012）。東京などで出版される映画「雑誌」は、彼らにとって、映画の情報を得るだけでなく、外の世界と自分たちの地域とをつなげる具体性を保証させ、時に、投稿し掲載されることで、その地域のなかで、自らの立場を顕揚することができるメディアとしてもあったことは注意が必要である。ファンという一般概念で捉えきれない、歴史的な特徴をもつからだ。

## 第三節　「アワ・タウン」の若い人びと

ここでは、こうした映画雑誌のなかで、アメリカ映画のファン雑誌として刊行された『映画之友』の投稿欄「アワ・タウン」のなかから、若い人びとが占領期における映画というメディアを通して、何を見ようとし、あるいは感じようとし、そして、社会に何を表現しようとしたのかをみてみたい。

〈原爆都市広島便り第一信　映一〉

七十余年生物生存不能と迄言われた私達の郷土原子砂漠広島に最も早く復興の意気をみせたのは、何と映画館だつたのです。その後復興した数多くの映画館の中最もその華美を誇るのがセントラル系ロードショウ劇場の東洋座であります。昨年七月、工費一千万円を以て市内八丁堀千日前に着工、本年三月落成同二十五日開館式。二十六日〝アンナとシャム王〟を以てスタートし広島第一の人気者に成り、西日本映画館の偉大なる王者として君臨する事になつたのです。事実開館式に特別参列されたM・P・E・A大阪支社副支配人ハロルド・メイスン氏は「お世辞ではなく関西随一の映画館であり云々。」と語られた程です。その正面玄関には八大映画社及M・P・E・Aのマークが飾られ、入場すると先ず目につくのが、額入りのハリウッド・スターのポートレートであり次には立派な安楽椅子の明るいロビーがあります。内部は三階迄全部一人掛椅子で落着いて観賞する事が出来ます。また観賞中の脱帽禁煙等は大へん良好でその態度は立派なものです。（『映画之友』一六巻八号一九四八年八月）

〈映画の街〝浜松〟から　吉筋万治〉

〝浜松〟は、映画の街と言っても過言ではあるまい。何しろ映画館が十二もある。その内アメリカ映画専門は二館の第一、第二セントラルでロードショウ映画も早く封切され安くみれる。先週も『フィラデルフィヤ物語』が、上映され好評を博している。尚、英国映画ロードショウ劇場があり、欧州映画専門の劇場があったりして、一週間で世界各国の映画に接する事が出来るのは、映画ファンにとっては、非常に嬉しい事である。客足は、洋画邦画ともに五分五分といってもよかろう。洋画を観るのは学生が多く、其の他、会社員も多い。（略）学校でも良い映画がかかれば連れて行きますし、映画館内のプログラムも販売されて居ります。又映画館の休憩時間にはレコードを聞かせたりして、戦前の映画館の気分をとりもどしておるし、経営者側もなかなか封切に頭をひねって、むずかしい映画が封切された後は、笑う映画が封切りされるといった具合なのです。何しろ一度、浜松に来てみればわかりますが、映画の街なのです。（『映画之友』一六巻八号一九四八年八月）

〈信州松本便り　中野豊〉

ピラミッド型の常念岳を真中に、左、夢の乗鞍、右は遙かに女神の白馬…いつの日もアルプスの銀嶺を仰ぎつつ、生きている人々が住む山の町…、そこが私達の町信州松本です。人口八万弱ですが私達の町は本屋を約三十軒、カレッジ・ハイスクールを十五近くも持ち、立派な音楽学校もあります。それと共に街の人々のオアシス映画館が六つあります。松本駅玄関を出ると私達の視線は先ず広場の向うの華麗な絵看板にぶつつかる事でしょう。皆さん！それはアメリカ映画の看板なのです。〝心の旅路〟第三回ロードシヨウ、セントラル座、極彩色のコールマンとガースンが、若い人の胸に憧憬と期待を投げかけるのです。もう一つ〝初恋時代〟と云うポスターは電気館です。アメリカ映画への憧れと共鳴をのせて、学校へ、オフイスへ、工場へ、今朝も青春のささやきが流れて行きます。御覧のように私達の街にはセントラル座、電気館と云うアメリカ映画専門館が二つあります。静かな山の街にも混沌の波はさかまき、虚無と絶望の中に耐乏の営みは続けられていますが、こうした暗い中にあつて、毎日上映されるアメリカ映画は私達の希望の灯です。（略）（『映画之友』一六巻五号一九四八年五月）

〈福島市から　佐藤毅温〉

福島市は人口五万の小都市ですが新制高校八校、専門学校四校を持つ学術都市です。その上映画館五つを数え、その中の日活と国際映画劇場がアメリカ映画を上映してくれます。市民はここからアメリカ文化を学びとつています。市には映画推薦会があり、よい映画を推薦し、学生には一般より割引で観せてくれます。「育ち行く年」「ミネソタの娘」「アンナとシヤム王」などが推薦されました。学校には映画演劇部があり活躍しています。市内十余の本屋に出る映画雑誌はすぐに売切れてしまいます。これを見てもわが福島市民がいかに映画を通じて知識を得よう、見聞を広めようとしているかお分かりでしよう。日曜祭日には飯坂温泉、リンゴの町瀬上などからぞくぞくと人々が弁当持参で映画を観にやつてきます。（『映画之友』一六巻一二号一九四八年一二月）

〈炭都田川市便り　渡辺驥一〉

周囲に数多くの炭鉱を控え、街自体も炭鉱で成り立つている炭都田川市は人口約八万、市制四週年記念日を此頃迎えたばかりの新興都市ではあるが、働く人々の街として大いに活況を呈している為に、娯楽を求める人々が多く、映画館は何時も順調な客足を見せている。映画館の数は四、劇場三、アメリカ映画専門館はないが、典寿映劇と朝陽映劇が、アメリカ映画と大映映画を一週の内前半後半と交互に上映している。現在、東宝映画専門館の世界館が昨年九月アメリカ映画専門館として「拳銃の街」で、はなばなしくデビューし、映画紹介誌「映画教室」など発行し、アメリカ映画の普及に勉めた結果、アメリカ映画に親しむ者も多くなり、炭鉱の職員組合などの一部の人々は観賞会など設けるようになつた。所が本年九月世界館が東宝映画専門館に転じたので、ファンの人々は田川ではアメリカ映画は見られないのかと失望していたが、前記二館が上映する事になつたので、ほつと一安心した様である、当市のアメリカ映画ファンは矢張り若い人々が一番多い。（略）（『映画之友』一六巻四号 一九四八年四月）

## 〈日本の一番端長崎より　小川和子〉

「オランダ坂」を歌われ、歴史により一番早く異国人の上陸した土地長崎が案外「洋画ファン」の少いのに驚いた。大体漁業でたつているので船員が多いのだが、その九割までが邦画ファンである。洋画館三つ、邦画館四つ、その洋画館のうち一館はアメリカ映画は上映せず、フランス、イギリス、ソ連映画を代わる代わるに上映するので結局アメリカ映画館は二つしかない。洋画を観に行く人達は学生、サラリーマンが多くを占めている。映画の休憩時間や、切れ目に云う係員の「禁煙」「お知らせ」は洋画の観客は良く守るが、邦画の観客の中には「野次」をとばしたり前の人の椅子を蹴つたりして係員の言葉を聞かない人もいる。これをみても洋画をみる人と邦画をみる人とは、長崎では格段の相違がある様な気がする。（『映画之友』一六巻一二号 一九四八年一二月）

〈塩の都〝坂出市〟より　宮崎和夫〉

讃岐の塩田都市坂出は観客層の多数が塩業又は農漁業者等で、文化程度低く、終戦後初の「春の序曲」が興業的不振の為、爾後二ヶ年間アメリカ映画は上映されず、我々の町はアメリカ映画より永遠に捨てられたかと思われたが、今年正月、Ｃ・Ｍ・Ｐ・Ｅと結び「美人劇場」が第一弾として封切られた。初期には先ず「ノートルダムの傴僂男」「シーホーク」等一般に理解出来る初級的なものから、次いで「桃色の店」「いちごブロンド」「Ｘマスの休暇」等、着々と堅実な鑑賞眼を養い、「我が道を往く」「ガス灯」「心の旅路」の時には以前とは格段の差ある盛況を呈し、半年間二十本余の上映に依つて、今日では如何なる映画も或る程度消化する事が出来る様になつた。現在市長を含む有識者指導者指導のアメリカ映画鑑賞会が相当数の会員を有し、新着映画の特別鑑賞会も開かれ「我等の生涯の最良の年」等、優秀映画の上映を前記観客層は鶴首している。人口四万に唯二つ、しかも洋画専門館も有しない我々の町の、全く驚くべき短日間の進歩向上である。（『映画之友』一六巻一一号一九四八年一一月）

こうした言説を並べいくと、若い人たちが、敗戦という多分に暗さを抱えた、困難な時代において、自らと自らの住む場所、郷土に誇りを感じようとしつつ、もう一方で、外の世界に憧れ、新しい時代を生きようとしていたことが見えてくる。その時、映画という虚構の世界は、世界と繋がる文化として光り輝く。こうした状況の中で、アメリカ映画が光り輝いていたといってよい。重要なのは、この時期特に、人びとが自分の住んできた地域、社会で生きていくために、映画というメディアを選択し、そこから新しい世界との繋がりを求めたことである。人びとは敗戦という惨めな苦い認識を噛みしめるより、しばしの間、幻想の世界でもいい、かくあるべき明るい未来を見ようとした。なぜなら、人は苛酷な現実の世界で、生きていくことは難く、一瞬でもよい、甘美な夢想を欲する、あるいは、夢という未来を抱くことで、生きることが易くなるからだ。

ところで、そのことと人びとがアメリカ映画を通して、アメリカ式の消費生活文化にどれだけの意味を見出していたか、その影響がどれだけのものであったかは、また別の問題としなければならない。

# 第一〇章　語られた民主主義の諸相
## ——映画・娯楽調査を読み解く——

### 第一節　世論調査の時代

占領期、アメリカ文化や民主主義とともに民意の「調査」の必要性が広く認知された。敗戦後、占領とともにおこなわれた諸改革によって日本社会は大きく変わるが、『朝日新聞』『読売新聞』『毎日新聞』などの各新聞社は、天皇制の問題や男女同権について、あるいは東京裁判など政治・社会問題について調査をおこない、新聞紙上にその調査結果を掲載し、多くの人びともその結果に注目した。

占領軍はこうした「調査」を積極的に奨励するだけでなく、ＣＩＥ（民間情報教育局）の世論調査分析部（後の社会調査部）のハーバート・パッシンは、科学的なサンプリングの抽出法として、ランダム・サンプリングなどの方法や、面接などの具体的な方法について、新聞社、あるいは世論調査機関などの研究者に熱心に教育指導した。この「パッシン・スクール」に多くの人びとが集まり、新たな調査技術の導入によって精度の高い調査が可能になったこともあり、科学的な世論調査は占領軍の指導によって始まったとされる。佐藤卓己は、戦前からの世論調査をめぐる人脈の継続性に注意を払う必要性を指摘し、ランダム・サンプリングの前提になっている数理統計学の理論のもつ科学性への幻想が、戦後的な言説の一つの典型としてあると指摘する（佐藤卓 2007）。佐藤の提言は、問題の立て方そのものを変える必要を説いている。「世論調査」もまた、占領期特有の一つの現象であり、研究者も社会の言説空間と、時代的な要請の中で、「調査」を受容していたことが問題にされなければならない。そこでは、多くの人びとが、つまり研究者である調査者のみならず、被調査者も含めた人びとが、「調査」を積極的に受容しようとした社会的意識、世論（意見風土）というべきものがあったのだ。

そうした視野に立って資料をみると、プランゲ文庫の雑誌記事に、学校や職場でおこなわれた調査が数多くあることがみえてくる。当然のことながら、ここではランダム・サンプリングといった研究方法を知らない名もない一般の人びとが、「世論―人びとの意見」を知ることの必要性を感じ、「調査」という考え方を受け入れ、なんらかの科学性、数量化することの意味を見出し、自ら調査しようとしたことが重要となる。

## 第二節　工場労働者の生活調査

一つの事例として、三重県にある日本板硝子四日市工場の従業員組合機関誌『労星』第九号（一九四八年一〇月）に掲載された「文化生活調査集計」（日本板硝子 1948）をみてみたい。日本板硝子株式会社は一九一八年に日米板ガラス株式会社として設立され、現在の社名になったのは一九三一年で、住友グループに属しガラス製品を製造、販売する。四日市工場は一九三五年に開設されている。

四日市市は三重県の中心的な工業都市であり、一九五〇年の人口は一五万六二九人、その内約四〇％が工業に従事する中京工業地帯の有数の都市である。戦前は海軍の燃料廠があり、一九四五年六月にアメリカ軍による爆撃を受け、四日市は焼け野原となっている。しかし、日本板硝子四日市工場の復興は早く、同年九月には磨板ガラスの製造を再開している。また同工場の従業員組合は一九四六年三月に結成され、調査した一九四八年の従業員組合員数は九六一人だった。この調査はアンケート用紙の質問に答える単純な形式のものであるが、九〇〇枚を配布、六七九枚返答を回収、回収率七五・四％（記載は七六％）であった。ちなみに、一九五〇年の同工場の従業員数は一一七八人、組合員は一一三三人であり、管理職を除いた従業員のほとんどが組合員であったことが分かる。

調査内容は日常の生活、特に娯楽、慰安についてであるが、調査意図についての記述はない。しかしながら、編集後記には「衣・食・住について考へるに、雨露を凌ぐ茅屋にボロをまとつてゐても、一日に二度三度の雑炊や代食は憂鬱そのものだ。背に腹は代へられず遅・欠配のあの頃、金では売らぬとあつて焼け残りの着物を手放した苦痛をこのごろになつて女房は返らぬと愚痴をこぼす」とあり、食糧事情がやや良くなり国民服やモンペ姿から漸次解放され、日常生活にもやや潤いやゆとりといったものが感じられる状態になり、慰安、娯楽へと人びとの気持ちが広がりつつあったことが調査をする一つの要因となったと考えられる。

調査結果をみると表10-1「部署別」の割合は、ほぼ現場の人数の割合を反映したものと考えてよいだろうし、表10-2の「年齢別」も、一九三五年に工場を開所したことや、戦争による影響を考えれば、妥当な割合といえよう。表10-3「興味のある娯楽」では、映画に対して極めて高く、次に読書、野球と続き、工員生活の娯楽として映像メディアと活字メディアが深く浸透していることがみえる。表10-4では「洋画・邦画別、良かった作品上位5」の洋画として『センチメンタルジャーニー』（二〇世紀FOX 一九四六年 公開一九四八年）、『心の旅路』（MGM 一九四二年 公開一九四七年）、『カルメン』（フランス映画 一九四三年 公開一九四八年）、『キャラバン』（イギリス映画 一九四六年 公開一九四八年）、『ターザンの黄金』（MGM 一九四一年 公開一九四八年）と五本中三本がアメリカ映画であることが目をひく。ちなみに、四日市市の映画館数は八館で、戦災のため内七館が新設である。

次に新聞や書籍についてみると、表10-5で新聞を読む人の割合が九八・四%とほぼ全員に近いが、表10-6で雑誌や図書を購入する人の割合は四七・一%と過半数を割る。購入する期間が記されていないのが残念だが、一～二冊購入する人が三〇・六%であり、購入者の大半を占める。残念なことに貸本などの調査はない。また、表10-7「購入書籍の種類」の内訳は、雑誌が八四・一%だが、雑誌のジャンルについては分からない。しかし、書籍の「趣味（音楽、短歌、俳句、其の他）」もその内訳の割合は不明であるが、「文学的な物」とを合わせると一四・七%となる。娯楽的な活字メディアにおいて文学の占める割合は高い可能性がある。

表10-3の「興味のある娯楽」のジャンルにラジオは入っていない。この表とは別に「ラジオはどんな放送を主として聴きますか」という質問があり、ラジオ無しが一七九人（二六・四%）、ラジオを聴く人は五〇〇人（七三・六%）とある。表10-8の「聴いているラジオ番組」は複数回答であるが、ニュース、浪曲、『二十の扉』と続く。この傾向は、一九四八年一〇月にNHKがおこなった第二回放送番組世論調査と比べると、やや浪曲の支持が高いのが目につくが、二六～五〇歳ではほぼ一致する（井上 1949）。

ところで、表10-3で、三位に入っている野球については特に他に質問はないが、野球場で見る機会が限られていること、また、ラジオの野球実況は一七位で五九名（一一・八%）であることから、従業員たちが実際に野球をしていたことの表れと考えられる。

細かい数値上の誤りはあるが、四日市という地方工業都市における一つの工場の事例という留保をつければ、労働者の慰安、娯楽調査としておおよその状況を数字から読み取ることができる。日本全体の状況を、この調査

表10-3　興味のある娯楽

| ジャンル | 人数 |
|---|---|
| 映画 | 461 |
| 読書 | 362 |
| 野球 | 227 |
| 演劇 | 207 |
| 釣 | 206 |
| 音楽 | 193 |
| 将棋 | 169 |
| 水泳 | 131 |
| ハイキング | 115 |
| 相撲 | 105 |

（注）ジャンルの29項目のうち，上位10項目（複数回答）

表10-2　年齢別

| 年齢 | 人数 | % |
|---|---|---|
| 18-20歳 | 44 | 6.5 |
| 21-25歳 | 131 | 19.3 |
| 26-30歳 | 103 | 15.2 |
| 31-35歳 | 172 | 25.3 |
| 36-40歳 | 160 | 23.6 |
| 41-45歳 | 50 | 7.4 |
| 46-50歳 | 10 | 1.5 |
| 51-55歳 | 9 | 1.3 |
| 合　計 | 679 | |

（注）各年齢の人数を、18-20歳および21歳以上は5歳ごとにまとめた。

表10-1　部署別

| 部署 | 人数 | % |
|---|---|---|
| 用度 | 60 | 9.0 |
| 調合 | 33 | 4.9 |
| 包装 | 77 | 11.5 |
| 動力 | 41 | 6.1 |
| 製品 | 39 | 5.8 |
| 営繕 | 16 | 2.4 |
| 熔融 | 70 | 10.5 |
| 加工 | 37 | 5.5 |
| 分研 | 20 | 3.0 |
| 事務作業員層 | 27 | 4.0 |
| 广 | 74 | 11.1 |
| 製板 | 55 | 8.2 |
| 工作 | 52 | 7.8 |
| 検査 | 35 | 5.2 |
| 事務職員層 | 33 | 4.9 |
| 合　計 | 669 | |

（注）回答数679に対し合計数が669となっている。

表10-4　洋画・邦画別、良かった作品上位5

| | 洋　画 | 邦　画 |
|---|---|---|
| 1 | センチメンタルヂャニー | 駒鳥夫人 |
| 2 | 心の旅路 | 酔いどれ天使 |
| 3 | カルメン | 手をつなぐ子等 |
| 4 | キャラバン | 黒馬の団七 |
| 5 | ターザンの黄金 | 戦争と平和 |

（注）『センチメンタルヂャニー』の劇場公開名は『センチメンタルジャーニー』。

表10-5　新　聞

| | 人数 | % |
|---|---|---|
| 新聞を読む | 668 | 98.3(98.4) |
| 新聞を読まない | 11 | 1.7(11.6) |
| 合　計 | 679 | |

（注）（　）内は数値の間違いを訂正したもの，以下同じ。

表10-6　購入書籍数

| 冊数 | 人数 | % | 冊数 | 人数 | % |
|---|---|---|---|---|---|
| 買わない | 359 | 52.9 | 6冊 | 2 | 0.3 |
| 1冊 | 108 | 15.7(15.9) | 7冊 | 2 | 0.3 |
| 2冊 | 100 | 14.2(14.7) | 8冊 | 1 | 0.15 |
| 3冊 | 51 | 7.2(7.5) | 15冊 | 1 | 0.15 |
| 4冊 | 30 | 4.4 | 合　計 | 679 | |
| 5冊 | 25 | 3.6(3.7) | | | |

表10-8　聴いているラジオ番組

| | 人数 | % |
|---|---|---|
| ニュース | 208 | 61.6(41.6) |
| 浪曲 | 170 | 34.0 |
| 二十の扉 | 133 | 26.6 |
| 音楽 | 112 | 24.4 |
| 話の泉 | 110 | 22.0 |
| 落語 | 103 | 20.6 |
| 希望音楽会 | 102 | 20.4 |
| 日曜娯楽版 | 96 | 19.2 |
| 放送劇 | 94 | 18.8 |
| お好み演芸 | 91 | 18.2 |

表10-7　購入書籍の種類

| 書籍の種類 | 人数 | % |
|---|---|---|
| 雑誌(月刊・旬刊・週刊・年刊) | 269 | 84(84.1) |
| 文学的な物 | 25 | 7.8 |
| 趣味(音楽・短歌・俳句・其の他) | 24 | 7.5 |
| 学術書 | 22 | 6.9 |
| 経済関係 | 6 | 1.9 |
| 児童本 | 6 | 1.9 |
| 労働関係 | 4 | 1.2( 1.3) |
| 宗教関係 | 3 | 0.93(0.94) |
| 農業関係 | 2 | 0.6 |

だけで全て判断することは無理であろうが、見当をつけるのにはよい事例である。また、調査を企画した従業員組合が、自分たちの生活を捉え直し、生活を改善していこうとする意欲もうかがえ、この時期の雰囲気を伝えている。

## 第三節　演劇の観客実態調査

表10-3の「興味のある娯楽」で四位に入っている演劇について、映画と比較をするためにみておきたい。ここで取り上げるのは、当時、思想の科学研究会の南博が調査した演劇の観客実態調査である。一九四九年六月から七月にかけて、歌舞伎、新国劇、新劇、オペラの四つについて比較調査をおこない、論じている（「演劇の観客層――社会心理学的調査と分析」（南 1950））。調査は劇場にて調査票を配布する方法でおこない、回収率が低いのを補うために面接調査、性別・年齢別の実態調査を並行しておこなっている。表10-9「演劇の観客層」は四つの調査状況をそれぞれまとめたものである。

表10-10「各演劇の年齢層」は観客を年齢別にしたもので、歌舞伎の観客が四つの中で最も各年代にわたっており、次に、新国劇がやや三〇代以上の年配層が多いもののそれに続く。この表には男女比は記していないが、歌舞伎の一〇～三〇代に相当する六七％の内、約半数が女性であり、新国劇の三〇～五〇代に相当する六六％の内四〇％が男性で、対照的である。一方、新劇とオペラは明らかに二〇代が中心となっているが、新劇の六六・五％の内男性が四二％、女性が二四・五％で男性が多く、オペラの六一％の内男性が二七％、女性が三四％と男女比が逆転している。

表10–11「各演劇の支持政党」は支持政党別に保守的傾向と進歩的傾向をみようとしたもので、そのような傾向をみようとすること自体がこの時期の社会的な状況を表しているとも考えられるが、歌舞伎、新国劇の観客はより多く保守政党を支持し、新劇、オペラの観客は進歩的な政党を支持していることがみえる。年齢層の違いが反映しているとも考えられるが、同じ二〇代でも新劇の場合は社会党、共産党の支持が高く、新国劇では民自党の支持が高い傾向があり、各演劇の好みの違いがある程度政党支持と結びついていることが指摘されている。また、女性は全体的に保守政党支持の傾向が強く、オペラの場合でも、男性は社会党三一％、民自党二六％に対して、女性は社会党二一％、民自党三二％と逆転している。

調査対象とした当演劇以外にどういう演劇が好きかという質問に対して、歌舞伎の観客は文楽三四％、日本舞踏二七％、新派二〇％となり同系統のジャンルに集中している。オペラの観客もバレエ六八％、新劇一七％と、やはり同じような傾向のジャンルに偏っている。その意味で、他のジャンルとの交流が薄く限定的といえる。一方、新国劇の観客は新劇二六％、歌舞伎一五％、新派一三・五％、エノケン一二・五％、バレエ一一％、オペラ一〇％、文楽一〇％、ロッパ一〇％と多方面にわたっており、新劇の観客においても前進座四〇％、オペラ三四％、歌舞伎二五・五％、文楽一四％、新国劇一二％、人形芝居一〇・五％、軽演劇九・五％、新派九％と幅広く興味の領域が拡がっている。

次に観劇態度として、①鑑賞的傾向、②慰安的傾向、③研究的傾向、④思索的傾向の四つの傾向を知るために、「芸術的感銘をうけるため」など一〇数項目をあげ、複数回答としている。歌舞伎では「芸の鑑賞」六九％、「古風な雰囲気を楽しむため」四一％、「美しい雰囲気を楽しむため」三四％が大きなウエイトを占め、全体に鑑賞的傾向と慰安的傾向が強く、他に「役者を見に」一九％など歌舞伎独特の特徴もみえると指摘している。オペ

表10-9　演劇の観客層

| 分類 | 歌舞伎 | 新国劇 | 新劇 | オペラ |
|---|---|---|---|---|
| 劇団 | 尾上菊五郎一座 | 新国劇劇団 | 俳優座 | 藤原歌劇団 |
| 劇場 | 新橋演舞場7月公演 | 有楽座6月公演 | ピカデリー実験劇場<br>第1回公演5月 | 帝国劇場6月公演 |
| 上演種目 | 絵本太閤記(昼)<br>素襖落(昼)<br>夏祭浪花鑑(昼)<br>春日竜神(夜)<br>東海道四谷怪談(夜) | 大菩薩峠<br>中里介山原作<br>浜田右二郎演出 | フィガロの結婚<br>ボォマルシェ作<br>青山杉作演出 | ローエングリーン<br>ワグナー曲<br>青山圭男演出 |
| 調査期日 | 昭和24年7月8日～10日、20日～22日、27日、28日（8日間） | 昭和24年6月14日～17日、21日　～26日（10日間） | 昭和24年6月11日、12日、13日、16日（4日間） | 昭和24年6月18日、19日、27日、28日（4日間） |
| 調査数 | 調査票配布8000枚<br>回収枚数760枚<br>回収率9.5%<br>面接調査200名 | 〃　10000枚<br>〃　410枚<br>〃　4.1%<br>〃　200名 | 〃　2800枚<br>〃　940枚<br>〃　33〔33.6〕%<br>— | 〃　5000枚<br>〃　487枚<br>〃　9.7%<br>— |
| 調査公園 | 尾上菊五郎一座<br>新橋演舞場 | 東宝演劇本部 | 俳優座 | 東宝演劇本部 |

表10-11　各演劇の支持政党

| | 歌舞伎 | 新国劇 | 新劇 | オペラ |
|---|---|---|---|---|
| 自民党 | 36% | 43% | 11% | 28% |
| 社会党 | 17% | 24% | 16% | 28% |
| 共産党 | 5% | 8% | 14% | 9% |
| 民主党 | 3% | 3% | 1.5% | 2% |
| 支持なし | 39% | 10% | 33% | 10% |
| 合　計 | 100% | 88% | 75.5% | 77% |

表10-10　各演劇の年齢層

| | 歌舞伎 | 新国劇 | 新劇 | オペラ |
|---|---|---|---|---|
| 10代 | 12% | 2% | 11% | 21% |
| 20代 | 41% | 32% | 66.5% | 61% |
| 30代 | 14% | 28% | 13.5% | 18% |
| 40代 | 15% | 24% | 5% | — |
| 50代 | 12% | 14% | 4% | — |
| 60代 | 3% | — | — | — |

ラでは「芸術的感銘をうけるため」八〇％、「日常生活の糧にするため」二五％、「演出演技の研究のため」一五％など思索的傾向が強いとする。新国劇では「唯楽しむため」二四％、「気分転換のため」一七％、「日常生活の糧にするため」二二％、「日常生活の話題にするため」一五％、「演出演技の研究のため」一四％と、鑑賞的・慰安的傾向を持つ人と、研究的・思索的傾向を持つ人が幅広く平均していることがみえる。

しかし、新劇では「演出演技の研究のため」二〇％、「新しい感覚を身につけるため」一九％、「日常生活の糧にするため」一一％と、研究的、あるいは思索的傾向が極めて強いだけでなく、その他の項目に「自分独自の観劇態度を書く人が際って目立って」おり、他の三つの観客からやや孤立している。既に触れたように、政治的には社会党、共産党を支持し、質問票の回収率が著しく高いなど、新劇を見る観客は他の演劇の観客とは異なった相を形成している可能性が高い。

演劇の観客実態調査は、調査票の回収率が低いこと、また四つの演劇ジャンルを比較することに重点がおかれ、各質問やその結果について詳細に示されていないなど問題はあるが、演劇界全体の傾向を知るにはよい調査報告といえる。

## 第四節　映画観客調査

演劇においては、ジャンルによって観客層が異なるが、映画においてもこうした実態があるだろうか。ここでは、日本電報通信社調査部市場調査課が一九五〇年一〇月に、東京二三区内で一六歳以上の男女一〇〇〇人におこなった「映画調査」を見てみる（日本電報 1950）。調査方法は層別副次抽出法により被調査者を選び、調査員

表10-12　邦画と洋画：性別

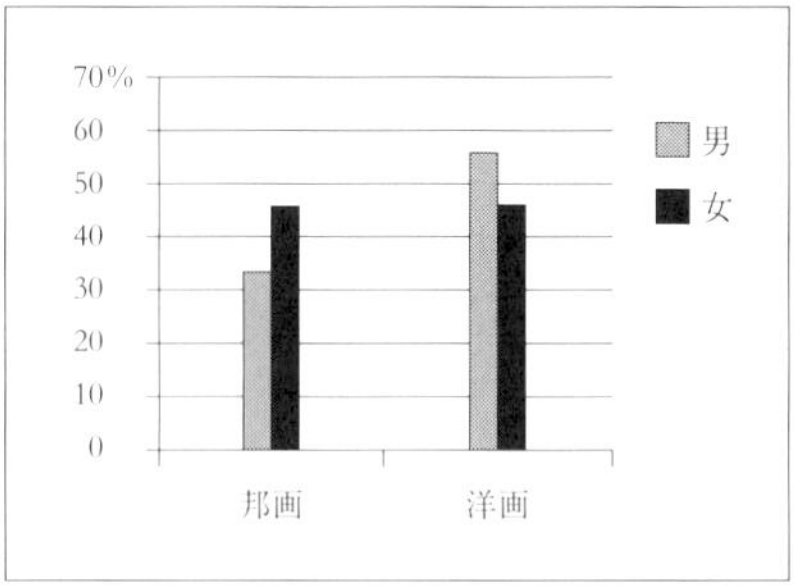


表10-13　邦画と洋画：年令別

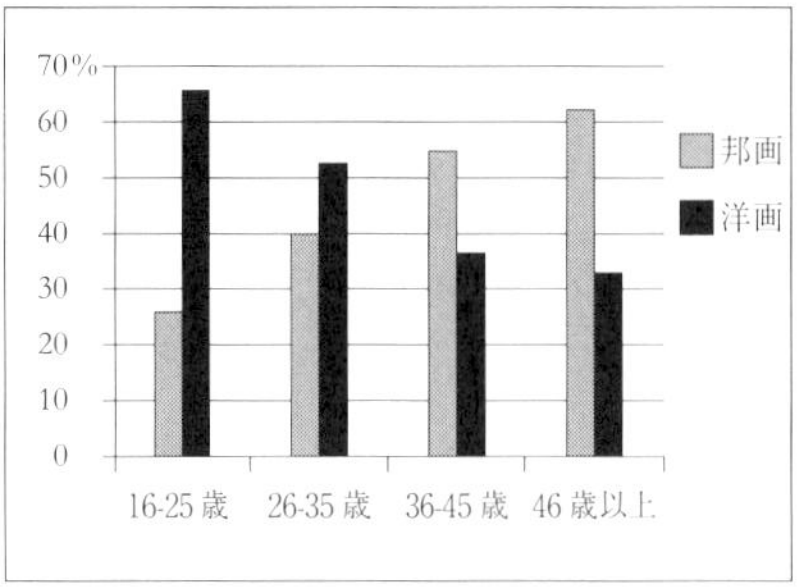


が面接して質問し、その結果を記入した。一〇〇〇人中一〇二人が面接できなかった（回収率八九・八％）。

八九八人中、性別では男性が四三七人（四八・七％）、女性が四六一人（五一・三％）となり、年齢では一六〜二五歳が三一一人（三四・六％）、二六〜三五歳が二三八人（二六・五％）、三六〜四五歳が一八三人（二〇・四％）、四六歳以上が一六六人（一八・五％）となる。職業別では給料生活者が二〇〇人（二二・三％）、労務者が一三七人（一五・三％）、商工業者が一〇八人（一二・〇％）、学生が七四人（八・二％）、主婦が二二九人（二五・五％）、無職その他が一五〇人（一六・七％）となる。学歴別では小卒が三四九人（三八・九％）、中卒が三三二人（三七％）、高専卒が一四〇人（一五・六％）、大学卒が七七人（八・六％）であった。さらに、調査員が被調査者の月収、生活程度、住居設備などによって、所属する世帯の生活程度をインカム・グループとしてＡＢＣＤの四つのクラスに分けた。Ａは富裕層、ＢはＡに次いで生活に余裕ありと認められたもの、Ｃは平均的な層、Ｄは平均以下の人びとであるが、これは、Ａ・Ｂが一〇八人（一二％）、Ｃが六四三人（七一・六％）、Ｄが一四七人（一六・四％）であった。かなり精度の高い調査であり、東京という中央都市における映画観客の動向を知るには最適の調査といえる。なお、調査の一九五〇年に映画を見ていない人は二〇三人（二二・六％）であり、六九五人（七七・四％）が映画を見ている。

次に、邦画と洋画との観客層の違いをみてみる。「日本映画と外国映画ではどちらを多く観たか」（以下、「邦画と洋画」）という質問に対して、性別（表10-12）でみると女性が邦画四五・八％、洋画四八・六％であるが、男性は邦画三三・六％、洋画五九・〇％と洋画に行く傾向があり、年齢別（表10-13）でみると一六〜二五歳の若年層が邦画二五・九％、洋画六五・九％と明らかに洋画を好んでおり、三六〜四五歳が邦画五七・〇％、洋画三九・三％、四六歳以上が邦画六一・九％、洋画三一・八％と中高年層は邦画を観ていたことがみえる。

また、職業別（表10-14）でみると給料生活者は邦画二〇・一％、洋画七四・九％、学生も邦画一四・一％、洋画七八・九％と圧倒的に洋画を観ている。一方で邦画が洋画より多い職業は、労務者が邦画五四・四％、洋画三八・八％、主婦が邦画五八・七％、洋画三六・四％で、邦画と洋画の間に給料生活者や学生ほど差はない。学

表10-14　邦画と洋画：職業別

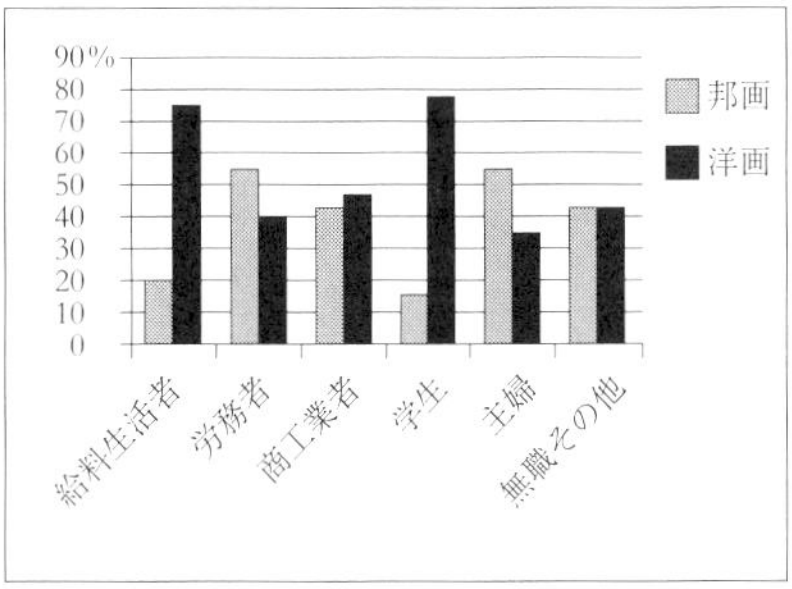


表10-15　邦画と洋画：学歴別

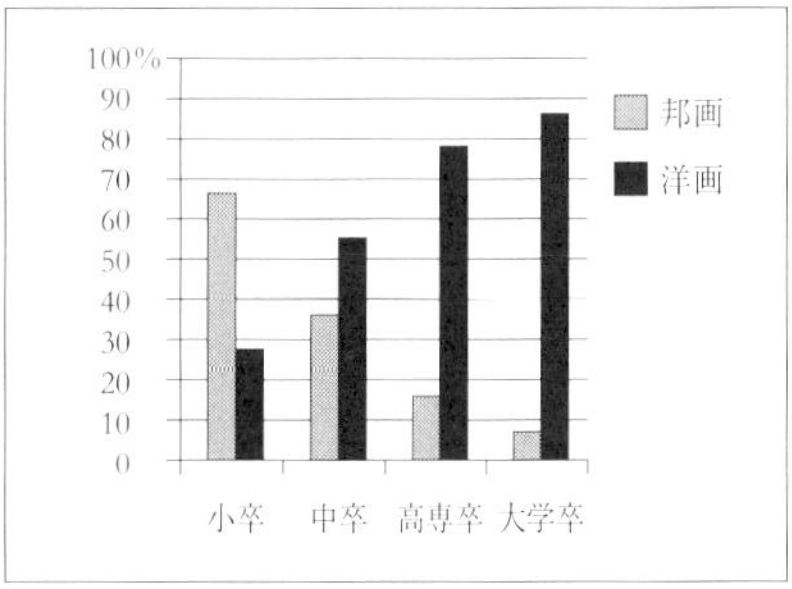


表10-16　邦画と洋画：生活程度別

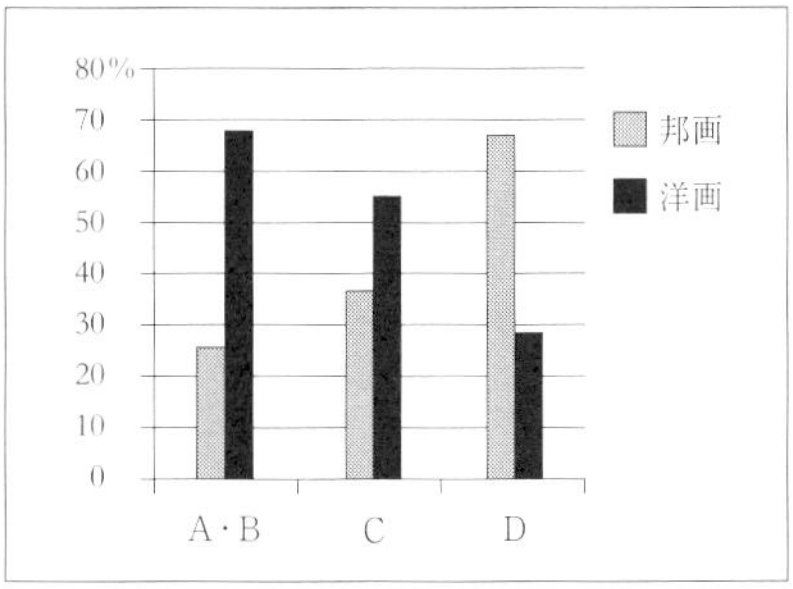

表10-17　アメリカ映画とフランス映画：性別

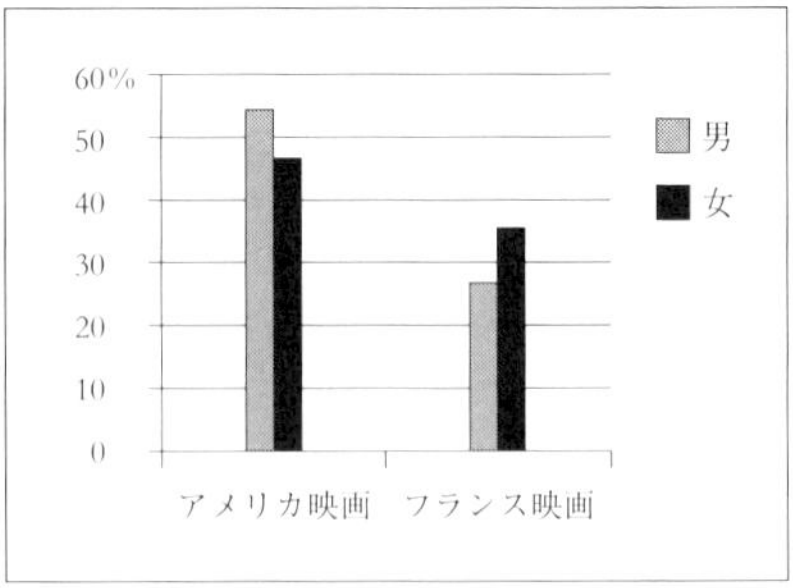


表10-18　アメリカ映画とフランス映画：年令別

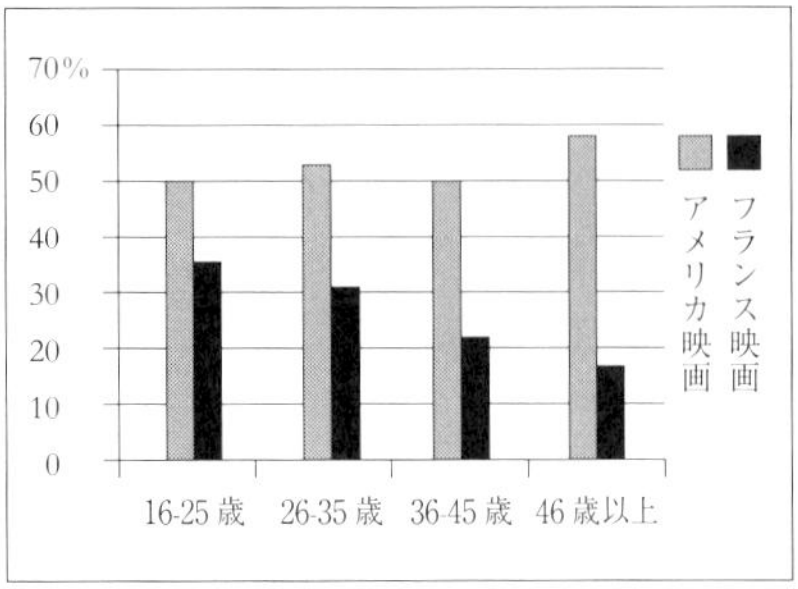


歴別（表10-15）では、小卒が邦画六五・四%、洋画二八・三%と邦画を多く観ているが、高専卒は邦画一六・一%、洋画七九・七%、大学卒は邦画八・五%、洋画八五・八%と洋画を多く観ている。また、生活程度別（表10-16）でA・Bの階層が邦画二四・七%、洋画六八・六%と圧倒的に洋画を観ており、それと対照的にDの階層においては邦画六八・六%、洋画二九・一%と邦画を観ている。

東京において、男性の一六〜二五歳の若年層、特に学生を中心にし、経済的には富裕層や給料生活者を中心とした中間層が洋画を好んで観ていたことが分かる。次に、洋画では「どこの国の作品が好きか」について、洋画を好む人四三六人の内アメリカ映画五〇・九%、フランス映画三一・二%、イギリス映画四・八%、イタリア映画三・七%、ソヴィエト映画〇・七%、ドイツ映画〇・七%、特になし八・〇%となっている。当然、輸入規制などがあり、さまざまな国の映画が自由に公開されていたわけではないが、全体にアメリカ映画の内容、雰囲気が好まれていることはみてとれる。その意味では、健康的で楽天的なアメリカ映画に対して、ペシミスティックな人生の暗い部分を凝視するようなフランス映画は対照的といえそうである。それでは、どういう人びとがフランス映画を支持していたのだろうか。以下、アメリカ映画とフランス映画に絞って対比してみる。

アメリカ映画とフランス映画における性別（表10−17）ではあまり開きはないが、年齢別（表10−18）では年齢が高くなるにつれ、また、学歴別（表10−20）では学歴が低くなるにつれてフランス映画が好まれない傾向にある。職業別（表10−19）でみると、学生層（表10−20）がフランス映画四二・一％、アメリカ映画四〇・三％と支持がアメリカ映画を越える。他に給料生活者がフランス映画四一・〇％、アメリカ映画三四・二％の支持と呼応する。これはそのまま大卒におけるフランス映画三四・五％、アメリカ映画四六・九％、無職その他がフランス映画三七・五％、アメリカ映画四六・四％と開きが少ないことが目につく。また、生活程度別（表10−21）ではA・Bの富裕層にフランス映画四八・三％、アメリカ映画三一・五％と、フランス映画の支持が極めて高い。

占領期、戦前に公開されたフランス映画が東和商事の手によって再上映されていたが、戦前の社会の雰囲気を残す富裕層や、社会の大きな変化のなかで現実に対し懐疑的な学生に、フランス映画が熱心に支持されていたこ

表10-19　アメリカ映画とフランス映画：職業別

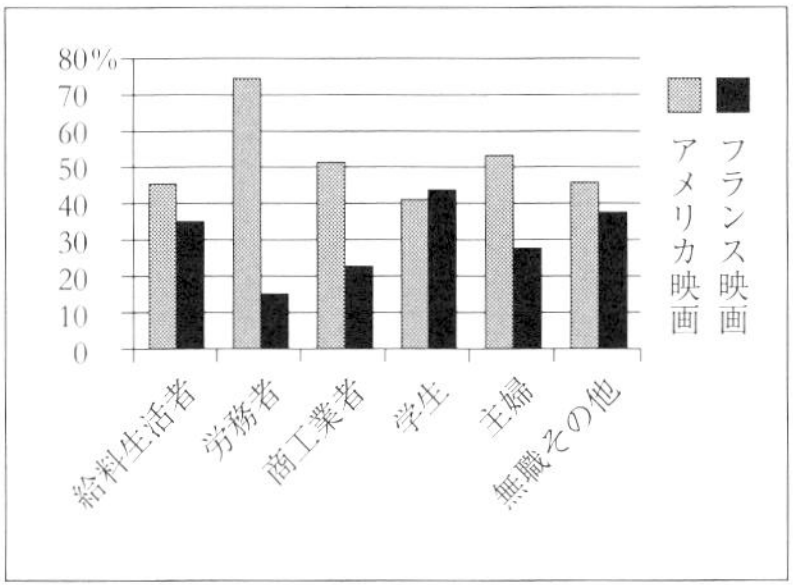


表10-20　アメリカ映画とフランス映画：学歴別

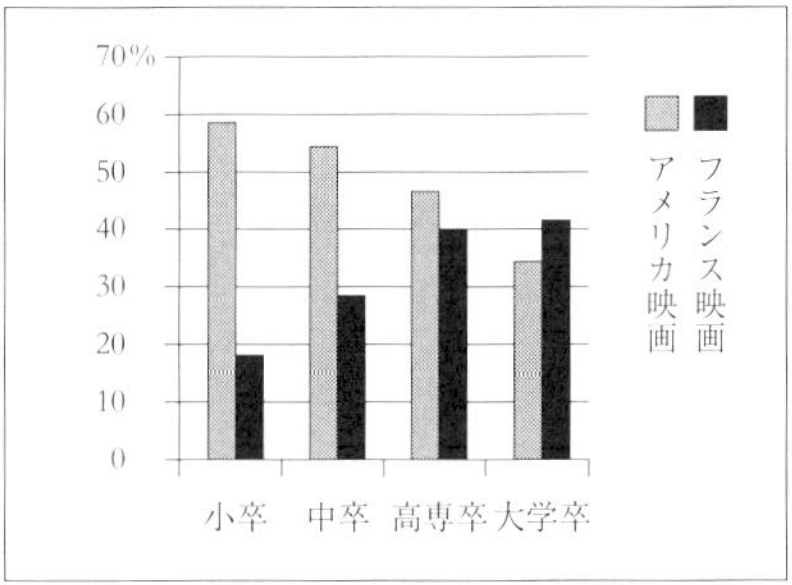


表10-21　アメリカ映画とフランス映画：生活程度別

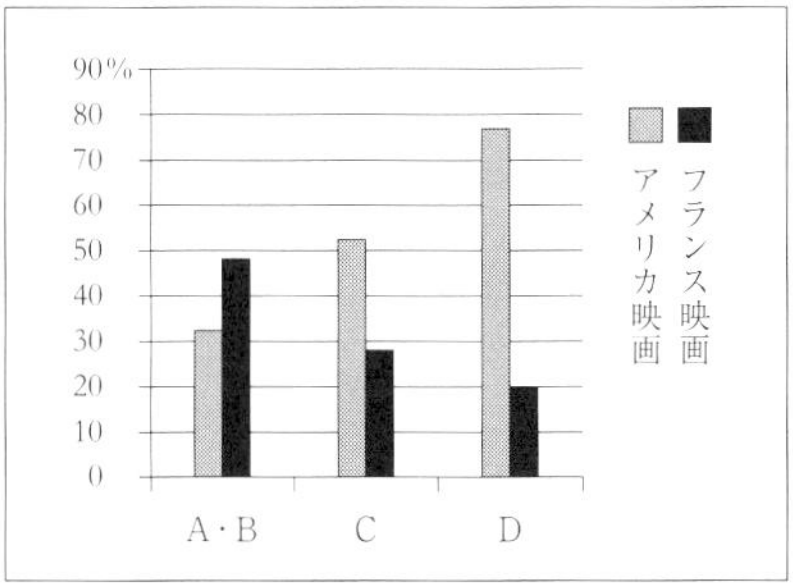

とがうかがえる。

## 第五節　占領期の意見風土

本書第九章で述べたように、占領期において映画は日本社会に普及する過程にあり、特に地方都市を中心に日本社会全体へと映画の受容層は拡がりつつあった。そのなかで、地方の若年層を中心にアメリカ映画に対する要望は強く、中央都市である東京においては、明らかに洋画、特にアメリカ映画の観客は邦画に勝るような状況にあった。しかしながら、全国的にみると、興行収入において洋画は邦画を越えることはなく、観客動員数も同様であったことが推測される。

また、占領が終了した一九五二年以降、占領軍による外国映画への規制がなくなり、占領中のようにアメリカ映画の独占体制がとりにくくなったこと、また日本映画の製作体制が整い、漸次製作本数が増えるにしたがい、邦画の興行収入は拡大する一方で、外国映画の興行収入は伸び悩んで横ばい状態が続き、映画の普及過程における主動因は日本映画へと移ることになる。占領期における映画の受容において、熱狂的に迎えられ渇望されたアメリカ映画への期待は、影をひそめることになる。

占領期、人びとを襲ったアメリカ映画への熱狂と渇望は、どのような意識、あるいは意見風土にあったのだろう。ここでは、こうした民意を知るために、本書第六章でも参照した合衆国戦略爆撃調査団によっておこなわれた調査をみてみる。この調査は一九四五年一〇月から一二月にかけて、アメリカが戦争末期におこなった無差別爆撃の効果について詳細に調べたものだが、その調査のうち「日本人の戦意に与えた戦略爆撃の効果」（合衆国

1947=1988）は、日本人に直接、聞き取り調査をおこなっている。当然のことながら、勝者であるアメリカ側による敗者である日本人への調査というバイアスだけでなく、言葉の違いといった問題もあるが、戦争中より日系人の強制収容所での調査を踏まえ調査設計をし、インタビューする人に訓練を施し、かなり慎重な調査をおこなっている。当然のことながら、これは占領軍として、統治を円滑におこなうための意識調査としての側面もある。

調査報告書中、関係するのは第一二章「戦争の後」での占領期についての聞き取りであるが、「戦中とくらべて今はよいと思うか、それとも悪いと思うか？」という質問に対して「戦中よりもよいが、状態は悪い」五四％、「戦中よりもよい、状態はかなり満足」一八％、「戦中よりも悪い、状態は悪い」一七％、「戦中と同じ、状態は悪い」一〇％、「はっきりしない」一％とあり、不満の理由としては、「食糧不足」八五％、「他の物資不足」三八％、「インフレと闇市」二九％、「失業、賃金不足、劣悪な仕事」一七％、「敗北の結果としての熱意の悪化」三％、「その他農民にとっての肥料の欠乏など」一三％、「無回答」一％とある（複数回答による）。戦争が終わったことへの安堵と同時に、敗戦による生活の困難さがうかがえる。

ところで、占領については、「占領軍司令部の政策に関して、おこなわれた事について、どう思ったか？」という質問に、「満足」七〇％、「限定つきの満足」六％、「満足でもなく、不満でもなし、敗戦の結果として受け入れただけ」四％、「わからない」一四％、「不満足」一％、「無回答」五％という結果であった。ところでこの回答についていては、「質問に対する回答は一般的には占領政策に関してよりもむしろ占領軍の行動についてであった」とし、政府や軍による宣伝によって、日本が敗北した場合に、アメリカ軍による暴虐的な行為があると信じ込まされていたため、実際には恐れていたような蛮行はおこなわれなかったので、多くの日本人は安心したと指摘している。確かに、「負けた時、どんな結果になるだろうかと戦時中に思いましたか」という質問では、「野蛮行為、飢餓、奴隷化、絶滅」六八%、「わからない、何がおこるだろうか」一〇%、「敗北を予想しなかった」九%、「良い処置」四%、「その他」五%、「無回答」四%とあり、インタビューにおいても、「私は男も女も殺されるだろうと告げられていたし、女は強姦されると告げられていた。それゆえに私は非常にこわかった。アメリカ人が来た時、私は彼等が噂されていたようではなかったことを信じるようになった」(合衆国 1947=1988, 286)という証言が残されている。あきらかに戦争中に流布された宣伝、言説に対する反動として、占領軍への思った以上の好感が醸成された可能性がある。

また、「この戦争中、何が戦争をするのに日本の最大の強さであると考えていたか」という質問に、「精神的なこと(大和魂、犠牲的精神、戦闘精神、その他)」四四%、「神風軍団」七%、「物質的なこと(天然資源、工業、科学知識、軍事力)」一二%、「軍部指導者、政治指導者への信頼」一%、「上位者への服従」一%、「その他」三%、「日本に強いところはない」七%、「わからない」二〇%、「無回答」五%であった。ここには、政府、あるいはメディア宣伝機関による情緒的な指導、プロパガンダがあったとすべきであろう。「肉体は滅びるかもしれないが、われわれの精神は永遠に生きて、わが国を守るために何度も何度も戦うだろう。われわれはそのように教えられた」(合衆国 1947=1988, 45)という言は、こうした精神状況あり方を示している。アメリカ軍による圧倒的な物量を背景にした戦闘や爆撃のやり方が日本の敗北を導いた現実は、こうした信念を掘りくずすことになる。「この戦争中、何が日本の最大の弱さであると考えたか」について、「物質的な欠如(軍機、天然資源と産業資源、生産、商品、科学知識、その他)」が五八%を占めており、強調された精神的なものへの反省が、敗戦後の日本社会のなかで、物質的なものや科学知識への見直しへと展開されていったことは見て取れる。

占領期、敗北の反省を通して、アメリカという鏡を人びとは持つことを余儀なくされる。そこには、敗北への苦さと共に、再建のための新たな領域である物質的な文化や科学精神の必要性が、社会を構成する意識の層に確実に組み込まれる。それは、そのまま大衆文化におけるアメリカ文化の流入、映画や野球といったものを受容する基盤となるものであり、占領期における日本社会全体の意識、意見風土でもあった。

例えば、一九四六（昭和二一）年一〇月二三日にビキニ島における原爆実験のユナイテッド・ニュースを見た子どもの綴り方では、「原子爆弾はすごい力だ。空はものすごい原子雲でいっぱいだ。（略）僕は科学の力はほんとうに大きいと思つた」（前田秀［1947］2008, 118）とあり、横山隆一が一九四六（昭和二一）年八月四日に書いた漫画「フクチャンの放送 原子爆弾の試験が行われました」（『子供マンガ新聞』一〇号）の原爆実験を紹介した漫画（横山［1946］2009, 300）など、そこでは原爆の惨状や、原爆実験を繰り返すアメリカへの批判より、原爆を生み出したアメリカの物質文化の豊かさや、科学精神への讃歎が主調低音となって聞こえてくる。それが、被爆による犠牲者への鎮魂へと転換するのは占領を終えた後である。当然、この転換の過程には占領軍による検閲という問題もあるが、それだけではない問題、人びとの意識に揺曳する敗北という苦い現実が心の底に横たわり、さまざまな現象を生み出していたこともまた確かなのである。

# 第一一章　過渡期としての占領期
## ――響き合う文化の諸相――



### 第一節　文化の表層――流行語「ニューフェイス」が示すもの

近代以降、各地域でさまざまな文化とメディアとの有機的な繋がりが、偏差をともないながら形成されてきたが、占領期において、アメリカニズムという形で、急激に、政治、社会的制度の変革と共に、地域社会は変貌し、展開していくことになる。その過程を、映画、漫画、写真、演劇、音楽、放送、スポーツなどを個々のジャンル・領域ごとに扱うのではなく、「大衆文化」という一つの大きな枠組みで見ることによって、政治・思想・社会領域をも含んだ占領期の現実とその言説空間をみてみたい。そこには、大衆文化そのものが、重層的な構造をもっていることがあり、娯楽的な形姿をもった文化は、さまざまなジャンルを横断的に変奏しながら繰り返し展開していることがある。しかも、こうした構造が顕現化するのは、劇的な変化の相においてであり、それも思っても見ないような表象となって実体化する。プランゲ文庫は、占領期のそうした変容のあり方を明らかにすることができる、網羅性と劇的な時代的変化を体現する資料群といえる。そうしたとき、ここで注意されなければならないのは、「大衆社会」という言葉がメディアの空間で現れるのが、占領が終わる頃だという事実なのだ。つまり、刻一刻と変貌していく占領期の過程そのものが、メディアが地域社会に浸透し、「大衆社会」そのものを形成していった過渡期としてあったことを表す。それは単なる占領軍、アメリカの影響だけでは捉えきれないものを含む。戦時から占領へと持続する大きな日本社会の変化の過程として捉えるべきものなのだ。

ここでは、こうした過渡期において、文化の表層に現れた流行語からこうした過渡の様相を捉えてみよう。

一九四六年六月、東宝は、占領軍の指導のもと、新たな民主主義の時代に対処するため、新しい人材（ニューフェイス）、新しい企画（ニュープロット）、新しい製作処理（ニュートリートメント）が必要であるとし、ニューフェイスの応募をおこなった。応募者四〇〇〇人のなかから、男子一六名、女子三二名を採用した。三カ月間の養成期間のち、岸旗江、若山セツ子、久我美子、伊豆肇、沼崎勲、三船敏郎などがデビューする。

東宝は、一九四六年一〇月一五日から一二月四日までおよそ五〇日余のストライキを行う第二次東宝争議に入り、その渦中で大河内傳次郎、長谷川一夫、藤田進、山田五十鈴、原節子らのスター俳優が組合を脱退し、新東宝を設立することになった。そのためスターのいなくなった東宝は、製作主導のもと、敗戦後の日本社会に見合った新しい題材と新らたな人材による積極的な製作を余儀なくされ、次々とニューフェイスがスクリーンに登場し、活躍することになった。こうして「ニューフェイス」という言葉は、映画界で使われた後、民主化を促進するスポーツとして再開された野球界、新たな民主主義制度のもと始められた政界などの新人などにも使われ、しだいに、あらゆる職業、会社における新人一般を指し、「新顔」の意味としても用いられることになる。

映画監督山本嘉次郎は、ニューフェイス募集にあたって、「良い意味でのニュウフェースが、世の中に、活発に現はれて来た」とし、「その最もハッキリと現はれたものは、組合運動であらう。いままで、名も知れなかつたやうな下積の若者が、労働組合の委員に推され、勇敢に、俊敏に、キビキビと難問題を処理してゆくのを見ると、澱み腐つた古い泥溝が、大雨で、さアッと洗はれてゆくやうな快感を覚える」（山本嘉［1946］2009, 185）と述べ、民主化政策としての労働組合の結成という新しい事態を重ねながら、その意義を説いている。

流行語としてのニューフェイスは、そうした社会的に良い意味、価値を表すものとして、さまざまな領域で使われる。例えば、「この夏から秋にかけてはるばる海をこえてわが国にお目見えするニューフエイス『パール』『ローズ』『アナベル』『ベルタ』『クライス』『ドロレス』『ユリス』『プルス』『ゲルトルード』『ヘーゼル』『アイオーン』『ジヤツキー』『キツト』『リブリイ』『マルテ』『ノーマ』『オルザ』『ベツト』『リタ』『アグネス』『ビヴアリイ』らの諸嬢、これはシネマとはおよそ縁の遠い台風のニューフエイス、例によつて今年の台風シーズンを迎え、あらかじめ米軍が発生順にそれぞれにアルフアベツトを頭文字にした女性名をつけたものだ」(「こわい台風嬢たち」『北日本新聞』一九四八年六月二一日)と、かつて植民地に日本語を強制した立場から、占領され、夏に暴威を振るう台風にアメリカ式のカタカナ女性名がつけられる事態へと変わった苦さを、その女性名から、映画の初々しい若い女性のニューフェイスのように呼びならすことで、まるで台風も上陸を歓迎すべきものであるかのように紹介する。

あるいは、日本経済の復興の鍵を握る炭鉱業に、「石炭庁の方針 ことしは炭鉱の機械化で行く」と、アメリカ的な機械の力が導入によって、増産が確約されるとし、「炭鉱機械化にニユーフエースとして登場したのが鉄支柱とローダーであるが、鉄支柱は安全率の高度と能率及び諸経費から大好評を博し、本格的実用の域に入つたが、ローダーも今や試作期から坑内テスト期に入り近く大活躍が期待されている」(「ニユーフエイス鉄支柱、ローダー」『長崎民友』一九四九年一月二一日)とする。さらに、「ニユー・フエイス『水圧破砕機』登場」(『長崎民友』一九四九年九月一日)と続き、機械力への賛美が続く。当然のことながら、これは、圧倒的な物量、機械力の前による敗北という、対アメリカとの戦争経験が反映している。こうした機械力への期待、賛美は、その後のダム建設に始まる、高度経済成長の礎を支える通奏低音となるものだ。

また、「帝都高速度交通営団では通設来新社六輌をニユーフエイスとして配置し好評を博しているが此の車體は汽車製造砂町製作所で製作されたもので特長は戦後初の全鋼製であり、間接照明をアンドン式にし運転台に新工夫をこらしている。その他防音装置も特別に設計製作されているため乗心地は上々である。尚このニユーフエイスは大阪地下鉄にも近く御目見得するはず」(「地下鉄のニユーフエイス」『月刊交通経済』一巻六号一九四九年三月)と、攻守を替え、自らが新しい機械を作り出しつつあることを誇らしげに、ニューフェイスという言葉によって語っている。

興味深いのは、経済の混乱のなかで困窮する人びとを救済するために新しく設置された金融公庫について、「一日から開かれたお役所ニユーフエイスの一つ国民金融公庫は、これまでの庶民金庫と恩給金庫を吸収して、一世帯五万円まで貸すというだけに一般金詰り階級の間には助け舟とばかりにこの新発足がもてはやされている」(「金詰りの助け舟」『北日本新聞』一九四九年六月六日)と、庶民経済の立て直し役に使い、さらには、「県内消費には縁遠いが輸出のニユーフエイス食用かえるが一日最低七十貫が捕まり新レートに浮び旬日をまたずしてドルを呼ぼうとしている、八日から十日までとれるとして昨年の倍一万六千貫はとれる見込み」(「海渡る食用カエル ドル招きのニユーフエイス」『徳島民報』一九四九年八月五日)と、アメリカとの貿易を見据えた変わり種の輸出品に、経済復興の先兵としての役割を担うものとして期待する。

ニューフェイスという言葉に込められた響きに耳を澄ませば、復興の足音、占領期の人びとの新たな時代に期待する声が、思いが聞こえてくる。しかし、眼を凝らして、スクリーンのニューフェイスを見ると、もう少し、この言葉に複雑なニュアンスがあることも分かる。既に述べたように、東宝がニューフェイス、新人を募集したのは、敗戦という事態をうけ、戦前の価値観、権威が崩壊し、既存の道徳観を失った若者たちが大量に街にあふれかえり、愚連隊になるなどしてアプレゲール（アプレ）と呼ばれるような若者が大勢現れたからだ。それらの若者たちのなかには、復員した元兵隊や、外地の大陸に生活した人びとなどが含まれており、彼らの複雑な状況や経験、思いをスクリーンの上で体現でき、観客にアピールする俳優が必要とされていた。

石井仁志は、アプレは、一時的な現象として扱われ、「日本の戦後をまっとうに表象する言葉にはなり得なかった」（石井 2009, 1）とし、それゆえに、一九四六～一九四八年の間のわずかな期間のニュアンスを伝えるのにふさわしい言葉であるとする。人びとはその現実を、表象として実体化することを望んでいた。そして、それができるのは、従来の手垢のついた俳優ではなく、新人であるニューフェイスであるに違いなかった。三船敏郎は、こうした時期、時代の要望をその肉体をもって表象できるニューフェイスであった。三船は、一九二〇年中国山東省青島に生まれ、四歳の時大連に移り、一九四〇年満洲の陸軍航空隊に入隊する。植民地生まれ独特の感覚や、特攻くずれという伝説が孕む陰影を、肉体に体現しており、東宝のニューフェイスの面接で、その素早い反応と意表をつくような身のこなしを、山本嘉次郎に見出され、補欠で採用される。そして、すぐに『銀嶺の果て』（一九四七年）で、三人組の銀行強盗の一人である利己的で容赦ない若者役でデビューし、『酔いどれ天使』（一九四八年）では、町医者から肺病を宣告された闇市のもろく壊れやすい神経をもち無軌道に直進するしかないチンピラとなり、太く短く生きようと自滅していく姿を、きらびやかで荒々しい振る舞いと暴力との複雑な姿において演じ、一躍スター俳優となる。さらには、『羅生門』（大映 一九五〇年）では、女を奪い手籠めにする盗賊多襄丸を演じ、この作品がヴェネチア映画祭でグランプリを受賞するなどし、瞬く間に国際的な映画俳優として注目されることになる。

まさに、こうした映画界におけるニューフェイスの華々しい活躍と世界的な成功は、戦後というものの一つの表徴であり、同時に人びとの期待や夢を表すものでもあった。こうしたことを踏まえ、谷川建司は、占領下の日本人は「廃墟から再び立ち上がり、吹き荒れる新しい時代の価値観の風にもまれながら、いつかアメリカのような豊かな生活を手に入れることを夢見て」（谷川 2009, 1）いたとする。しかし、それは本当だろうか。ここでニューフェイスが、アプレという負のイメージ、スティグマを体現することで成功したことに、注意を払っておく必要がある。占領という集合的記憶のなかで忘却された、複雑なニュアンス、彩りが、そこにあるからだ。

## 第二節　文化の基層に揺曳するもの——「肉体」をめぐる現実と言説

大串潤児は、敗戦後、「青年団組織が復活・再建され、四五年秋から四六年春にかけて「敗戦おどり」「やくざ踊り」が、ほぼ全国の農山漁村部や職場に出現していった」（大串 2004, 194-195）と指摘する。これに一九四六年の盆踊りの隆盛を加えれば、占領期の村々の娯楽、一つの文化の断層がみえてくる。尾崎浩次は、軍隊の演芸会は、「私がノートしてゐたものの統計では、浪曲、俗曲、活弁、民謡といふ順で」プログラムは占められていたとし、戦争末期には建前とは別に、戦意高揚のための慰安として、さまざまな娯楽がおこなわれていたと記し、その一つとして、股旅ものなどの歌や踊りである「やくざ踊り」が行われていたとする。敗戦後、復員してきた若者たちが軍隊で経験してきたものを、村々で演じていたのである。そこに、アプレと称された若ものたちの行為、姿がみえてくる。

実際に、尾崎が実見した一九四六年の八月一五日の長野県の丸子町で行われた青年団主催の演芸大会では、

「漫才、舞踏（三番叟、雨降りお月さん、子守）、人形劇（菊田一夫の「緑の季節」）、舞踏（お柳恋しや、乙女道中、十三夜、唐人の吉）、歌と軽音楽、脚本朗読（暁の唄）、舞踏（伊那の勘太郎、たそがれ道中、今様手習、涙の三人旅）、歌と軽音楽、舞踏（野崎小唄、新月手鞠歌、春雨獅子）、劇「瞼の母」」が行われたが、それについて尾崎は、「舞踏は西川小扇寿といふ名取がゐて教へてゐたが、児童舞踏から進んでいつたところが、伊那の勘太郎のやうなものでは困ると思つた。勘太郎的な人生観や感覚は一日も早く捨てなくては駄目である」と批判的である。しかし、村の青年たちとの話し合いでは、「「愛染かつら」や股旅物は何故愚劣なのか、その「何故」を指摘してくれ」など言われ、「まづ一応、自分の問題として考へてみる必要があると私は思ふ」と記している（尾崎［1947］2008, 135-140）。

ところで、千葉県佐原に生まれた色川大吉は、一九三八年、陸軍幼年学校の入試を受け、落ちた中学生であった一九三九（昭和一四）年九月二四日に、田中絹代、上原謙主演の大ヒット作品『愛染かつら』を見て、「『愛する事と愛される事とが人生最大の幸福である』といふ意味が明瞭にわかった。そして僕はとつぜん軍人なんか止めてしまへ、高等学校に進んで恋愛を試みよう、と思ふにいたった」と「日記帳」に書いたと記している（色川1975, 74）。戦時下、村の青年たちにとって、『愛染かつら』や股旅物を演じることとは、自らの肉体をもって、感情を仮託し表現でき、自由への思いを表象することができる、数少ない娯楽であり文化であった。そこには娯楽だから許される、建前と本音の関係があった。国家の大義や、立派な哲学や思想ではなく、文学や演劇、映画だからこそ、日常の小さな悩みや思い、欲望にこそ真実があることを描き、人びとのひそかな思いを明らかにし、慰め、勇気づけることができる。もし、それができなかったら、文学に演劇に映画に何の価値があるだろう。

大串潤児は、占領期における青年団の動きを概観し、村々の青年団において単なる娯楽の提供や、自分自身が楽しむだけではいけないという意識が、徐々に「「やくざ踊り」から自立演劇的方向へ」と向かわせる一方で、単なる娯楽としての演芸会は「映画などの娯楽へと青年そのものが流れて」いき、しだいに「やくざ踊り」は消滅していったとする（大串 2004, 205）。

つまり、占領下の若者たちの思いは、新しい社会や文化を建設する志向と、旧い文化に浸り、娯楽に惰眠をむさぼる日々とに分裂するとされた。しかし、こうした分裂の過程で、一九四七年以降、禁止された時代劇映画が検閲の網の目をくぐり、中国、九州地方を中心に、サイレントの時代劇映画が題名を変え、弁士つきで上映されると、人びとが映画館につめかけたり、また一方で、『酔いどれ天使』が、ＣＩＥ映画の村々の巡回上映で、一緒に上映され、三船が演じるアプレのチンピラに村人が「拍手喝采を送っている」（亀井 [1950] 2009, 271）姿となって現れることになる。当時の知識人からは封建的残滓と批判される、こうした負のイメージの連鎖は、ニューフェイスとアプレだけではなく、やくざ踊りや時代劇映画とも響き合い、隠された心の底にたまりよどんだ口ごもった本音となって残ったものである。新しい時代だけでは語れない、理路整然とした言葉や行為では表しようがない、肉体でしか思考できない、語れない感情がそこに響き合う。

ところで、一九四六年、坂口安吾はサルトルの実存主義を表した小説「水いらず」に触れ、「我々の倫理の歴史は、精神が肉体に就いて考へてきたのだが、肉体自体もまた考へ、語りうること、さういふ立場がなければならぬことを、人々は忘れてゐた。知らなかつた。考へてみることもなかつたのだ」と評価し、「私は今までサルトルは知らなかつたが、別個に、私自身、肉体自体の思考、精神の思考を離れて肉体自体が何を語るか、その言葉で小説を書かねばならぬ。人間を見直すことが必要だと考えてゐた。それは僕だけではないやうだ。洋の東西を問はず、大体人間の正体といふもの、モラルといふものを肉体自体の思考から探しださねばならぬといふことが、期せずして起こつたのではないかと思ふ」（「肉体自体が思考する」『読売新聞』一九四六年一一月一八日）と語った。

こうした思潮に呼応するように田村泰次郎は、焼け跡のビルで生活するパンパンたちを描いた『肉体の門』（『群像』一九四七年三月）を発表して、一躍注目されることになる。この小説には、戦地での過酷な体験をもとにした既成の秩序やモラルへの怒りがあり、肉体の解放こそ人間の解放であり、肉体が思考するとき真の人間性もあらわれるという主張がある。こうした主張の一連の小説は、肉体文学と称されたが、田村は、「道学者や、見識者ぶつたエセ批評家たちがいくら悪口雑言を浴びせても、肉体文学はのび、はびこつて行く。日本人は長いあいだの不当に圧えられ、ゆがめられてきた、精神偏重の人間から、全体的人間に生長しようとする意欲に燃えている。そのことは、正しいことである」（「燃える近代的意欲」『読売新聞』一九四九年三月二八日）とした。そこには、戦中の精神主義に対する反省、批判があり、建前や高尚な論理では、律しきれない肉体の倫理があることを、田村は自らの軍隊経験を踏まえ言説化しようとする。

しかし、田村の小説が表す主張が注目されたのは、戦争を体験した人びとの複雑なよどんだ言葉にしにくい思いを表象するのに、夜の女、闇の女、パンパンと呼ばれた大量の街娼を題材にしていたことがある。敗戦による社会的混乱と経済的困窮という状況下、占領軍兵士の駐留によって生まれた、外国兵相手の洋パンたちは、上野アメ横で仕入れたカラフルな原色の服、肩パットの入ったいかり肩のジャケットやワンピース、スカーフを帽子代わりに巻き、ショルダーバックに、セミ・タイトのスカート、ストッキングにプラットフォーム・ヒールの靴といった最新のファッショに身を包み、占領軍兵士と腕を組んで街を闊歩する。小野佐世男が活写する(1)ところであるが、その姿は、敗戦日本を表象する一典型であり、ファッションの先端をゆく存在でもあった。まさに、パンパンこそ、占領期に新たに現れた異装のニューフェイスそのものであった。

ところで、田村は『春婦伝』(『日本小説』一九四七年四月)で、中国大陸を背景に朝鮮人慰安婦と日本軍兵士との交流を描いたが、その朝鮮人女性と日本兵士との関係が、敗戦後の日本において、日本人女性とアメリカ兵士に置き換わり、立場が逆転する。榊原理智は、『春婦伝』が検閲によって初出時に公開禁止となり、単行本化において朝鮮を指す部分を改め、主人公の春美が朝鮮人慰安婦であることが分からなくされることで、「小説を構成している複雑なベクトルはまるで見えなくなってしまった」(榊原 2010, 61~62)ったと指摘する。

同様の問題は映画においてもある。黒澤明脚本、木下恵介監督の作品『肖像』(松竹 一九四八年)は、人を疑うことを知らない良き人である画家の一家に下宿する妾の女性とのやりとりを描いた寓話であるが、妾の女性はその姿からいって、本当の設定はパンパンであったと考えられる。占領が終了した、一九五三年には、普通の生活を営む一家にパンパンが下宿し、アメリカ兵が訪ねて来たり、一家が闇屋と交渉したりするという、まったく同じようなシチュエーションによる映画『赤線基地』(東宝 一九五三年)が、黒澤の兄弟子谷口千吉の監督によって作られている。

プランゲ文庫にある『肉体の門』の掲載誌に検閲の痕跡は残されていないが、ボルネオ・マヤなどのパンパンたちと復員くずれの男伊吹とのやりとりを中心にし、アメリカ兵は登場しない構成そのものが、検閲を前提としたものであった。パンパンの七割が外国兵相手だったことを考えれば、その生活は一般の日本人にとっては知ることができない、アメリカ兵と日本女性の濃密な世界があったはずであるが、それを描くにあたって、アメリカ兵の存在は削られて、言説化されることはない。

ところで、一九四七年八月に東京・帝都座で劇団空気座によって『肉体の門』が劇化されると、連日満員となり、東京だけでも四ヵ月続演し、以後、地方公演も含めると一、〇〇〇回を越える上演となった。しかしながら、観客は劇よりどちらかというと、ラスト掟をやぶったボルネオ・マヤをリンチするシーンに横溢する、エロティシズムに興奮していたとされる。田村は、芝居を見て、「『肉体の門』が大衆に受けるということは、あれが時代的に一つの女の人の性格ね、何か時代的なものを表現していると思うね。（略）若い人に、ああいう生活に対する憧れ……といっては語弊があるけれども、ああいう自由な今までの女の人の束縛を破つた奔放な世界ね、ああいう一つの無意識な憧憬みたいのがあつて、それを、実に適切な機会を捉えて、あなた方女優さん方の胸の中が、相当爆発的に出ているということが迫力だと思うんですよ」（田村他 1947, 22）と語り、小説で言説化された以上のものが、舞台の上で、生身の肉体によって表現されていたとする。

しかし一方で、『肉体の門』を見たパンパンによれば、描かれたことは本当ではないし、肉体の解放というも、それは田村の観念が付与したものであり、売れるためにパンパンをネタにしたにすぎない代物だとする。「ラク町の女はもつと温かくつて情がありますよ。それや、ときにはヤキを入れる位のことはありますけれどネ、それをやらなければどうしても統制が乱れてしまつてあたしたちの生活が崩れて行くのを防ぐのが目的なのです」（中央通信社 1948=2009, 55-56）と反論する。こうした指摘を踏まえつつ、松田さおりは、廃人と化した多くのパンパンの厳しい現実を指摘し、田村が主張する肉体の解放たる性の解放が、男性による性の消費にすぎなかった事実を指摘する（松田 2009, 12-15）。占領期から離れ、戦後の近年のこれらの言説では、いつのまにか女性は性の喜びを与えられる受け身の立場になり、被害者としての姿となって自らを表す。しかし、本当は、女性たちは、戦争中には銃後の役割を受け持ち社会に関わり、占領期には婦人解放の名のもと、積極的にアメリカニズムを生活に取り込み実践していった、当事者ではなかっただろうか。パンパンもそうした、時代の波頭、旗手であったにすぎない。

小説『肉体の門』から舞台『肉体の門』へ、さらには映画化された『肉体の門』へと、つぎつぎとメディアを変えて広がっていく大衆化の過程で、「肉体」が、大衆社会のなかで、多分、大衆社会そのものが実体化する過程のなかで、イメージとして光をあてられ輝き、拡大し、そして消費された。パンパンというニューフェイスは、負のイメージ、スティグマを体現することで、一度は脚光を浴び、そして、アプレと同じように消え、忘却される。

こんな記事がある。「近ごろ東京下町の子供達の間に〝肉体の門ごつこ〟という遊びがはやりはじめた。この遊び、両手をつるしあげられた女の子の上衣をはいで、男の子らがリンチを加えるという、小説だか芝居だかの場面を社会科的に復習したもの、男の子はシンからにくらしい素ぶりをしてみせ、女の子は深刻に痛い表情をしてみせるすさまじい熱技である」(『朝日新聞』一九四九年四月四日朝刊)と。子供たちは嬉々として、大人たちがやっていることをまねする。子供たちは、アメリカ兵と日本女性が一緒になるパンパンのことを知っている。パンパンがファッション・リーダーであることも知っている。そこには、さまざまな事象やイメージが響き合い、社会の複雑なベクトルが形成されており、人びとを興奮にかりたてるものがあることを、無意識のうちに知っている。だが、いつしか、子供たちも、「肉体の門ごっこ」をしたことすら忘れることになる。

注

(1) 石井仁志・谷川建司・原田健一編『占領期雑誌資料大系 大衆文化編』第四巻第一章(岩波書店二〇〇九年)を参照。

# 第Ⅳ部　新しい現実と古い現実——占領期における映像空間

ダーレンドルフはドイツ社会に「ナチスがもたらした社会革命は、いわば意図せざる結果ながら、その支配の必然的な結果であった」とし、社会革命としての〈強制的同質化〉によって人びとは「伝統的な拘束から解放され、お互いが平等になった」（Dahrendorf 1998, 訳 74-79）とする。日本における総力戦論は、こうしたドイツのナチズムの研究を参照し、日本の戦時においても同様な事態が引き起こされたとする。誤解を恐れずに単純化すれば、同質化とは社会の中での成員の均質化であり平等化であるとすれば、それはそのまま民主主義の原型となるものだ。つまり、戦時の総力戦の体制が一定の民主主義の基盤を構築したということになる。当然のことながら、こうした総力戦論の議論に対して多くの批判がなされてきた（佐々木 2015）。ところで、こうした批判に対して総力戦論において、戦時に厚生年金制度や国民健康保険制度などが実施されたことが、一定の平等化を実現していたことの証左とされてきた（雨宮 1997）。また、ドイツの研究においては、総力戦論の背景として人口動態のあり方が〈強制的同質化〉を進める社会的圧力になっていたことが指摘されていたが、日本においても同様であることが明らかとなった（高岡 2011）。それは、一九三〇年代の日本社会における農村の人口過剰状態から、都市、植民地への人口の移動、あるいは兵力動員、さらに軍需産業である重工業の発達により労働力不足が現出し、さらには出生率の低下という現実が一九四〇年代に顕在化することになり、こうした現実が政府をして〈強制的同質化〉を生み出し、厚生年金や国民健康保健を実現させることになった。

総力戦論の戦時・占領期の持続――〈強制的同質化〉による民主主義の構築という問題は、これまでの占領期の研究を再検討させる。なぜなら、通常、民主化は連合国軍（ＧＨＱ）が一九四五年一〇月に、婦人解放、労働組合結成の奨励、教育の自由主義化、秘密警察などの廃止、経済の民主化の五大改革を指令し、選挙法の改正、労働組合法の制定、六・三・三・四制の実施、農地改革、財閥解体など、さまざまな改革を実施したところから始まり、こうした改革の一つの到達点として一九四六年一一月三日に、日本国憲法が公布されることになる。もちろん、こうした事実が間違っているわけではない。こうした占領軍による上からの民主主義化が実現した背景に何があったのかということを問題にする必要があるのだ。それはつまり、占領軍のこうした施策を占領された側である人びとがどう意識し、また、どういった政治的、社会的文脈にあったのかを問題とすることだ。

ここで映像メディアの問題へと議論を組み変え直してみよう。占領軍であるアメリカ政府は占領改革をさらに推し進め、日本人を親米的で民主主義的な国民に「再教育・再方向づけ」する必要があると考え、日本における公的な情報・表現メディアを統制するだけでなく、映画などの視聴覚メディアを使った広報・プロパガンダを実施した。それは既存の広報体制に依拠せず、新たな視聴覚教育というシステムを立ち上げ活用することで、より幅広く影響を与えようとした。一九四八年三月、ＣＩＥ（民間情報教育局）は文部省に対しナトコ一六ミリトーキー映写機などを無料で貸与するとし、その受け入れ体制を整えるように指示する。各都道府県教育委員会に視覚教育係が新設され、受け入れ場所として視聴覚ライブラリーが設置された。アメリカより映写機が到着して受け入れ体制が整いはじめると、一九四九年にはナトコ映写機によって、ＣＩＥが用意した短編映画の上映が各市町村で始められる。

これまでのＣＩＥ映画の研究は、当然のことながら、米国国立公文書館などの資料をもとにしてアメリカ政府の政策の意図、ならびに政策が実現していく過程を明らかにするものが大半を占める（土屋 2009）。もちろん、それが間違っているわけではない。しかし、「再教育・再方向づけ」される前に、総力戦の体制下、既に民主主義化が進展しそれを受け入れる素地があったとすれば、マス・コミュニケーション研究における限定効果説の理論的整理を行ったＪ・Ｔ・クラッパーの議論にしたがえば（Klapper 1960=1967）、それは再教育でも再方向づけでもなく、既にある傾向を補強するものだったことになる。つまり、「再教育・再方向づけ」される受け手の実態が明らかにされなければ、その効果の実態は明らかにならない。

だがもう一方で、こうした問題を考えるためにも、占領された日本社会における映像空間がどうなっていたのかを知る必要がある。映像メディアの社会的配置、文脈がどうなっていたのか、その全体像を暗数も含めて把握する必要がある。なぜなら、映像メディアは単体で存在するものではなく、互いに競合し合い、関連することでその領域を形成しているからだ。

現在、アメリカ公文書館などから占領期には知られなかった膨大な量の映像が公開されつつある。それらの写された映像は、占領期において、日本人にとっては知ることができない映像として存在し、今なお映像空間をいびつに構成している。それはかつて、日本人が満州、朝鮮、台湾などの植民地において行っていたことを、勝者である連合国軍（アメリカ政府）が同じように許可なく一方的に写し記録したものである。占領期、私たちの経験は逆転していたことを再確認する必要がある。写す側から写される側へと変わったのだ。こうした社会的文脈のなかで、再教育を掲げたＣＩＥ映画が親米的で民主主義的な態度を形成するものとして、日本人に上映される。しかし、もう一方で、そうしたＣＩＥ映画的なあり方をみながら、そうしたシステムの可能性を利用することで、検閲の網をくぐり抜け映像世界を広げようとするつくり手が現れる。占領期の映像空間は多層的であり、また多義的な社会的、政治的な意味を生成する、抗争的な場としてあったことを忘れてはならない。私たちは、その複雑で錯綜した実態を理解する必要がある。

# 第一二章　占領期における遭遇と記録

## ――アメリカ公文書館所蔵の映像群をどう捉えるか――

### 第一節　問題の所在

現在、アメリカ公文書館などには日本との戦時期と占領期に、アメリカ陸海空軍、連合国軍最高司令部の通信隊（Signal Corps）、ならびにアメリカ戦略爆撃調査団（United States Strategic Bombing Survey : USSBS）によって撮影された膨大な映像が所蔵されている。これらの映像群の存在は、研究者だけではなく映像関係者にもよく知られている。

一九七〇年代に入りアメリカ公文書館などからこれらの膨大な映像群が公開されはじめると、カラー映像ということもあり、さまざまなドキュメンタリーや放送番組の素材として使われることになった。こうした事情について、大島渚は一九六八年に『大東亜戦争』（日本テレビ）を製作した経験をもとに、「戦争の後半になると日本側のフィルムはほとんどなくなってしまうのである」とし、なぜなら、「戦争においては、勝っている時だけ映像を持つことができる」からだとする。フィルムはあったとしても、負け戦の後退戦において撮ることは困難を極めるだけでなく、そもそも「撮ろうとする意志がなかったのだ」（大島 1975, 17-19）と断言する。実作者の経験に裏付けられた説得的な意見であるが、こうした問題については、必ずしも研究的に議論されてはこなかった。

なぜなら、映像研究において、主流は作品や作家の研究であって、こうした作品化される前のラッシュ・フィルムに近いものを研究することはほとんどなされてこなかったからだ。一方で、製作する側にとっては、編集されていないラッシュ・フィルムは使いやすい素材である。大島の言はこうした製作側の事情を背景にしている。

ところで、現在、こうした映像のうち、写真についてはかなり研究が進められている。アメリカ公文書館の映像が大量に公開されるようになり、さまざまなアプローチが可能になったことがある。吉見俊哉は都市論の立場から、工藤洋三などによるアメリカ軍の上空からの写真偵察と空襲の研究を踏まえ（工藤洋 2011）、写真偵察機F13による上空から行った精密な写真撮影によって爆撃対象である都市空間を見通そうとする「まなざし」は、その後の軍事衛星に引き継がれているものであり、東京空襲はそうした「まなざし」によって行われた戦争の端緒であったとする（吉見 2016）。なお、佐藤洋一は上空よりの「まなざし」から、地上の占領された東京での生活へと変化した連合国軍兵士たちの視線の延長線上にどんな風景が広がっていたか、アメリカ公文書館の写真を配列し、たどっている（佐藤 2015）。

さらに、吉見は東京大空襲後、焦土化した東京を撮影し続けた石川光陽や東方社の写真などをあげつつ、「上空からのカメラと路上からのカメラは、同じ事象を撮影しながらも、まったく異なる風景を捉えていた。それは煎じ詰めれば、殺す者たちのまなざしと、殺される者たちのまなざしであったと言ってもいい」とし、敗戦後、占領され「空爆のまなざしは占領のまなざしに、さらには教育と啓蒙、民主化のまなざしに変化した」とする。そしてさらに、オリエンタリズムの議論を踏まえ、「上空からのまなざしが路上に降り立ち、まるでもともと路上からのまなざしであったかのように振る舞っていくようになる変化でもあった」（吉見 2016, 427）と、日本人が占領軍であるアメリカのまなざし（視線）を内在化していったことを指摘している。

こうした吉見の分かりやすい議論――例えば殺す者と殺される者といった分け方は、大島の分かりやすさ――勝者と敗者に通じるものである。しかしながら、東京大空襲・戦災資料センターによる東京大空襲の写真の集成や（東京大空襲，2015）、占領期における文化社の写真の公開（山辺・井上 2016）はこうした分かりやすさの後ろにある、分かりにくい現実についてさまざまな問題提起をしている。本章では既に写真について述べた本書第三章を踏まえつつ、動画において吉見や大島が示した分かりやすさの間にある分かりにくい問題について議論をしたい。

## 第二節　アメリカ公文書館の映像群（動画）の概要

アメリカ公文書館の映像群を扱おうとしたとき、困難を極めるのはその量の多さであり、特に動画においては見通すだけでも、見る時間を考えると容易ではない。さらに、現在も機密指定が解除になるにしたがって、順次、資料（映像）が新たに公開され続けていることもある。つまり、わたしたちにとっては何が機密として指定されているのかが分からない、全体像そのものを知ることが難しい資料群になっている。

ここでは、アメリカ公文書館の膨大な映像群のうち動画について、その概要を掴むためにアメリカ公文書館の映像群をもとにした二つの資料群から全体の推測を行いたい。一つ目は、エムティ出版が発売した『終戦直後・占領下の映像記録』全一三二巻のビデオである。(1)『終戦直後・占領下の映像記録』では、二三のテーマ別に全九四五タイトルを分類している。そのテーマは、A「日本降伏の状況」、B「大規模な京浜地区への進駐」、C「日本各地へ進駐する連合軍」、D「空爆による日本被害状況」、E「原爆による被害状況と被爆者」、F「復興の足音」、Ｇ「日本民主化への道のり」、Ｈ「極東軍事裁判のすべて」、Ｉ「Ｂ・Ｃ級戦犯裁判」、Ｊ「復員と引き揚げ」、Ｋ「開かれた皇室」、Ｌ「マッカーサーの在日記録」、Ｍ「占領軍の記録」、Ｎ「ＶＩＰの往来とスピーチ」、Ｏ「朝鮮戦争以前の日・米・朝の関係」、Ｐ「朝鮮戦争のすべて」、Ｑ「朝鮮戦争における日本の役割」、Ｒ「日米の交歓と交流」、Ｓ「条約・協定などの調印と連合国の記録」、Ｔ「農地改革と日本の農村」、Ｕ「日本解説のニュース映画」、Ｖ「日本紹介の米国映画」、Ｗ「海外の記録」である。

図12-1　エムティ出版

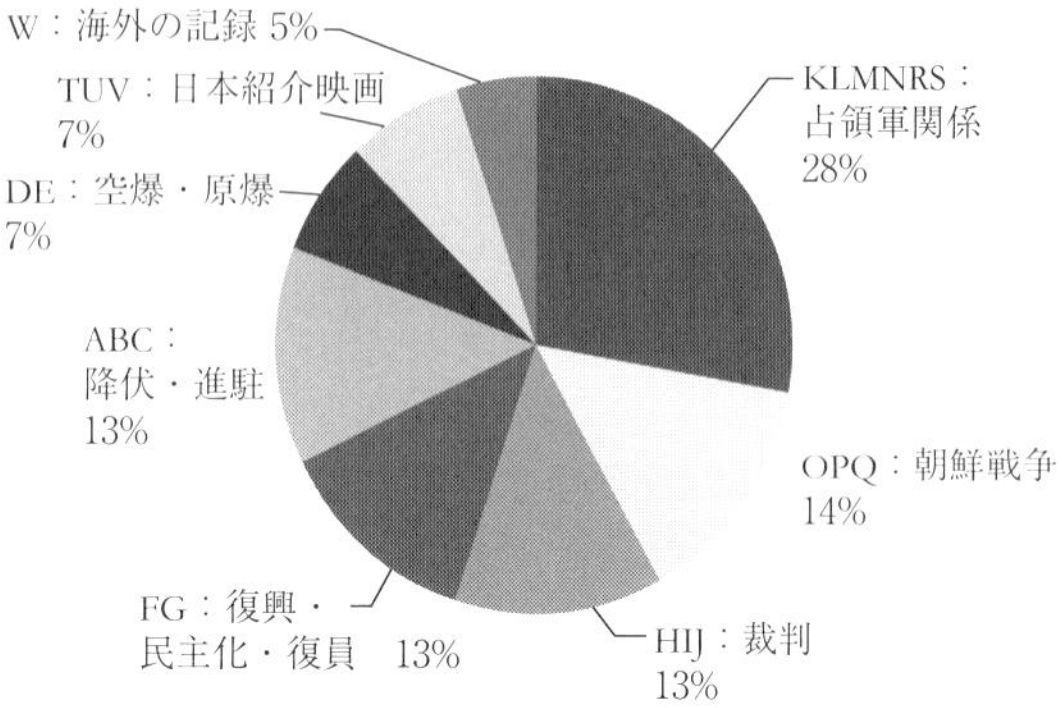


ここでは、全体を分かりやすく概括するために、テーマをさらに大きく八つに分け、その割合をみる。多い順に並べるとＫＬＭＮＲＳ「占領軍関係の記録（皇室を含む）」が二五九タイトルで二八%、ＯＰＱ「朝鮮戦争関係」が一三三タイトルで一四%、ＨＩ「裁判関係」が一二五タイトルで一三%、ＦＧＪ「復興・民主化関係」が一二三タイトルで一三%、ＡＢＣ「降伏・進駐関係」で一二〇タイトルで一三%、ＤＥ「空爆・原爆」が六八タイトルで七%、ＴＵＶ「日本紹介の映画」が六八タイトルで七%、Ｗ「海外の記録」が四九タイトルで五%となる。当然のことであろうが、為政者である占領軍の動向や、日本を裁く極東国際軍事裁判、新たな戦争である朝鮮戦争関係、海外の記録の映像が六〇%を占める。占領軍であるアメリカ人と日本人との接触、遭遇について記録された映像は、復興・民主化、降伏・進駐の様子、さらには日本を紹介する映画であるが、それら一般の日本人の動向、様子などを写したものは四〇%にすぎな

い。

二つ目の資料群である昭和館に所蔵された四六七タイトルの動画をみると、もう少し変わった割合になる。ここでは、できるだけエムティ出版のテーマ別に合わせて分類し比較してみる。ＡＢＣ「降伏・進駐関係」が一八四タイトルで三九％、エムティ出版にないテーマであるが、戦時中、日米において戦場を記録したニュース映画などが一二五タイトルで二七％、ＤＥ「空爆・原爆」が七五タイトルで一六％、ＴＵＶ「日本紹介の映画」が三〇タイトルで六％、ＦＧＪ「復興・民主化関係」が一八タイトルで四％、エムティ出版にないテーマで、戦前の日本で製作されたプロパガンダを含んだ映画が一七タイトルで四％、ＫＬＭＮＲＳ「占領軍関係の記録」が一四タイトルで三％、ＨＩ「裁判関係」が四タイトルで一％、ＯＰＱ「朝鮮戦争関係」が０タイトルである。

図 12-2　昭和館

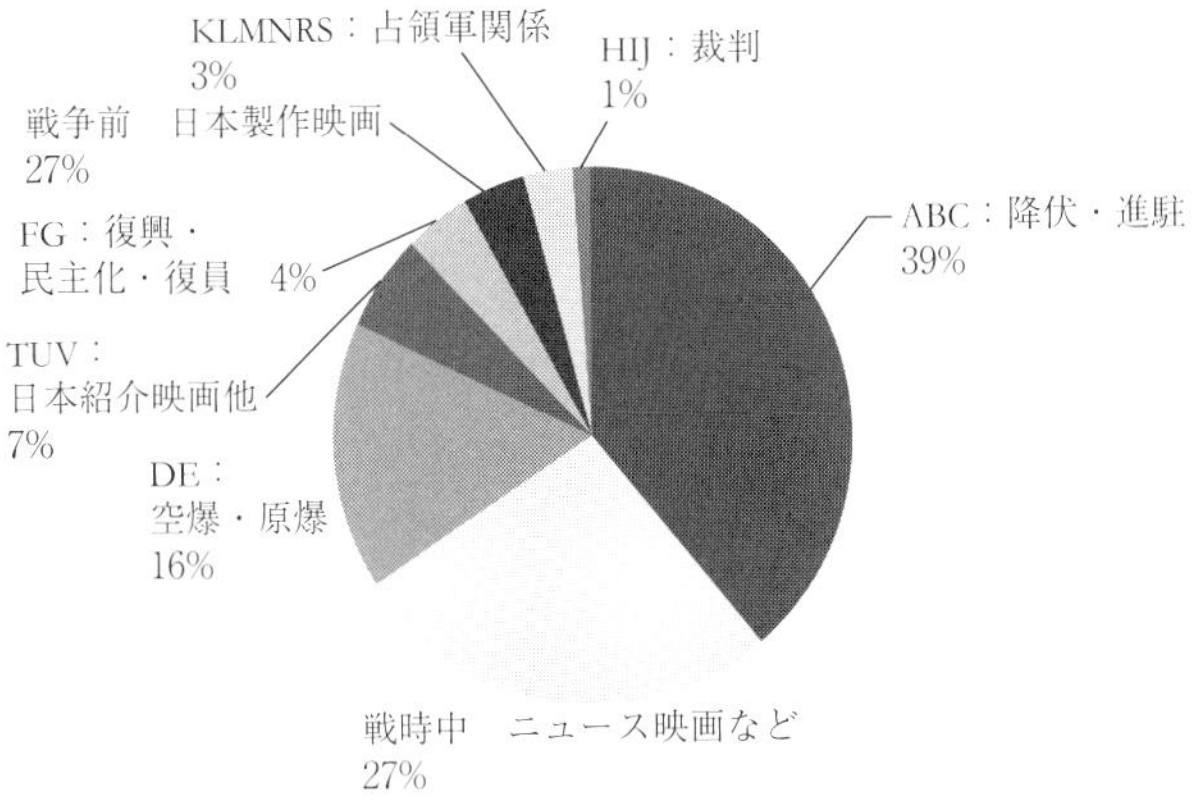


エムティ出版で多くを占めていた占領軍の動向や、極東国際軍事裁判、朝鮮戦争関係がほとんどないのは、昭和館の「戦中・戦後（昭和一〇年から三〇年ころ）の国民生活上の労苦を伝える資料の収集・保存・展示」[2]という性格を表している。同じように、戦時中の日米において戦場を記録した映像や、日本のニュース映画などが収蔵されているのも同様な方針を示していよう。昭和館の所蔵で最も多いのはＡＢＣ「降伏・進駐関係」の内容であり、Ｄ

E「空爆・原爆関係」、TUV「日本紹介の映画」、FG「復興・民主化関係」も含めると六三%となり、エムティ出版のものとは逆の割合となる。その点では、収録の意図の違いを大きく表している。なお、ABC「降伏・進駐関係」は割合だけでなくタイトル数も増えている。リサーチャーの問題もあるかと考えられるが、機密指定解除によって見られる映像が増大していることが推測される。DE「空爆・原爆関係」もやはり増えており、同様の問題があるかと思われる。

ここでもう少し内容に立ち入ってみると、エムティ出版の分類には若干の問題もあることがみえる。ABC「降伏・進駐関係」とDE「空爆・原爆関係」、TUV「日本紹介の映画」の大半は、実際に撮影したのがアメリカ戦略爆撃調査団よるからだ。このことを考慮すると、この三つの項目は互いにテーマが隣接しているだけでなく、内容的にも緊密な関係にあることが推測できる。さらに、重要なのは、これらの映像がアメリカ側によって組織的にアメリカ人と日本人とが接触、遭遇する局面を、最初に記録したものだということにある。

## 第三節　アメリカ戦略爆撃調査団による映像の概要

先に述べたように、吉見が写真をもとに議論している「空爆のまなざしから占領のまなざしへ」というテーゼは、そのまま動画においてもあてはまる。というより、アメリカ軍は写真と動画を併用しており、爆撃をする一部始終を動画でも撮影し、その効果の実態を明らかにすべく、戦後はアメリカ戦略爆撃調査団を組織し、爆撃した日本各地域の調査を行い、映像で記録することを意図した。なお、アメリカ戦略爆撃調査団の映画の撮影班はダニエル・マクガヴァンによって組織され、製作を行った。

このアメリカ戦略爆撃調査団による撮影は主にカラー・フィルムによっており、一九四五年一二月から一九四六年にかけて集中的に撮影が行われている。占領初期におけるＡＢＣ「降伏・進駐」の時期に相当し、占領するものと占領されるものとの関係がまだ確立されていない段階に、ＤＥ「空爆・原爆」の調査と、ＴＵＶ「日本の紹介」という内容が混合した、ドキュメンタリーの製作が試みられている。どちらにしても、こうした調査団が組織され映像製作が組み込まれていたのは、戦場の記録映像が、アメリカ（ハリウッドの映画会社）において自国軍の活躍を銃後の国民に伝える重要な役割を担っていたからに他ならない。大島が戦争において「勝っている時だけ映像を持つことができる」とし、負けている時は「撮ろうとする意志がな」いとするのは、為政者の立場を表したものである。つまり、勝っている時、為政者は戦争を遂行するためにプロパガンダとして戦場の映像を利用しやすいし、また実際に利用するが、負けている映像は利用しにくい。そして、何より負け戦、後退戦のときに撮影することは極めて困難を極める。

こうした勝者によるプロパガンダを描いたものとして、クリント・イーストウッド監督による劇映画『父親たちの星条旗』（Flags of Our Fathers 2006）では、硫黄島での死闘を伝える摺鉢山の山頂に星条旗を立てる有名な写真「硫黄島の星条旗」をめぐって、政府のプロパガンダに巻き込まれた星条旗を揚げた兵士たちの数奇な運命を描いている。また、ＮＨＫによればアメリカ海兵隊が撮影した約三〇〇〇本、五〇〇時間のフィルムをもとにしたドキュメンタリー、ＢＳ1スペシャル『戦争とプロパガンダ――アメリカの映像戦略』（二〇一五年九月二三日放映）も同様な観点に基づき、アメリカ政府がどういうプロパガンダを行ったかを検証している。

ところで、通常、アメリカ戦略爆撃調査団の映像が問題になるのは、広島、長崎における原爆の映画である『広島・長崎における原子爆弾の影響（Effects of The Atomic Bomb on Hiroshima and Nagasaki）』（日本映画社 一九四六年）

をめぐってである。その製作、公開の経緯については、既に製作当事者である加納隆一（加納・水野 1965）とアメリカ側のマクガヴァンの調査をもとにした阿部・マーク・ノーネス（阿部 1999）があるので詳細はそちらにゆずるとして、必要な範囲でまとめる。

広島・長崎の原爆投下後、日本映画社（以下、日映）においてニュースとは別に映画で記録を撮っておくべきだという意見があり、敗戦という状況のなかでプロデューサーであった加納は科学的な調査記録としてなら可能であろうと考え、文部省の「原子爆弾災害調査研究特別委員会」の現地調査に同行しその結果を記録するという方針をたて、製作を進めた。そして、占領軍命令による一時的中止を経て、アメリカ戦略爆撃調査団のマクガヴァンの管理下での製作が認められ完成することになる。既に述べているようにアメリカ戦略爆撃調査団の側も、広島・長崎における原爆の効果の映画を撮ることが予定されており、その撮影が実際に進められたが、マクガヴァンが日本映画社の撮影状況を知り、製作の完成を支持することになる。阿部によればマクガヴァンは完成した「日映のフィルムを気に入っていて、アメリカ国内で広く公開しようという壮大な計画を抱いていた」（阿部 1999, 126）としている。どちらにしても、現在、『広島・長崎における原子爆弾の影響』は紆余曲折を経て、アメリカ国立公文書館に所蔵されパブリック・ドメインとして公開され、日本においてもＤＶＤで販売され自由に見ることができる。(3)

また、アメリカ戦略爆撃調査団で撮影したものは、マクガヴァンの側でその後、『広島に対する原爆の効果』『長崎に対する原爆の効果』『原爆の医学的側面』『日本に対する戦略爆撃の効果』『投下爆弾計画の効果』の五本の訓練映画が製作されている。阿部によれば、当初の予定では訓練映画を五本、ワーナー・ブラザーズで劇場向け長編ドキュメンタリーを一本製作する予定であったという。アメリカ軍の戦場の映像をもとにした戦意高揚映画を製作していたワーナー・ブラザーズは「アメリカ陸軍航空部隊による戦略爆撃の結果として、日本の経済、文化、政治状態にどんな影響が現れたか――こうしたことを見せる教化目的の」（阿部 1999, 241-242）ドキュメンタリーを考えていたという。

どちらにしても、殺す側であったアメリカ人と、殺される側であった日本人が広島・長崎の原爆の影響・効果という「同じ事象を撮影」する事例がここに現れたことになる。

## 第四節　空爆・原爆をめぐる映像

ここで、日本映画社による『広島・長崎における原子爆弾の影響』の内容をみてみよう。その構成は、広島編と長崎編の二つに分かれている。広島編はさらに、「広島」「八月六日」「広島における物理学的調査報告」「爆心地区における放射線調査」「影についての調査」「熱についての調査」「広島にける生物学的調査報告」「人体に及ぼした影響」「負傷についての調査」「放射線による病気についての調査」「主な病院と特設救護病院」「医薬品・衣類・食糧及び住居の欠乏」と分かれ、長崎編は「長崎」「八月九日」「長崎における物理学的調査報告」「熱についての調査」「爆風についての調査」「放射能についての調査」「西山地区の放射能調査」「人体に及ぼした影響」「長崎における生物学的調査報告」「破壊は終わった」となっている。

映画は、ニュース映画やそれまでの文化映画の製作経験を踏まえ、各パートごとに構成され、短編映画を繋げたような構造になっている。また、題名が示すように、原子爆弾の爆心地から1㎞、2㎞、……と同心円状に、どう影響や効果があったかを丁寧に記録しており、加納が述べているように科学的な記録映像に徹している。

ところで、一九九一年にこの映画を見た粉川哲夫と鶴見俊輔は対談し、興味深い議論をしている。粉川は「この映画の多くの場面が、いわゆる当時の科学映画のやり方で撮っている。（略）生活を極限まで排除して事実を積み上げ、記録してゆくようなスタイル。これは非常に非人間的な操作であるわけで、明らかにそこには戦争の悲惨さをデータとして使っていこうという意識が潜在的に隠れている」とし、この映画が「アメリカの戦略爆撃調査団が原爆の結果を調査した膨大な資料の補助映像資料として作った傾向が強い」（鶴見・粉川 1991, 239）とする。これに呼応するように鶴見も「全体として見ると、アメリカ人が作ったものですね」（鶴見・粉川 1991, 245）としている。

これに対して阿部は、詳細な調査をもとにこの映画が「その非人間性もすべて含めて、日本人の作った映画」（阿部 1999, 130）であるとする。この阿部の指摘は全く正しい。私たちは粉川や鶴見の記憶に、すき間、あるいは誤差があることに注意しなければならない。阿部は日本のドキュメンタリー映画の戦前の歴史をたどり、一九三〇年代後半からドキュメンタリーの直接性に価値をおくものと、ポール・ローサの影響のもと「演出された現実」を重視する二つの流れがあったことを指摘し、『広島・長崎における原子爆弾の影響』が前者の流れにあるとする。それは戦前のドイツのクルトゥア・フィルム（文化映画）の影響を受けた日本の科学映画の流れであり、戦時中の一九四四年に製作された『爆風と弾片』（佐々木富美男監督 理研科学映画）[4]はこうした流れの一つの到達点であると同時に、『広島・長崎における原子爆弾の影響』を用意するものであったとする。『爆風と弾片』は「徹底的に（そしてうんざりするほどに）、さまざまな種類の爆弾の効果を調査した」ものであり、映画では「木の壁板や障子、いろいろな種類の家畜が同心円上に配置され」、中心にある爆弾が爆発し、その被害が克明に写される（阿部 1999, 131）。戦時中に、こうした科学的なドキュメンタリー映画が作られていたことは、戦争という現実に映画人が正面から向き合っていたことを示している。この姿勢は、同時代的に作られていた実際の戦場で撮影されていたニュース映像とも共鳴する。戦場において求められるのは、いい加減な科学性でなく、非人間的なまでに冷徹かつ厳しいものでなければ役に立たない。この厳しい姿勢は、戦場で撮影するものにとって必須の態度である。

実際、こうした姿勢は戦場をはさんで、アメリカ軍側の映像にもみられる。現在、アメリカ公文書館にはさまざまな軍事訓練のためのオリエンテーション映画が残されている。例えば、『日本の手榴弾と地雷』は日本軍が使用しているさまざまな手榴弾と地雷が徹底的に分析され、どう処理すべきかを丁寧に解説している。こうした訓練映画は戦争における映像のあり方を示している。日本、アメリカ双方において、映像はプロパガンダだけが意図されていたわけではない。こうした映像の多様性は、大島の議論に一定の留保をつける。重要なのは、戦争という現実は、日米お互いの映像制作者の意識を近づけることにある。

マクガヴァンが日映の『広島・長崎における原子爆弾の影響』を気に入っていたのは、こうしたことを背景にしている。実際、現在残されているマクガヴァンらによるアメリカ戦略爆撃調査団が撮影したカラー映像と、日本映画社が撮影した映像はその撮り方においてきわめて相似ており、明らかに共鳴している。粉川と鶴見が、日映の『広島・長崎における原子爆弾の影響』を見て、アメリカ側の映像であると思ったとしても間違っていたわけではない。

それでは、日映の映像と戦略爆撃調査団の映像との違いは全くないのだろうか。道路や建造物、あるいは植物などの生物についての映像が変わりはないとしても、人間に対しても変わらないだろうか。『広島・長崎における原子爆弾の影響』の広島編「人体に及ぼした影響」では多くの被爆者がその姿をさらしている。それらの人びとは苦痛に耐えるのに精一杯なのか、顔は無表情であり目はうつろである。粉川は「普通の場合だったら、患者の撮影なんかできる状態ではないわけです。ところが、カメラに向かって顔を動かして傷を見せさせられたりしているわけです。それは撮影のためにライトを当ててやるわけですから、患者の側にとっては大変な苦痛であるし、辛いことだと思う」とし、こうした人びとの無表情な顔に無言の抵抗が出ているとする。そこには「想像もしなかったような事態の中に投げ込まれたことに対する驚きと恐怖と反発とが出ていると同時に、その延長線上で、今度はそれを撮影されているということに対する反発。さらには、何かもう諦め」（鶴見・粉川 1991, 258-259）といったものがあるとする。しかし、粉川の記憶には忘却されている時間がある。

例えば、「人体に及ぼした影響」の「熱傷についての調査」の冒頭に背中全体を熱傷で焼けただれたやせ細った青年が写される。この青年は佐々木忠孝であることが分かっている。佐々木は第五師団兵器部所属の技術一等兵で、八月六日朝、所属部隊から第二部隊へ食糧の缶を返した帰り、広島城のそばを歩いていたときに被爆した。その後、原隊に戻り、牛田の山の方へと逃げるなどしたが、最終的には探しに来た妻と叔父に発見され日赤病院に入った。「一〇月五日ごろここで映画班に撮影された時も明日の命が危ぶまれるほどで」あり、「一〇月中旬に竹原の病院に移ったが、七、八ヶ月は立つこともままなら」（永井 1983, 54）い状態であった。撮影時には瀕死の状態であり、なんらかの意思を表すことさえ難しい状態であった。粉川の印象は見る側の意思を反映している。同様のことを、吉見は一九四五年三月一〇日の東京大空襲の後の人びとを写した石川光陽の写真をもとに、そこに写された人びとには「表情というものがない」とし、「彼らはただ道を俯き気味に黙々と歩き、行方不明者を探し、誰かのために祈り、茫然と立ち尽くしている。互いに目を見合わせたり、何かに向かって怒りを表明したり、何かをそっと覗きこんだりしている人はいない。人間は、極限的な状況に追い込まれると「まなざし」

を失うのだ」（吉見 2016, 414-415）とする。

ところで、こうした凄惨な現実を前にしたとき、映像を写す者であるカメラマンは同胞として同じ被災者でありながら、あたかも別の世界に住んでいる人間のように目の前の現実に惹かれ写そうとし、時には残酷なまでに被写体に接する。それは職業的なものといえるが、映像を生業にするものの本質ともいえる。粉川が言うように、そこには撮影者のいかがわしさがある。凄惨な現場でこうしたいかがわしさが見逃されるのは、写される人びとにとって、写す人びとも同じ現場におり同じ経験を共有しているという感覚にすぎない。「非人間的」な科学性と評された撮影が可能であったのは、こうした写すものと写されるものとの関係性による。

ところで、日本映画社の撮影からほどなくして、アメリカ戦略爆撃調査団によって長崎、広島の撮影が行われることになる。一九四六年三月には長崎の大村海軍病院、四月には広島の日赤病院、逓信病院で被爆者の撮影も行われている。広島での撮影は日本人のハリー三村こと三村明である。三村の評伝によれば多くの被爆者は撮影隊に日本人がいたと記憶している人間はいないという。また、撮影にあたって「ハリーは特別に患者から敵意のようなものは感じなかった」（工藤美 1985, 201）としている。しかし、写された映像では、人びと（被爆者）はアメリカ戦略爆撃調査団の撮影は勝者である占領軍の撮影と意識しており、長崎でも広島での撮影でも、日本映画社の時とは違い、明らかに撮影されることに人びとは抵抗を表している。写された一人である柴崎時彦は「米調査団のカメラに撮影されたのは、最初の手術のため逓信病院に入院した時である。「こんな体にして、その上写真まで撮るとは」と怒りに燃えた」（永井 1983, 62）と証言している。ここでは、人びとは無表情ではない。あからさまではないにしても、じっと耐え、撮影されている姿がそこにある。その意味では、アメリカ戦略爆撃調査団のカラー映像は極めて人間的な記録となっている。ここには、ひとつの逆説がある。

原爆の凄まじい現実を目の当たりにしたアメリカ戦略爆撃調査団のマクガヴァンやハーバート・スッサンは撮影の過程で、この凄まじい現実の「記録を残すことによって、きっと後世の人々に役立たせよう」(工藤美 1985, 190)という思いを抱くが、それは写す者と写される者との関係のなかで勝者と敗者として、占領者と占領される者として、それはアメリカ人と日本人との関係として表され、製作者の思いそのものは隠される。そして、その後、被爆者が町や村の共同体のなかで選別され排除されることで、写された映像は隠されるべきものとされ、こうした思いも埋葬されることになる。

## 第五節　文化をめぐる映像

ところで、マクヴァガンらが「戦略爆撃の結果として、日本の経済、文化、政治状態にどんな影響が現れたか」というドキュメンタリーを企画していたとされるが、どういったものを考えていたのかは不明である。しかしながら、その背景には戦意高揚のためのプロパガンダ映画や、兵士向けに作られた日本を理解するためのさまざまなオリエンテーション用の映画があったことは間違いない。

ここではV「日本紹介の米国映画」と同じ映像が昭和館に収蔵されているので、それを中心に見てみよう(映像タイトルは全て、昭和館にて付けたものとする)。まず、一九四五年一二月に来日してすぐに撮影した「日本の生活習慣と儀式」(H701000771)、「神風の出陣の儀式」(H701000776)では、日本の神風特攻隊の出陣の儀式や(写真12-1、12-2)、戦時中の消防訓練の様子を再現して撮影しており、アメリカ側の爆撃に対する日本側の対応を映像化しようとしている。また、皇居を警備するアメリカ兵や(写真12-3)、アメリカ兵士と一緒に歩く日本女

写真12-1 「神風の出陣の儀式」（H701000776）より

写真12-2　勝者による神風特攻隊の出陣式の再現。

写真12-3 「神風の出陣の儀式」（H701000776）より
皇居を警備するアメリカ兵

写真12-4　アメリカ兵士と一緒の日本女性。

性（写真12－4）など占領が友好に進んでいることを写している。「日本の教育と宗教」（H0701000813）では防空壕の解体される様子などが、それぞれ再現され構成される。これらは、勝者の立場によってのみ可能な映像といえる。

もちろん、型どおりともいえるが、占領するアメリカ側がこうした再現映像から日本人の生活習慣や儀式の底にある観念や意識、さらには感性や感覚を写そうとすれば、相応の知識がなければステレオタイプなものとなる。マクガヴァンらはこうしたステレオタイプを回避しようとしているだろうか、しているとすれば、そこになんらかの手立て、視点を見出すことができるはずである。

一つの手がかりは撮影地にある。三一本のうち、一三本が京都で撮影されており、マクガヴァンらが何に興味をもっていたのかが、そこからうかがうことができる。まず目に付くのは、やはり儀式や儀礼である。「日本の宗教生活」（H0701000826）では知恩院の寺の儀式、平安神宮の結婚式、「京都—美術と工芸」（H0701000840）では上賀茂神社の蹴鞠、金剛流の能が写される。さらに、「京都—美術と工芸」（H0701000820）の女性による長刀と木刀の試合、柔道の模範演技などもこれに類したものといえる。これらの映像は既にある儀礼をそのまま撮影したか、撮影のためにあらためて儀礼を行ってもらったものであろう。

次に、こうした儀式・儀礼よりさらに日常生活に近いものとして、生活を支える器や物を作る過程を撮影したものである。「京都—美術と工芸」（H0701000840）では扇子作り（写真12-5）、「京都—美術と工芸」（H0701000819）では漆塗り、友禅の原画描き（写真12-7）、型染め、川での水洗い（写真12-8）、「京都—美術と工芸」（H0701000820）では扇子に絵を描く場面（写真12-6）、七宝細工作りがある。

こうした日本社会の文化や、その儀礼、物作り、さらには生活様式などといった題材はすでに一九三〇年代後半から名取洋之助らの日本工房などの対外宣伝のグラフィズムなどで展開されていたものであった（原田・川崎 2002）。また、映画では国際文化振興会によって『人形製作』（一九三七年）[5]、『傘』『竹籠』『提灯』（一九三八年）[6]など、物作りの映画が製作され、ニューヨークやサンフランシスコの万博などで公開されている。これらの映像の背景には、これらの物が実際に輸出され商品としての価値をもっていたこともある。どちらにしても、マクガヴァンらはこうした映像を参照し、ドキュメンタリーの企画を考えていた。当然のことであるが、日本工房のグラフィズムや国際文化振興会などの映像が日本文化やその生活を外からの視線で客観的に分かりやすく解説し広報しようとしており、そのまなざしにはオリエンタリズムが内包されていることは間違いない。しかしながら、

写真12-6　扇子作りの手業。

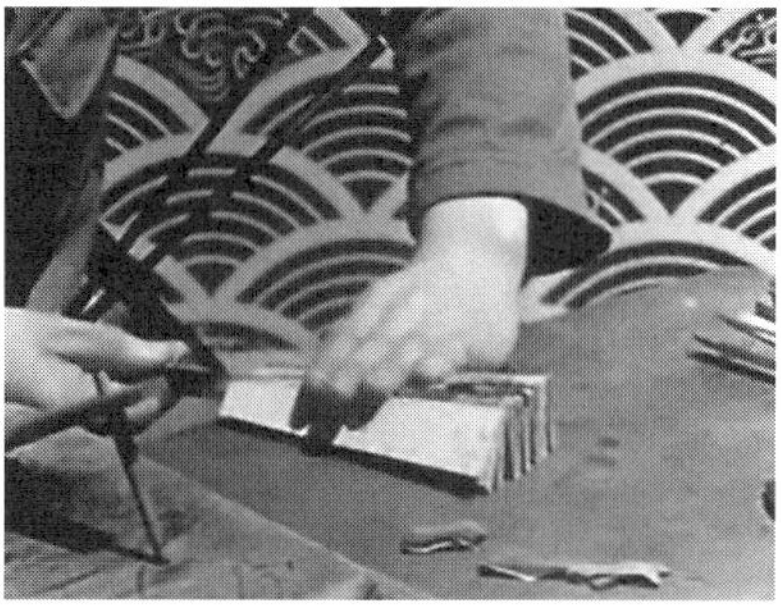

写真12-5 「京都：美術と工芸　記録映像」（H0701000820）より

写真12-8　友禅の工程。

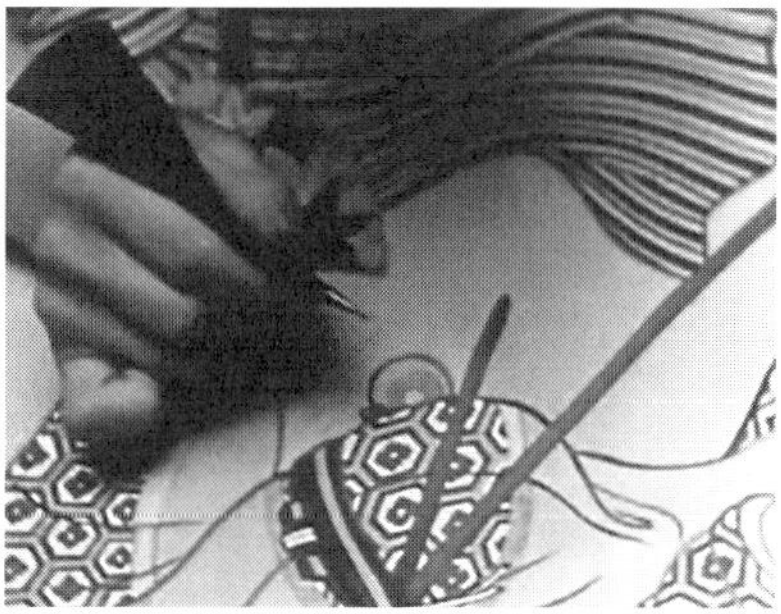

写真12-7 「京都：美術と工芸　記録映像」（H0701000819）より

異文化を理解するという行為に、こうした内と外との視線の交換は不可欠のものともいえる。

残念なことに、マクガヴァンらのアメリカ戦略爆撃調査団の映像は一定の粗編集は行われているが、占領期の日本社会や文化を紹介する最終的な作品には至らなかった。しかし、こうしたいくつかの試みが、占領期に各地域で行われている。例えば、静岡県で撮影されたと考えられる「お茶の製造工程」（年不明、モノクロ、H2601200889）では、茶畑から茶葉を運び（写真12-9）、茶葉を機械で蒸し（写真12-10）、さらに作業員が揉みほぐしながら熱風を当て、乾燥させる作業の過程が写される。茶葉は選別され、袋詰めにし、臭いなど品質検査をし、「IRIS JAPAN

GREEN TEA」の印が押された箱に梱包され運び出され、サンフランシスコなどに出荷される。この映像が輸出にあたっての広報映画であり、戦前の国際文化振興会との共通性は明らかといえる。

さらに、こうした物作りの過程だけではなく、日本人の普段の日常生活を撮影した「京都―家庭と都市生活」（H070100815）では、中流家庭の食事の風景、布団を敷く娘、琴を弾く女性、台所で料理をする女性（写真12-11）、朝、水を汲み顔を洗う少年（写真12-12）が丁寧に写されている。また、「京都―美術と工芸」（H070100840）では、羅宇屋（流しの煙管の掃除屋）などが写される（写真12-13、12-14）。異文化の人間だから写そうとすることが可能となった文化人類学的な視線を、こうした映像からみることができる。そうした文化人類学的な視線から考えると、京都での撮影が多いのは古くからの伝統的な儀礼や物が多く残されていることが考えられるが、それだけでなく、爆撃を受けていないため普段の日常生活の習慣が残っていることが、その理由だったことが分かる。なお、これらの京都での撮影の大半を日本人の三村明が担当しており、外国人が新奇なものを撮るエキゾチシズムより、丁寧に日常生活を記録するという意識が感じられる。

また、埼玉県比企郡唐子村で一九四七年撮影された『日本の農村』（モノクロ、日本エムティ出版第九巻③）は、長期間の撮影で稲作を中心に農村の一年間を追っている。特にタイトルはないが、映画は五部構成となっている。第一部では苗代、畔作り、田植、野菜栽培、ムシロ作り、肥料まきなど。第二部は小学校での英語の授業、村の商店など。第三部では農業会館、農地改革のポスター、農地委員の会合など。第四部では足踏み水車で田んぼに水を入れる様子、夏祭り、機織り、消防団、炭焼き、選挙など。第五部ではある一家の神社詣でなど。写される人びとは撮影中に笑うなどしており、友好的な関係のもとで撮影が行われていたことがうかがえる。

比企郡唐子村では、占領軍の天然資源局によって農地改革にともなう日本の農村の変化の調査が一九四七年五

写真12-10　占領軍の製作によるＰＲ映画

写真12-9 「お茶の製造工程」（H2601200889）より

写真12-12　台所仕事に朝の洗顔、何気ない日常生活の記録。

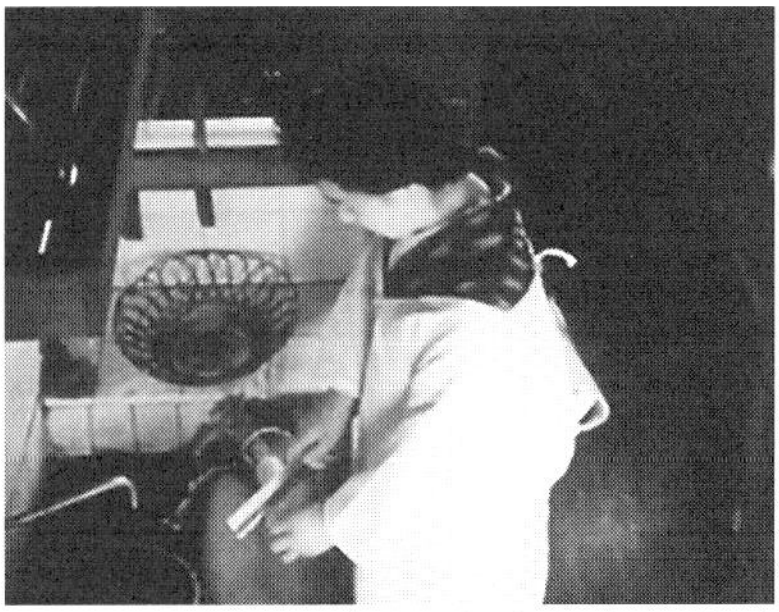
写真12-11 「京都：家庭と都市生活　記録映像」（H0701000815）より

写真12-14　町の流しの煙管掃除屋、雁首、吸い口を外しての掃除

写真12-13「京都：美術と工芸　記録映像」（H0701000840）より

月から始まっており（中野泰 2012, 88）、この映像がそうした調査の一環として、日本の社会学者の指導のもと行われたと思われる。こうした事例は他に、岡山県に駐留した占領軍とミシガン大学日本研究所岡山分室でのアメリカ人類学者による調査において、映像の撮影が行われていることが分かっている(7)。

研究者との共同した撮影は、背景にある調査の蓄積をもとに、対象に対する記録性を重視したものとなり、プロパガンダや広報映画の域を脱するものとなる。この時期、日本の製作者によって、稲作を中心にした農村を記録した映画として『日本の稲作』（全国農村映画協会 演出 太田仁吉・樺島清一、一九五四年(8)）がある。種まきのしたく、代かき、苗床づくり、田植え、草取り、稲の刈り入れ、冬の田の備えまでを、村人やそれを支える農業試験場の人びとなどを含め克明に映像で記録したものである。

同じ稲作の過程を撮影記録する映画として、『日本の農村』と『日本の稲作』は製作する立場、あるいはアメリカと日本との違いを超えて映像は、その克明さと、記録性に徹した映像がもつ退屈さを共に醸しだしている。ここには、アメリカと日本、勝者と敗者、あるいは占領する者と占領される者といった枠組みを超えて、現実に迫ろうとする記録への意思がある。双方に同じような、戦争という体験が映像にもたらした本質的な影響をみることができる。しかし、占領期の後期に始まる、CIE／USIS映画は、再びプロパガンダとして、宣伝・広報としての役割を担うことになる。ここには、そうした文脈とは異なる映像の流れがあるといってよい。

## 第六節　映像における記録とは何か

映像を撮影するものは、戦場において目の前の現実を、克明に写す必要がある。目の前の現実から目をそむけることは、映像を写す者にとって、現実から逃げることでしかないからだ。二〇一一年三月一一日におきた東日本大震災の後、被災地を写したカメラマンから屍体を避けて写していたことに対する反省の声があがったことは、映像を生業とするものとして当然のことである。しかし、平時において、変化のない日常において、克明さは退屈なものとなる。日本映画社の『広島・長崎における原子爆弾の影響』やアメリカ戦略爆撃調査団の爆撃された地域の映像がもつ、ある種の退屈さはそうした戦時の克明さ、リアリズムが引き起こしている。

戦後、日本の短編映画は教育映画や産業映画として発展していくが、こうした映像の克明さは求められることはなかった。リアリズムの社会的な意味が変わったからである。また、これらの映像は当時の政治、社会的文脈のなかで時に隠され、あるいは忘却された。そのことで、日本とアメリカの映像製作者が払った努力の意味も埋もれることになる。どちらにしても、今、アメリカ側から公開される膨大な映像を前にして、こうした映像をどう読み解いていくのか、再び、写された側である私たちが考える時期にきている。

注

（1）『終戦直後・占領下の映像記録』ＶＨＳ　全一三巻　エムティ出版、一九九八年。
（2）昭和館ホームページ　http://www.showakan.go.jp/index.html・「資料募集のお知らせ」。
（3）『広島・長崎における原子爆弾の影響［完全版］』ＤＶＤ　日映映像、二〇一〇年。
（4）『爆風と弾片』ＤＶＤ（原田健一・吉原順平・渡部実監修『ドキュメンタリー映像集成』第一期第四巻収録、紀伊國屋書店、二〇〇六年）。
（5）『人形製作』ＤＶＤ（原田健一・吉原順平・渡部実監修『ドキュメンタリー映像集成』第一期第三巻収録、紀伊國屋書店、二〇〇六年）。
（6）これらの映像は、現在、国際交流基金に収蔵されている。

（7）　岡山理科大学総合情報学部「占領期岡山における視聴覚資料」https://www.soci.ous.ac.jp/archive_Okayama/index.html

（8）『日本の稲作』DVD（原田健一・吉原順平・渡部実監修『ドキュメンタリー映像集成』第一期第六巻収録、紀伊國屋書店、二〇〇六年）。

# 第一三章　浮浪児という子ども
## ――抗争の場としての『蜂の巣の子供たち』――

### 第一節　浮浪児と『蜂の巣の子供たち』

占領下、駅周辺や盛り場にあらわれた浮浪児の姿は、敗戦を象徴する一つの現象であった。一九四八（昭和二三）年に清水宏によって自主製作された『蜂の巣の子供たち』は、戦争孤児である浮浪児たちと復員兵の交情を描いた劇映画であるが、この映画は、浮浪児を正面から問題にしただけでなく、浮浪児たちがたむろする場所で本当の浮浪児が演じるというドキュメンタリーの側面をもつものであった。こうした清水宏の試みは、映像のもつ現実の再現性を発揮させ、劇映画の可能性を追求するだけでなく、そうした製作行為を通して、映画と社会との新たな関係を模索しようとするものでもあった。イタリアの敗戦後におきたイタリア・ネオリアリズムが特定の個人の所産ではなかったように（Huaco 1985, 198-205）、清水宏のこの試みも、敗戦と占領という社会の解体と闘争の諸条件のなかで生み出されたものであり、必ずしも孤立したものではなかった。ここでは、映画の製作過程とその受容過程の全体を通してみることで、占領期における映像メディアの問題を明らかにする。

## 第二節　監督 清水宏

清水宏は一九〇三（明治三六）年に静岡県で生まれ、父は古河鉱業の社員、母は山林大地主の大橋家の娘であったとされる。浜松の中学校を卒業後、一九二一年、一八歳の時、浅草で映写技師などをしていたが、翌一九二二年に松竹蒲田撮影所に入社し、助監督になる。一九二四年、二一歳で『峠の彼方』で監督になり、都会の生活をモダンなセンスで描く、ユーモア作家として『大学の若旦那』シリーズ（一九三三―三六年）などの大衆的な作品で評価を得る。

その清水が監督として注目されるようになったのは、『有りがたうさん』（一九三六年）からである。この映画は川端康成の掌篇小説をもとに、お客に「ありがとう」といつも言う若い運転手の乗合バスの乗客がおりなす人生模様を描いたものである。南伊豆の山道を行くこのバスの道程を、オール・ロケーションで描いたこの作品は、映画における「実写精神」をあらわす典型として、当時の映画批評界で問題となる。その後、清水は、大学生の軍事教練の行軍を喜劇的に描いた『花形選手』（一九三七年）をはじめとし、子どもを主題とした『風の中の子供』（一九三七年）、『子供の四季』（一九三九年）、『ともだち』（一九四〇年）、『みかへりの塔』（一九四一年）などによって、自然を背景に子どもを詩情豊かに描く特異な監督として、高く評価されるようになる。戦後に製作された『蜂の巣の子供たち』（一九四八年）、『その後の蜂の巣の子供たち』（一九五一年）、『大仏さまと子供たち』（一九五二年）の三部作は、清水の子どもを主題とした映画の集大成であり、代表作である。

清水は、スタジオ映画の製作方法を嫌い、外でのロケーション撮影を多用し、ロング・ショットによって映画の随所に日本の自然を映像に定着させた。また、一方で、演じ手に子どもや新人や素人を好んで使い、彼らを道ばたや、風景のなかにおき、横に移動するカメラに合わせるかのように、ストーリーを語ろうとした。こうした清水の映画の特徴は、本質的には、サイレント時代の映画の伝統を受けついだものだが、映画が産業化し、さらにサイレントからトーキーへと転換し、スタジオでの製作が一般的となった段階では、特異なものであった。清水の演出に対する姿勢は一貫しており、自覚的なものであったが、会社のなかでは時代の流れに逆向するものであり、その性格とあいまって、経済効率を重視したスタジオ製作をおこなう人びとからはわがままで身勝手なものとみなされた（牛原 1988, 117-118）。しかし、一方で、清水の試みは、同時代の映像の表現者たちのなかでは、革新的で先端的な試みをおこなうものとして高く評価された（田中他 2000）。

こうした特徴をもつ清水の映画の本格的な再評価の気運は、スタジオ映画が行きづまりをみせ、そうした映画作法への批判として、一九六〇年代にフランスでヌーヴェルバーグが現れたあと、一九七〇年代にはいってからのことである。一九八八年には、ロンドンのナショナル・フィルム・シアターなどで回顧上映され、黒澤明、溝口健二、小津安二郎、成瀬巳喜男などとならんで、海外で評価をされるようになる。日本においても、そうした流れを受け、二〇〇〇年には、清水の書いたものを集成し、関係者に対するインタビューをおこない、詳細な作品録や年譜を掲載した『［映画読本］清水宏――即興するポエジー、蘇る「超映画伝説」』が刊行されている。

清水の製作方法は、スタジオ映画のシステムと必ずしもなじむものではなかったが、演出方法そのものは劇映画の枠を踏み外すものではない。清水の演出の意図は、劇映画において、ストーリーを物語る人物たちを〈図〉としてみたとき、人物の背景にひろがるさまざまな風景を、〈図〉を成り立たせる〈地〉としてあることをみて、通常は問題にされることのないその関係を反転させることで、新たな劇映像の可能性を開こうとした。映像において、写っている一見なんでもない風景に社会の現在形が表出し、写される人物に息をさせ、その像を彫琢し、リアリティを与えているという発見が、そこにある。清水が映像作家として、映画において背景にひろがる風景を発見していく過程と、日本が中国との戦争を本格化させていく過程とが一致するのは、偶然ではない。清水は、劇映画の〈図〉と〈地〉を反転させ、子どもを物語の主題とし、戦時下の社会を直接、描くことをやめ、背景にひろがる風景に、社会の変化や生活のリアリティを感受し、映像を創造しようとするのである。清水は、一九四三年に台湾で、李香蘭主演の『サヨンの鐘』を監督して以降、戦争を嫌って映画から離れ、奈良や京都の神社仏閣を歩きまわっている（今村 1949, 5）。こうした戦時下の姿勢は、清水の作家としての精神のあり方を示している。

## 第三節　敗戦と浮浪児

清水宏と映画に出演している浮浪児とのはじめての出会いは、終戦直後のことである。東海道線で食べ物をもらっている子どもを見て、気があいそのまま京都の家に連れて帰った。その浮浪児は、富山に生まれ、金沢駅でリンゴの闇屋に使われ、無賃で列車にもぐりこみ、東日本中を旅する少年であり、名を中村定雄といい、一二歳であった。その後、山陽線では、広島の原爆で一家を失った三原弘之（一二歳）、北平から引き揚げ京都駅にいた千葉義勝（一〇歳）、京都駅で闇屋の手先をしていた平良喜代志（一四歳）、大阪の地下鉄駅で新聞売りをしていた岩本豊（一三歳）、堺の酒屋の子で、一家七人を空襲で亡くした川西清（一三歳）、紀州生まれの硲由夫（一三歳）、高槻の親戚の家を出てきた久保田晋一郎（一三歳）、これらの子どもたちを連れ帰り、養育することになる（無署名読売 1948a, 2）。

通常、戦争によって生み出された孤児は、戦災孤児、浮浪児、引揚孤児、原爆被災孤児の四つに大きく分けられる。戦災孤児は、空襲によって、親や保護者を失い、学童疎開などによってなんらかの形で保護されているものである。浮浪児は、戦災孤児のように保護されることなく、街頭を放浪する子どもたちである。また、引揚孤児は外地で敗戦をむかえ、両親と死別あるいは生き別れとなったものであり、原爆被災孤児は、両親を原爆によって直接、あるいは、間接的に接失ったものである（前田一 1997, 220-225）。この区分けは、孤児の発生の原因と状態によって分けたものであるが、こうした子どもたちはおかれた状況の変化に応じて、流動的に姿を変える。保護された施設や親戚や知人宅から家出して浮浪したり、さらに、社会的混乱による家庭の不和などで自ら家出する子どもたちがあらわれる。街に浮浪する子どもたちは、戦災孤児、あるいは浮浪児として総体的に呼称されるが、その要因と実態はきわめてあいまいなものとしてあった。

こうした戦争によって生み出された孤児の総数は、調査の方法や考えによって違いがでてくるが、ここでは、厚生省児童局企画課による「全国孤児一斉調査結果（一九四八年二月一日）」をもとにみてみると、孤児の総数は一二万三五一一人で、そのうち戦災孤児は二万八二四八人、植民地や占領地からの引揚孤児は一万一三五一人、両親が病死したり行方不明になった一般孤児は八万一二六六人、棄迷児は二六四七人であった。なお、施設などに保護されているものは一万二二〇二人、親戚・知人などに保護されているものは一〇万七一〇八人で、浮浪しているものは四二〇一人である。男は六万八四八七人、女は五万五〇二四人で、男女差はあまり大きくないが、年齢では、八～一四歳が五万七七三一人、一五～二〇歳が五万一二九四人でその大半をしめる。また、都道府県別にみると、広島県が五九七五人と一番多く、つぎに、兵庫県の五九七〇人、東京都の五八三〇人となり、原爆の影響が大きかったことが分かる（厚生省 [1948] 1983）。

ところで、厚生省児童局の調査によれば、こうした浮浪児の一般的な特徴として、一つ目として、こうした浮浪児は、世間の憐憫を受け、貰いものに不自由せず、食べることに関しては満たされている。しかし、一方で、衣服や寝るところでは、極めて貧しい。二つ目に、移動性に富んでいることである。浮浪児の間では、貰いの多寡についての情報が流布されており、そうした情報を頼って思ってもみないような移動をする。引揚げ者が多く、貰いが多いとされる北九州地方では、福岡県下の子どもは四七％にすぎず、その大半は他県からであり、うち兵庫県からは六％、東京からは五％であった（辻村 1948, 166）。三つ目に、こうした世慣れた浮浪児たちは外見において、非常にませており、他人の顔色をうかがい、気をみるに敏感であり、時には、彼らにやさしい言葉をかける上品な女性を愚弄しておもしろがるような、大人びた態度をもつ。しかし、一方で、社会生活において完全に独立する力をもたないことから、ボスという変形的な保護者を必要とする。浮浪児は、その行動性や態度から自立しているようにみえるが、どこかで子どもとして大人に頼らなければならないような弱さをもつ（辻村 1948, 190-191）。

清水は、浮浪児を引き取るきっかけとして、その子どもと気があったとし、「強いて云うなら餓鬼大将が乾分を一人拾つた、と云うところだろうか」（清水宏 1955, 270）とするが、浮浪児の側には、そうした人間関係を求める精神構造があったといえる。また、意図したことではなかったろうが、清水宏が引き取った八人の子供たちは、女性が含まれていないことをのぞけば、街頭にさまよう浮浪児のそれぞれの典型をまんべんなく含んでいたこともみえる。

## 第四節　占領軍の政策と映画との関係

敗戦後、放置され、街頭にさまよう浮浪児の姿は、占領行政の評価ともかかわる問題とされ、一九四六年の四月には、占領軍（ＧＨＱ）の公衆衛生福祉局（ＰＨＷ）の要請によって、浮浪児の狩込みが厚生省や各都府県の民生局によっておこなわれるようになる（田澤 1997, 954）。また、法制度の整備もすすみ、児童福祉法が一九四七年一二月の第一回国会で成立する。こうした行政の対応は必ずしも十分な準備のもとにすすめられたものではない。国公立の施設に収容された孤児は一六〇一人で、全施設の七六二〇人の二一％にしめるにすぎず、ほとんどが個人の善意や民間の施設にたよっており、逸見が批判的に指摘するように、浮浪児たちは人びとの「憐憫・同情」と行政の「取締り」と世間の「侮蔑」（逸見 1994, 113）の間で生きていくことになる。

こうした状況のなかで、マッカーサーの要請を受け、フラナガン神父（E. J. Flanagan）が、一九四七年四月二八日に来日する。神父は、公衆衛生福祉局の支援をうけて、全国各地の児童施設などを視察している。なお、五月二九日から六月五日に韓国を訪れ、日本へ戻り、六月一三日に帰国している。フラナガン神父は、一九一二年にネブラスカ州のオマハに少年の町という更生自立支援施設をつくったことで知られていたが、この戦災孤児や浮浪児の問題について、視察の結果を報告書にまとめ、提言をおこなっている[1]。神父の提言によって一九四七年八月には、社会事業共同募金中央委員会が発足し、一一月二五日から第一回「赤い羽根助け合い共同募金」が一カ月間おこなわれ、総額五億九〇〇〇万円（現在の貨幣価値に換算すると約一二〇〇〜一五〇〇億円）が集められている（中央共同 1966, 26-50）。また、神父の来日をきっかけに、一九四七年七月五日から、浮浪児救済のキャンペーンドラマとして『鐘の鳴る丘』がＮＨＫでラジオ放送されることになる（日本放送協会 1977, 250）。

ところで、フラナガン神父が少年の町をつくった時の実話をもとに、ワーナーブラザースで『少年の町』が一九三八年に、さらに、その続編『感激の町』が一九四一年に映画化されている。神父の役をスペンサー・トレーシーが演じている。映画『少年の町』は、神父の来日にあわせ、一九四七年に公開されている。神父は、映画の社会的影響力に対して一定の理解をもっており、五月一日に大阪にある教護院、修徳学院を訪れるさい、事前に、清水宏と会いたいと学院側に連絡している（養老 1948, 7）。(2) 清水宏は、一九四一年にこの修徳学院の院長熊野隆治の手記を豊島与志雄がまとめた『みかへりの塔』（一九三九年）を映画化していたが、神父はその『みかへりの塔』をロサンゼルスで見ていたのである（無署名 1948）。日本映画は戦前、一九四一年一二月にアメリカとの戦争がはじまるまで、アメリカで生活する日系移民のために、日系人によって設立された配給会社によって輸入されている。これらの作品は、開戦後、アメリカ政府によって接収されており（板倉 2003）、フラナガン神父は、来日前に接収された『みかへりの塔』を見たと考えられる。

神父は、清水に会うと『みかへりの塔』を賞賛し、浮浪児を養育していることを聞き、その子どもたちを題材とした映画の製作をすすめた。清水はそれに対して、子どもたちを金もうけの手段にしていると見られるのはいやだと断ったが、神父は「幼い戦争犠牲者を救おうという愛の心を世人に喚起させる」映画を、今、つくるべきだと強くうながし、清水はそれを承諾することになる（本誌記者 1949, 61）。神父が清水に映画の製作を強く慫慂した背景に、公衆衛生福祉局による浮浪児対策の遂行という課題があったことは間違いない。

しかし、一方で、映画製作の背景に、清水とＣＩＥ（民間情報教育局）との関係もみえる。清水はＣＩＥの試写室で、子どもの生活を描いたＣＩＥの教育映画を熱心に見ており、担当のフランク・Ｂ・ジャドソン（Frank B.

Judson）としきりに話している姿が目撃されている（南浩 1948, 24）。ジャドソンは教育課教育専門家班メディア教育担当として、ナトコの一六ミリ映写機の一三〇〇台の配分、ＣＩＥ教育映画四〇〇本を使った視聴覚教育を推進するための実務を担った中心人物である。ＣＩＥは一九四五年一〇月下旬に、教育映画関係者との懇談会をもち、組織の再編を指示しており、一九四六年一〇月には財団法人日本映画教育協会が発足している。一九四八年二月に、ナトコの映写機を配分するための受入れ体制を整えるように文部省へ要請がおこなわれ、五月からＣＩＥ、文部省社会教育局、日本教職員組合によって、映画教育振興キャンペーン「映画を見る学童六〇〇万人組織運動」が展開される。なお、それ以前、一九四七年四月からは、アメリカで製作された短篇教育映画が輸入され、試写と一般への貸出がされている（田中 1979, 169-180）。清水がフラナガン神父に会ったのは、一九四七年五月のことであるが、その言を受け、製作を開始したのが一〇月末からであり、完成したのが一九四八年五月末であることを考慮すると、清水がＣＩＥ映画を見たのは、撮影開始前の一九四七年四月から一〇月の間ではなかったかと考えられる。

ところで、清水が、ＣＩＥによる教育映画政策に触れることで受けた影響について、『蜂の巣の子供たち』の製作方法とその内容から二つのことが考えられる。一つは、清水が困難な自主製作を決断した背景に、ＣＩＥの政策があった可能性である。清水は「あの映画は映画館で上映する気持は全然なかった。早く言えば自分の子供達をライカで撮ってアルバムに貼るような気持だった」（今村 1949, 5）と述べている。この言は、現在の映像メディアの状況から考えると、パーソナル・ドキュメントとしての意図が強く感じられるが、当時の、教育映画政策の過程におくと違った意図をもっていたことになる。

清水は、既成の大資本をもった映画会社が映画製作をおこなうあり方を批判し、自立した映画作家による創造の可能性を探るべく、全国の学童一五〇〇万人から一人一円づつ資金をカンパしてもらい映画を製作する方法を語り、こうして「みんなの力で作られた映画は街の常設館ではなしに、都心の大新聞社のホールや学校の講堂や村の公民館などで」（清水宏 1949, 4）見られるべきだとする。清水の夢はＣＩＥによるナトコ映写機の配布という現実を踏まえたものであり、大きくなりすぎて自由に映画をつくることができなくなった映画会社から離れ、映画づくりの原点にかえろうとするものであった。なお、清水は『蜂の巣の子供たち』の製作費を、和歌山の山林地主であった山本茂樹に出資してもらい、ブレーンであり親しい仲間である映画評論家の岸松雄、早稲田大学の教授であった林文三郎の協力を得て、スタッフを蝟集する（古山 2000, 60-65）。養育していた八人の子どもたちを主題にすることで、そのまま子どもたちを映画の世界に参加させる。この映画は、オール・ロケでおこなわれ、登場人物の扮装も浮浪児の時の服のままで、メーキャップもせずに、芝居らしい芝居をしない。そして、人工的なライティングもなく、音もアフレコという、単純化された撮影方法で製作されることになる。

二つ目は、映画を見る人間を現実的に子供たちに見せることを製作の前提にしたことから組み込まれた問題である。清水は戦前に、『風の中の子供』をはじめ、子どもを扱ったすぐれた映画を監督している。しかし、それは、松竹という映画会社の枠のなかで、劇映画として製作されており、映画観客がある程度の年齢の成人であることが想定されたものである。劇作のなかでの子どもの扱いは、あくまでも大人の視線から捉えられ、劇を構成するものとしてである。

しかしながら、『蜂の巣の子供たち』の子どもを描く視線は、子どもと同じ位置から、等身大の像を描く場所へと移動している。本来、描かれるであろう社会や生活のしくみは写されることはない。また、オール・ロケにもかかわらず、登場人物はきわめて限られており、映画の時空間は、社会のかくれた異空間を現出しているかのようにみえる。清水の構想力は、譬えれば、宮沢賢治の童話の世界に近い。それは、まず、なによりも子どもにとって親しみやすく入ることができる、想像力を羽ばたかせることのできる時空間である。しかも、それは同時に、大人にとっても高度の映像の構想力を感得させるものとしてある。

## 第五節　物語と検閲

清水は『蜂の巣の子供たち』の原話について、『みかへりの塔』に出演した少年が青年となり、中国に出征して復員し、下関についたとき、帰る家もないので、あちらこちらに放浪しながら旅する中で、自然に浮浪児たちと親しくなり連れ歩いてきたことを聞き、この話を筋にして映画をつくろうという気になったという（清水[1948] 2000）。ここで、映画のストーリーをみてみる。

映画は、下関の駅で、復員してきた島村と台湾から引き揚げてきた若い女性弓子と、八人の浮浪児たちが親しくなるところから始まる。この子供たちには片足のボスがおり、その手下となって物貰いや盗みなどをしている。子供たちは、浮浪児狩りから逃れ、ボスに連れられ山陽道を大阪へと向かうが、その途中で島村と再び会い、一緒に旅することになる。子供たちはしだいにボスから離れ、青年と一緒に働きながら、旅をするようになる。

その旅のなかで、島村と子供たちは、弓子と再会する。彼女は、知人を頼って島に行くという。しかし、サイパンから引き揚げ、その帰途に母を亡くした義坊は、彼女と別れるのが嫌で一緒に船に乗って行ってしまう。島村と子どもたちは、このあと塩田で働いたあと、広島に行くと、そこで再び、弓子と義坊に会うことになる。島村は、弓子に子供たちをみかへりの塔のある学院に連れていき、勉強させたいと言うと、彼女は、義坊を島村に預け、自分は東京に行くと言うのだった。義坊は、弓子と泣く泣く別れることになる。

島村と子供たちは、仕事をしながら学院へと旅を続ける。山林の伐採の仕事を手伝うことになるのだが、義坊は病気となり、母の思い出とつながる海を見たいといって、豊に頼むのである。豊は義坊を背負って、山に登る。しかし、二人が海を見渡せる頂上についたとき、義坊は事切れてしまう。島村と子供たちは山をおり、神戸につくと、そこでボスにだまされて娼売していた弓子に会う。島村は彼女を救い出し、みかへりの塔へと皆で帰ることになる。

ストリート・チルドレンを主人公とした、典型的なロード・ムービーである。映画は、下関からあちらこちらを旅しながら、みかへりの塔につくまでを順にロケーションをしていったようにみえる。しかし、実際は一〇月に、和歌山南部の古座を中心に紀伊半島の海岸線を撮影することから始めている。最後の山林の伐採場で、豊が義坊を負ぶって必死に山を登る場面や、その努力もむなしく亡くなってしまった義坊をみんなで葬ってやる場面は、かさね山でおこなわれている。そして、若干の中断のあと、三月から瀬戸内海沿いの撮影をおこない、五月に撮影を終えている（木屋 1948, 38-40）。映画製作の方法としては、順撮りではなく、通常の劇映画のやり方といってよい。

ところで、この単純なロード・ムービーの構成に清水は一つのしかけを用意している。それは広島をロケーションの地として選んだことである。浮浪児が生まれた直接の原因が、アメリカ軍による爆撃による両親の死であり、同様に、広島に多くの孤児が発生した理由が原爆であることは、明らかなことであった。清水が引き取った孤児の一人は、広島の原爆孤児でもある。孤児と焼け跡は、爆撃という原因から生み出された異なった二つの現象でもある。

山本嘉次郎は、映画を生業とするものとして、広大な焼け跡に映画的な美しさを感じたとし、「あの焼け跡の美しさを、なんとか詩情のある映画にしたいと思った、それにあんな風景を撮ることは、一生にまたと得られぬ唯一の機会でもあった」（山本嘉 1952, 190）と述べている。しかし、それは実現することはなかった。なぜなら、GHQによって禁止されていたからである。

清水は、『蜂の巣の子供たち』のロケーションする場所を慎重に選択し、荒々しい戦争の傷跡を映画では見せない。ただし、広島をのぞいて。清水は、広島の焼け跡を背景に、詩情豊かに子供たちが走りまわる姿を撮ろうとする。映像における〈図〉と〈地〉は反転し、戦争による事後の風景が前景化する。その意図は明らかといってよい。当然のことながら、GHQの検閲によって、フィルムはカットされることになる。

平野共余子は、CIEの検閲官が『蜂の巣の子供たち』の原爆にふれた台詞と広島について削除するように指示した七月一三日の会議の報告と、それを受けたCCD（民間検閲部）の七月一五日のメモを見つけ出している（平野 1998, 99-100）[3]。ここでは、さらに、検閲前のシナリオと削除が指示されたシナリオ[4]、および現在残されているフィルムを照合して、具体的な削除部分を明らかにする。

一つ目は、下関で逃げ出した子供たちがトラックで山陽道を行く途中で、復員兵である島村をひろい、トラックの荷台のなかで、それぞれを紹介するシーンである。なお、子供たちの経歴は、義坊が北平からの引き揚げがサイパンに直されている以外は、事実のままである。広島で原爆にあった弘之は伸公から「アレ 広島だよ」と言われ、島村が「ヘエ、ぢや お前原子爆弾か?よく助かったなア」と応える。この島村の台詞は削除されており、フィルムにおいても、島村のしゃべるショットはない。

二つ目は、広島の冒頭のシーンである。検閲前のシナリオでは、「原子爆弾の洗礼をうけたけれど着々復興しつつある広島。その焼跡で昼食を食べ乍ら二十の扉をしてゐる島村と子供たち。義坊「その鉱物は広島に関係がありますか?」島村「あります、大いにあります、十五問」源之助「それわですね、食べられますか?」島村「食べられません、とっても食べられません、十六問」伸公「ぐれ公に関係ありますか」島村「この中の誰かに関係あります、十七問」弘之「大きなものですか、小さなものですか」島村「その物はたいして大きな物ではない様ですな……然し大きな結果になるものです、ハイ十八問、あと二問、お早く願ひますよ」」とあるシーンが、全面的に削除されている。フィルムにおいては、太田川と思われる場所を含んだ焼け跡の風景がゆっくりとパンして写されるショットだけである。

三つ目は、広島の墓場で、弓子と子供たちが別れた直後のシーンである。検閲前のシナリオでは、「島村たちふりむくと、だしぬけに、豊「その鉱物は光りますか?」島村「なんだい今頃……光ります、実によく光るそうです、十九問、あと一問」弘之「アツ、解つた原子爆弾ですか」島村「そうです、御明答、御明解です……さあそろそろ出かけようか」」とあるシーンが、全部削除されている。フィルムにおいてもそうしたショットはない。

検閲官は、削除の理由として、原爆投下は日本の軍国主義者たちがもたらしたものであり、原爆が最終通告としてあったことを明らかにせず、「言及することは、無目的である」(5)とし、全面的に削除を指示している。検閲官のこうした判断は、占領軍の為政者としては当然なものであったといえる。

『蜂の巣の子供たち』は、GHQのPHWとCIEの二つのセクションの要請によってはじめられたものであったが、清水宏はそうした関係性のなかで、ぎりぎりのところで、映画をつくろうとしていたことになる。清水は『蜂の巣の子供たち』製作の翌年には、農地改革で没落していく地主を大河内傳次郎主演にして、ユーモラスにそして淡々とした筆致で描いた『小原庄助さん』（一九四九年）を発表している。清水は敗戦と占領という現実を、声高にメッセージにして映像化することなく、帝国主義が生み出したさまざまな問題や矛盾を受け入れ、映像としてその人の姿と社会の形を、同時代の風景のなかに定着しようと試みたといってよい。

## 第六節　映画評論家、および著名人の批評

『蜂の巣の子供たち』は一九四八年八月二四日に日比谷映画劇場で、一週間の先行上映ののち、一〇月五日から、文部省、厚生省後援、日教組推薦で、教育特別映画として、東宝にて一般公開された。なお、上映による利益金から一〇〇万円が戦災孤児育英資金として各府県児童課に寄附されている。また、映画冒頭に「この映画の子供たちにお心当りの方はありませんか」という字幕が出るが、八人中五人まで連絡があり、父母あるいは兄弟が分かることになった（無署名読売 1948b, 2）。

この映画を見た人間がどう受け取ったかについて、ここでは、雑誌に書かれた文章からその反応をみてみる。「20世紀メディア情報データベース」によって検索されたもので、映画の紹介に類するものをはぶくと、映画評論家、および著名人によって書かれた批評といえるものは一四件あり、一般の人びとによる批評、あるいは感想といえるものは二二件あった。公開時に総数で三六件の文章があることは、やはり大きな反響といってよい。

ここでは、まず、映画評論家、および著名人によって書かれた批評からみてみよう。大きく分けると、二つの問題点にしぼられる。一つは、出演者すべてが素人であり、芝居らしい芝居をしない演出をするために、人工光線を使わず、同録にせずにアフレコにした技法の当否についてである。当時の日本映画の撮影所の技術水準から

いって、これは明らかに未熟で稚拙なものとされた。子供たちがアフレコに慣れていないためにセリフがどうしても生硬なうえ、口と合わなかったり、聞き取りにくかったりするという技術的な欠点についての批評が、一四件中七件において指摘された。

二つ目は、より内容にかかわる。具体的には、復員兵である島村が旅する過程で、行くあてもなく旅するしかないその心の空白や葛藤が、子供たちと旅することで変化していく様が描かれていないという問題である。それは、結局、島村の個人の善意によって、浮浪児の問題がいつのまにか解決されてしまうかにみえる点でもある。こうした批判は、一四件中九件ある。

清水幾太郎は、浮浪児の問題が社会的な規模のものであるのにもかかわらず、それを解決し処理する方法が、特定の個人と結びついたものでしかないという、問題と解決のギャップこそ後進国の特徴なのだとする。そして、「有り余る困難な問題を背負い込んだ現在の日本として、個人の善意と協力がなかつたとしたら、一人の子供さえ救うことが出来ない」と認めたうえで、問題と解決のギャップをうめる努力である、「この青年が浮浪児達と一緒に塩田や伐木のために労働する」（清水幾 1949, 31）内実を映像化する必要性を指摘している。映画の作品構造のなかに、こうした社会への意識が十分に組み込まれていないという批判は、すでに戦前の『風の中の子供』などの諸作品においても繰り返し指摘されてきた。

滝沢一は、こうした清水の作品をふりかえりながら、今回の映画では浮浪児が描かれ、広島の原爆が背景に描かれているが、結局、これも一つの材料にすぎず、「清水宏の作家精神を変革するものではなかった」（滝沢 1948, 40）とする。ヴィットリオ・デ・シーカ『靴みがき』（一九四六年）などのイタリア・ネオリアリズムの諸作品に比較したとき、清水の実写精神はリアリズムとして、カメラによる社会認識という点にまで至っていないとしたのである。しかしながら、こうした批判は正当なものであろうか。滝沢は、ここに描かれているものは浮浪児たちに残っている「童心の世界の丹念な再現である」としているが、そこに、清水の映像作家としての成熟と深化をみる必要がある。リアリズムとは、声高にメッセージを叫んだり、もっともらしい社会構造を描くことではない。清水は、浮浪児たちの目線に立って世界を見るように、自らの視線を低くし、映画の作品構造そのものを組み換え直す。戦争によって突如、制度の周辺へと追いやられてしまった子供たちが、そこから何を見ているのかを、映像で描こうとするのである。

## 第七節　映画を見た子供たちの反応

この映画を、一般の人びとは、どう見ただろうか。この映画は、教育特別映画として興行され、多くの子供たちが引率されて見ている。そのこともあって、二二件の批評あるいは感想文のうち、一般の大人の手によるものは三件で、教師、および教師と推定される文章が五件であるが、子供たちの文章は、高校生が二件、中学生が八件、小学生が四件と多い。

鳥取県の雑誌では、引率されている時の様子について「子供達は吸いつけられる様に熱心に観ている。怠屈そうにあくびしているのは先生だけだ。お陰で教え子の目の色には気が附かない」（小日向 1949, 9）と少し皮肉をまじえて書かれている。しかし、一方、女学生の生徒たちと一緒に見た教師は、この映画のクライマックスの豊が義坊を背負って山を登ったにもかかわらず、義坊が死んでいた場面では、「劇場は隅から隅まですすり泣きの声に満されていた」とし、「子供達と一緒に子供達の映画を見て、私は映画の及ぼす影響力の大きく且つ深刻なのに今更おどろいた」（無著名いずみ 1948, 47）と記している。

それでは、映画を見た子供たちは、どう思ったのだろうか。福島県石原郡の神谷中学校の三年生の中根節子は、義坊が海を見ると亡くなった母を思い出し、母を呼ぶ場面を見て、「私達でさえ父母がおらなかったらどんなに淋しいか、いつもいつも涙をこぼさないではいられませんもの、まして、あんな小さい子供ですから、どんなに母を思ったことか。私の体は身振して涙がとめどなく流れておさえることが出来なくなってしまいました」とし、最後のみんながみかへりの塔のある学院にたどりついたとき、「そのうれしさ、楽しさ、私もほっとして、何ものかの世界から出て来たようでした」（中根 1949, 5-6）と書いている。彼女は、明らかに、登場人物に同一化し、映画の世界にもぐりこみ、浮浪児たちの世界を想像の世界で体験してきたことを示している。

また、江東区にある砂町中学校二年生の小林則子は「私は家へ帰つてゆつくりもう一度あの映画を頭の中へえがいた。景色は大変きれいだつた。あの子供達にもやはり、身なりはきたなく、肌はよごれていても心の中は清いのだといふことがわかつた、皆本当に助け合つていた」（小林 1949, 16）と書いている。映画を見たあと、その体験を繰り返し考え、「景色は大変きれいだった」と映画の物語より先に風景に感応することで、浮浪児たちの世界を想像力で追体験し、自分たちと同じであることを感じている。

ある中学二年生（多分男子なのだろう）は「私は家にかへつてからもあの蜂の巣の子の歌が口から自然に出て来てあの映画の場面がすつとうかんで来ます。とてもあの良い景色を思い出すと気も心もすつとする様な気がします」とし、「あの映画ですつかり浮浪児の生活の仕方が分りました、そして上野を歩いても何んだか前は浮浪児がこわい位だつたのが今ではすつかり気持ちがとけ合つている様な気がしました。そしてあの映画は少し子供つぽく感じました」（中学二年生 1949, 21）と、映画を見たあと「あの良い景色」を思い浮べ、現実の浮浪児を見直し、映画が現実と少し違うことを理解している。

当然のことであるが、大多数の子供たちにとって、浮浪児はやはり特殊なものである。確かに、何かの偶然で、家族を亡くすことになれば、自分もそうなったかもしれない。しかし、その偶然を理解することは子どもだけでなく、大人にとっても難しい。子どもにとって、街で見かける浮浪児たちは社会の中の隠れた空間に住むものであり、異世界のできごとである。映画は、そうした異世界が美しい風景をともなった身近なものであり、けっしてかけ離れた世界ではないことを体験させてくれる。福島県の師範学校附属中学校の三年生三瓶長寿は「浮浪児も人間である。真心は誰にでも美しく秘められている。真心で見る世界は美しい」（三瓶 1948, 2）と書いた。浮浪児たちの現実の世界は、一見すると過酷に見えるが、浮浪児になって世界を見た時、そこに美しい世界が見えるのかもしれない。

確かに、川越市立川越第二中学校二年生の松岡昊は「学校へも行けない。勉強もできない。そして世間では、あれは浮浪児だとつまはじきにされ、犬猫のようにあつかわれるこんな不幸な子供達が、まだ日本に幾千いや幾万、といるのだ」とし、「戦争がいかに恐しい悲惨な結果を招くか」（松岡 1949, 16）と書いている。福島県郡山市立橘中学校の松木久恵は、率直に「この敗戦国日本にこうした親の無い子供がたくさんいると思ふと戦争がにくらしくてにくらしくてなりません」（松木 1949, 3）と書いた。

当然ながら、美しい風景をともなった異世界は、戦争がなければ、父母が亡くならなければ生まれなかったものだ。本当なら、こんなところでルンペンをしていない、コンクリートの上にむしろを引いて寝ていないという浮浪児たちの思いと（田宮 1971）、映画を見た子供たちの思いとは、スクリーンを通して、架橋される。しかし、それを架橋するためには、映像における〈図〉である物語と、〈地〉である風景は反転する必要がある。現実は逆立して見えなければならない。清水宏がめざしたものが、何であったのかは、明らかといってよい。

## 第八節　風景の発見

清水宏は、占領下、GHQのPHWとCIEの要請を受けつつも、映画監督として、敗戦という現実の姿をそのまま受け入れ、子供たちにむかって、浮浪児という問題が特殊な問題ではなく、戦争というものが引き起こす必然的な現象であることを、映画を見るという体験を通して、共通の問題として経験され、理解されることを願った。それは、戦争をくぐり抜けた大人たちが、社会というものをいまだ知らぬ子供たちに伝えておかなければならないものでもあった。子供たちは、スクリーンを通して、自らの想像力を使いながら映画の世界を生き、見たあと、過酷な社会に住む浮浪児たちの思いを追体験することを通して、戦争というものが何であったのかを理解する。

だがしかし、もう一方で、子どもたちは素直に感応している。浮浪児たちに思いいたしながら、映画を通して、なんて「よい景色だろう」と感嘆している。〈図〉と〈地〉は心の中で反転する。清水宏は戦争をという時代をくぐり抜けることで、そこに「風景」があることを、再び指し示している。その声は、映像の〈地〉としてある風景にこそ、現在形としての政治・社会の様相が出現するとした「風景論」へと、高度経済成長をした一九七〇年代の日本へと再び、響き合うことになる。

注

（1）"Father Flanagan" GHQ/SCAP文書　国会図書館 PHW02245-02246

（2）"Father Flanagan"によれば、四月三〇日に修徳学院に訪れていることになっているが、「八人の戦災の子に親代り二年の愛情」と、養老記者「『みかへりの塔』にみる蜂の巣の子供たち」『サンデー毎日』（二七年三八号、一九四八年九月一九日）では、五月一日になっているので、ここでは五月一日とする。

（3）七月一三日の文書は国会図書館 Motion Picture/ Conference Reports, CIE(D) 01455。七月一五日の文書は、国会図書館 Movies Films (Censorship), CIS 03942-03944。

（4）国会図書館 Beehive like Children, CIE(A) 02216-02219。

（5）Motion Picture/ Conference Reports, 1948.7.13, Motion Picture/ Conference Reports, CIE(D) 01455

# 第一四章　ＣＩＥ映画・スライドの日本的受容

## 第一節　ナトコが与えた影響をめぐって

占領軍は、教育制度の改革や農地改革など、さまざまな諸制度の改革を行うだけでなく、日本の民主化を推し進めるために、多くの人びとを啓蒙する広報メディアとして映画を使い、効率的に幅広い影響を与えようとした。そのために、新たな視聴覚教育というシステムを立ち上げる必要を認めた。その背景には、日本において、敗戦後の一九四六年の秋、映画常設館のある市町村は六〇一、常設館のない市町村は九八三四で、常設館のある市町村は全体のわずか五・八％にすぎなかったことがある。映画常設館のある市町村の人口は総人口の三五％に当たるが、生活にいそがしく映画を見ることができない人や幼児や老人などを差し引くと結果的には総人口の二〇―二五％程度の人しか映画を見ていない（時事 1947, 118）。つまり、基本的には映画を見ることは、都市を中心とした人びとにしか享受できないことであり、当時日本の半分の人口を占める農山漁村の人びとの大半は、映画を見ることができない状況にあった。

ＣＩＥ（民間情報教育局）は一六ミリ発声映写機である通称・ナトコを一三〇〇台、三五ミリ幻灯機ベスラーを六五〇台を無料で貸与するという態勢が整うと、一九四八年一〇月二五日、占領軍本部より地方軍政部へ作戦指令第五七号「日本における視聴覚教育プログラム」において、ＣＩＥ映画の上映、メンテナンスについての詳しい手順を指示した（土屋 2009, 180）。また、翌二六日には文部省が文部次官通牒発社一〇三号「連合軍総司令部貸与の十六粍発声映写機及び映画の受入について」を発し、その受け入れ体制を整えるために、各都道府県教育委員会に視覚教育係の新設と、受け入れ場所として視聴覚ライブラリーの設置を指示した。ＣＩＥ映画の上映は、占領軍であるアメリカ政府と日本政府の合同プロジェクトであった。

ところで、発社一〇三号には、日本における映画状況を反映し、「都道府県当局は移動映写を実施すること。日本の人口の三五〜五〇％は劇場から隔離されている現状であるから、この計画は重要である」（文部省 1948=1958）とされた。一九四九年に入ると、ナトコ映写機によって、ＣＩＥが用意した短編映画の上映が各市町村で始められるが、この映画上映によって最も社会的影響を受けたのは、移動映写によって、それまで映画に接したことがなかった農山漁村の地域の人びとであり、またそこに施策の意図があった。

占領軍にとって、ＣＩＥ映画上映は、アメリカで製作されアメリカ社会を題材とした映画を上映して、封建的とされた日本の人びとの態度を変容させ、民主主義や近代合理主義、資本主義を定着させ、いかに親米的にさせるかという問題に集約される。しかし、日本側にとっては、問題はそれだけではない事態を含むことになる。ナトコ映写機という移動可能な最新のメディア機材の導入そのものが、日本社会、特に、諸都市の外縁の地域において、映画というメディアと、その内容による複合的な変化をもたらすことになったからである。ナトコが単なる映写機ではなく、「ナト子ちゃん」と呼ばれた所以である。

ここでは、新潟県におけるＣＩＥ映画上映プロジェクトの実態を、残された資料をもとに考察する。

## 第二節　ナトコによる農山漁村における移動映写

新潟県において視聴覚教育の中心として活躍した佐藤嘉市は一九四八年一一月末に県社会教育課長吉川浩次より、新設された視覚教育係の係長を一二月四日までに新潟軍政部に報告しなければならないからと、着任の要請を受けた。視覚教育係は教育長、社会教育課長という文部省の管轄とは別に、各府県の占領軍の地方軍政部が直接、ナトコによる運営、上映については監視する体制となっており、予算においても優先的な取り扱いを受けた。つまり、ＣＩＥ映画の上映において、制度的に、視覚教育係がアメリカと日本の両政府をつなぐ鼎の位置にあった。

視覚教育係長となった佐藤は早速、新潟軍政部・ＣＩＥのサヴェージ大尉の監督のもと、貸与された三三台のナトコについて、週間上映報告（毎週月曜）、運営月次報告（毎月五日）、月間上映予定報告（毎月五日）、機材明細報告（年二回）を、英文で提出しなければならなかった。また、一方で、発社一〇三号の「貸与映写機一台について少なくても一ヵ月延二十日以上上映日があるようにする」という規定に従うために、サヴェージ大尉に、上映するフィルムの不足の解消を求め、県内電力事情の悪化で農村部では七五ボルト前後であったが、ナトコがアメリカ規格の定電圧一一五ボルトであったためオートトランス（映写用昇圧機）の購入を要求し、許可された。また一方で、配分映写機運営補助費、ならびに巡回映写旅費については、県に交付を要求し通している（佐藤1978, 1-3）。

表14-1（吉川 1950, 9）[1]は、新潟におけるＣＩＥ映画の上映会回数と観覧人数であるが、ナトコ貸与以降、順

表14-1　新潟県における CIE 映画上映回数と観覧人数

| 年月 | のべ上映数 | のべ観覧人数 |
|---|---|---|
| 1948年8月 | 9 | 187,803 |
| 9月 | 90 | 267,927 |
| 10月 | 53 | 209,381 |
| 11月 | 61 | 188,649 |
| 12月 | 195 | 193,574 |
| 1949年1月 | 249 | 238,816 |
| 2月 | 309 | 223,820 |
| 3月 | 581 | 257,991 |
| 4月 | 621 | 233,052 |
| 5月 | 580 | 215,842 |
| 6月 | 488 | 385,890 |
| 7月 | 282 | 264,064 |
| 8月 | 668 | 300,736 |
| 9月 | 530 | 167,807 |
| 10月 | 607 | 110,008 |
| 11月 | 606 | 97,843 |
| 12月 | 518 | 39,560 |
| 1950年1月 | 591 | 23,334 |
| 2月 | 807 | 34,350 |
| 3月 | 588 | 3,380 |
| 4月 | 471 | 176,120 |
| 5月 | 614 | 230,313 |
| 6月 | 682 | 260,420 |
| 7月 | 590 | 194,171 |
| 8月 | 587 | 243,340 |

表14-2　新潟県地域別映画館数と CIE 映画上映会回数

| 地域 | 郡市名 | 1947年常設映画館数 | 1947年短期映画館数 | 1949年1月上映会数 | 1949年2月上映会数 |
|---|---|---|---|---|---|
| 下越 | 新潟市 | 9 | 0 | 30 | 80 |
| | 新発田市 | 0 | 0 | 6 | 0 |
| | 岩船郡 | 2 | 1 | 39 | 22 |
| | 北蒲原郡 | 2 | 0 | 10 | 18 |
| | 中蒲原郡 | 3 | 4 | 14 | 12 |
| | 西蒲原郡 | 2 | 6 | 30 | 10 |
| | 東蒲原郡 | 0 | 0 | 0 | 12 |
| | 小計 | 18 | 11 | 129 | 154 |
| 佐渡 | 佐渡郡 | 0 | 3 | 21 | 8 |
| 中越 | 三島郡 | 0 | 3 | 19 | 1 |
| | 古志郡 | 0 | 1 | | 17 |
| | 長岡市 | 3 | 0 | 0 | 3 |
| | 三条市 | 3 | 0 | 10 | 11 |
| | 南蒲原郡 | 3 | 1 | 2 | 13 |
| | 中魚沼郡 | 2 | 2 | 8 | 8 |
| | 南魚沼郡 | 0 | 0 | 17 | 2 |
| | 北魚沼郡 | 0 | 3 | 22 | 0 |
| | 小計 | 11 | 13 | 78 | 63 |
| 上越 | 高田市 | 3 | 0 | 0 | 13 |
| | 柏崎市 | 2 | 0 | 0 | 0 |
| | 刈羽郡 | 0 | 0 | 14 | 17 |
| | 西頸城郡 | 1 | 1 | 0 | 0 |
| | 中頸城郡 | 2 | 1 | 7 | 1 |
| | 東頸城郡 | 0 | 0 | 0 | 11 |
| | 小計 | 8 | 2 | 21 | 42 |
| 総計 | | 37 | 29 | 249 | 267 |

調に上映会回数は伸び、一九四九年三月からはほぼ五〇〇回を維持するようになっている。一九四九年一一月から一九五〇年三月にかけての観覧人数の落ち込みの原因については不明であるが、雪のために会場に見に来られなかったためではないかと推測される。

ところで、CIE映画上映プロジェクトをナトコによる映写によって映画が普及する過程として捉え、ナトコという新しいメディアが与える効果、影響を、その状況に分けてカテゴライズすれば、(α)映画館のある都市と、(β)都市近傍の比較的交通の便のよい文化施設のある町や村、(γ)都市遠縁の交通の便が悪く特に公的な文化施設のない村の三つに階層化できる。表14-2(2)の一九四七年の新潟県にある常設映画館数でみると、新潟市のある下越では約五〇%、中越では約三〇%、上越では約二〇%となる。そのうち、(α)都市といえる新潟市、長岡市、三条市、高田市、柏崎市だけで約五五%、(β)新潟市の近傍といえる下越地域で約二五%で、(α)都市と(β)新潟市の近傍である下越を加えて約八〇%となる。(γ)都市遠縁といえる地域を多く含む中越、上越、佐渡その他で約二〇％である。

それを踏まえて、一九四九年一月と二月のCIE映画の上映会回数を地域別に分けてみると、下越が約五五％、中越が約二七％、上越が約一二％となる。新潟市を中心とする下越に、都市のある中越の長岡市と三条市、上越の高田市と柏崎市の割合を加えると、（α）都市と（β）都市近傍とで約六二％となる。

また、一九四九年のCIE映画観覧者三〇三万五〇〇一人の内訳をみると、学生一五〇万二〇二七人（四九％）、青年六五万五三三六人（二二％）、成人男性四七万六〇一二人（一六％）、婦人四〇万一六三六人（一三％）となっている。[3] つまり、始動期のCIE映画の上映は、地域的には映画館のある（α）都市と、比較的交通の便のよい（β）都市近傍で、観覧者は学生を中心とした上映であった。目的としていた、映画を見ていない人びとへの成人教育という観点からいうと十分でないことになる。

マス・コミュニケーションの効果と影響の研究をまとめたJ・T・クラッパーによれば、新しいメディア、あるいは新しい内容に人びとが接触したとき、受け手のもつさまざまな媒介的諸要因が働きにくいために、メディアからの直接的な効果と影響を受けやすくなる（Klapper 1960=1967）。つまり、CIE映画上映プロジェクトを、移動映写が可能なナトコによって初めて映画を見る人が増えていく過程として捉えれば、映画館のある（α）都市や（β）都市近傍ではなく、映画を見たことがない、あるいはほとんど見たことがない人びとのいる（γ）都市遠縁の地域で上映する時、最もその効果を発揮することになる。

全国的にみると、一九四八年のCIE映画観覧者数は九二八四万七五四五人のうち、移動映写の観覧者数は一八三五万〇七八一人で約二〇％、残りの約八〇％は劇場で見ている。一九四九年では、総数二億八〇九一万〇七二七人でうち、移動映写では一、二三六八万一四一三人で約四四％、一九五〇年では、総数三億四二二一万一五二一人でうち、移動映写では二億二六〇二万三〇一九人で約六六％、一九五一年では、総数四億七二三四万一九一九人でうち、移動映写では三億四八四六万三七四五人で約七四％となっている。ナトコによる移動映写の受入態勢が整うとともに、徐々に、あまり映画を見たことがない（β）都市近傍の町や村へ、そしてさらには全く映画を見たことがない（γ）都市遠縁の村々へと展開していったことが想定される（阿部 1983, 720）。

一九四九年九月の中魚沼郡の山村での移動映写について、同伴した『新潟日報』記者は、「ナトコ映写機は行く」として報告している。

「一行は二十五日午前十時半飯山線岩沢駅を出発、県社教課視覚教育佐藤主事、県フイルムライブラリー谷浜、金子技師、安達写真班など、出迎えの登坂仙田村長とトラックで一時間半、中魚仙田村中仙田へ、ここから室島まで二キロ、映写機はリヤカーに積みかえ室島からはいよいよ最後の難所へかかる、道はまず渋海川の高さ六十尺、長さ百二十尺のつり橋を四人の村人の背に映写機、拡声機など約五十貫がかつがれ、まるでブランコのようにゆれながらわずか一尺幅の板の上を軽業師のように渡つてゆく。橋から先は馬も通れぬような石ころの山坂道だ、機械を背負う村人たちはぐつしより汗にぬれてはく息も荒い、難行を重ねること一時間半、村人の歓声をあびて目的地小脇着、映写準備にかかる。神社の境内兼小学校の校庭が会場、この部落はナトコがくるまで映画など一度もきたことがない。（中）はじめてみる映画、初めてきくトーキー、映写会場はワツとわき返つた、農村の老人たちがなぜ腰が曲るかを撮した『腰の曲る話』や『スポーツショウ』『まん画』など一巻ごとに森の映画会場に拍手がこだまする、村人のこの歓び、このおどろきこれがあるからこそ、困苦にたえナトコを移動するかいがあるというものだ、一行は顔を見合せうなずき交わした、最後にアメリカから特別貸与された総天然色『青少年赤十字』にはただ感嘆の声をあげるのみ、全予定二時間を映写し終っても「一晩中でもよい」などアンコールの声がしきりにわく」(無署名日報 1949, 2)。[4]

こうしたＣＩＥ映画を歓迎していた様子の手記や回想は、数多く残されている。ＣＩＥ映画の上映が占領軍の指令によるだけでなく、日本の視聴覚教育に携わる人びとの日本復興への使命感と、それを受け入れる村人との熱気のなかでおこなわれていたことを示すものといえる。一方で、こうした事態が移動映写可能なトーキー映写機ナトコという新しいメディア機材によって可能になったことを考えると、映画を見た人びとの感激はＣＩＥ映画という特定の内容のものというより、「はじめてみる映画、初めてきくトーキー」に人びとの心がわき返ったとすべきである。最後に上映された『青少年赤十字』に感嘆の声があがったのも、それがカラー作品であったことは間違いない。そこには何より映画というメディアへの驚きがあり、その伝える内容とあいまって複合的な効果、影響を人びとに与えていたと考える必要がある。

## 第三節　ナトコ映写機で上映された映画

ここで、実際にどういったＣＩＥ映画が上映されていたかをみてみよう。佐藤が新潟地方軍政部に提出した英文の上映報告書が一九五〇年一月から一一月、一二月は欠けているが、一九五一年一月が残されており、ほぼ一年分の上映記録となる。[5]上映作品数は二一五本、上映会回数はのべ二万一三二九回、観覧者数はのべ七四六万九八二一人である。表14-3は、上映会回数が二〇〇回以上の作品をあげたものだが、本数は二二本で、観覧者数

表 14-3　上映会回数 200 回以上の映画

| CIE 映画 | 番号 | 上映数 | 観覧人数 |
|---|---|---|---|
| 武装のない国境 | 142 | 371 | 116,713 |
| 伸びゆく婦人 | 100 | 351 | 111,128 |
| スポーツ黄金時代 | 140 | 336 | 111,411 |
| 先生のお仕事 | 37 | 280 | 93,577 |
| 空輸の話 | 155 | 270 | 101,114 |
| 腰のまがる話 | 138 | 265 | 104,353 |
| この妻の願いを | 153 | 254 | 86,965 |
| 国連旗の下に | 262 | 254 | 74,094 |
| 休暇のスポーツ | 132 | 248 | 86,815 |
| カリフォルニア州ジュニア交響楽団 | 139 | 248 | 91,028 |
| 渡米議員団の州議会訪問 | 228 | 242 | 82,941 |
| 海老の町 | 134 | 223 | 86,467 |
| カウボーイ祭り | 184 | 223 | 79,924 |
| 会議のもち方 | 96 | 218 | 72,518 |
| 新しい保健所 | 131 | 214 | 80,292 |
| ホワイトハウス | 150 | 211 | 86,621 |
| 合衆国アラスカ | 52 | 201 | 65,935 |
| 宝の家 | 135 | 194 | 67,647 |
| 北アイルランド | 130 | 192 | 48,460 |
| 深夜の汽笛 | 136 | 192 | 64,307 |
| スポーツ・レヴュー | 129 | 191 | 50,793 |
| 新しい交通 | 149 | 190 | 50,708 |

は一八一万三八一一人で全体の二四%を占める。作品の公開期間に偏差があるので、必ずしも、占領期間中の上映数の多い作品をあげているというわけではないが、CIE映画が最も活発に上映されていた時期の作品の傾向を知る目安となるだろう。ここでは、これらの作品を、タイトルをもとに内容を大きく三つに分ける。

(A)アメリカなど西洋の社会・文化を紹介したもの

『スポーツ黄金時代』『休暇のスポーツ』『カリフォルニヤ州ジュニア交響楽団』『海老の町』『カウボーイ祭り』『ホワイトハウス』『合衆国アラスカ』『宝の家』『北アイルランド』『深夜の汽笛』『スポーツ・レヴュー』『新しい交通』『先生のお仕事』

(B)日本を題材にし、民主主義の啓蒙、ならびに生活の改善を見せるもの

『伸びゆく婦人』『腰のまがる話』『この妻の願いを』『渡米議員団の州議会訪問』『会議のもち方』『新しい保健所』

(C)反共政策などの政治的なプロパガンダ

『武装のない国境』『空輪の話』『国連旗の下に』
ここでは、まず、メディアが伝えようとする内容について、受け手における「媒介的諸要因」の働きに着目し、その効果、影響を考えてみる。（C）群の反共政策を訴える作品は、すでに共産党に対する、戦前、敗戦後の評価などさまざまな言説があり、受け手には既に判断を下せるようなさまざまな情報や関係性を保持している、そうした先有傾向がある場合であり、こうした時、態度を変改させることは極めて難しい。しかし、（A）群のアメリカの社会・文化を紹介したものは、微妙である。占領期、多くの人びとは戦争中に鬼畜米英とされていたアメリカに敗北し、戦争中の過度の精神主義に対して批判的な見直しがあったこと、その過程で、物質的なものや科学性の欠如が反省されていたからだ（第一〇章第五節参照）。社会全体の意見風土として、アメリカ的な物質主義や民主主義、あるいは科学への見直しがあり、人びとが所属している集団において、CIE映画が紹介するアメリカ社会・文化に対して好意的である、あるいは興味をもっていたとすれば、それまでの鬼畜米英的な態度を変改する可能性が高いことになるからだ。その意味では、（B）群の日本での民主主義化、あるいは生活改善についての手順を教える作品も、見ている人びとの所属している集団の状況に応じて、実現性を帯びてくることになる。

ところで、提出された英文の上映報告書は、CIE映画の上映のみ記載されているが、これは本当だろうか。この英文報告書では、個々の作品の上映数や観覧者数が記載されているが、上映会場でどういう作品を組み合わせて行っていたかは分からない。佐藤嘉市は新潟県立文書館に「新潟県視聴覚教育関係資料」を寄贈しているが、そのなかに、かなりの量の上映予定表と上映報告書が残されており、それらには上映番組について記載しているものがある。(6)ここでは、一九五〇年六月の予定表ならびに報告書に上映番組について記載のあるものを、ナトコの地域階層分けにし、作品については内容群別の記号と、（　）にＣＩＥ映画番号を付し、列記する。ただし、この上映計画書と上映報告書には、既に述べた、（Ａ）（Ｂ）（Ｃ）以外に、（Ｄ）劇映画、ならびに教育映画とすべき内容群がある。これについては、後述する。なお、内容について不明のものは、特に記号は付していない。

（α）都市
新潟市プログラムＡ
ＣＩＥ映画Ｂ『伸びゆく婦人』（100）／日本映画Ｂ『細菌物語』Ｄ『赤助の一生』／ＣＩＥ映画Ａ『飛来する疾病』（8）Ａ『ニューヨーク市』（161）
新潟市プログラムＢ
ＣＩＥ映画Ａ『子供に遊び場を』（29）／日本映画Ｄ『静かなる決闘』
三条市
ＣＩＥ映画Ａ『ケア物資の話』（128）／日本映画Ｄ『緑の小筐』
（β）都市近傍
西蒲原郡
ＣＩＥ映画Ｂ『会議の持ち方』（96）／日本映画Ｄ『母三人』
北蒲原郡

ＣＩＥ映画Ｃ『武装のない国境』（142）Ａ『英国刑事裁判』（27）Ａ『オレンヂのクック諸島』（108）／日本映画Ｂ『育ち行く村』Ｄ『動物大野球戦』

北蒲原郡　臨時プログラム

ＣＩＥ映画Ａ『アメリカ展望』（174）／日本映画Ｄ『銀嶺の果て』

（γ）都市遠縁

南魚沼郡

ＣＩＥ映画Ａ『フォスター名曲集第五篇』（82）／日本映画Ｄ『無法松の一生』（115）

中魚沼郡

ＣＩＥ映画Ａ『国際芸術祭』（118）Ｂ『伸びゆく婦人』（100）Ａ『打撃王』（113）／日本映画Ｄ『空気のなくなる日』

北魚沼郡

ＣＩＥ映画Ｂ『新しい教育』（69）Ａ『水は友か敵か』（122）Ａ『婦人は語る』（85）／日本映画『白銀の乱舞』Ｂ『海に生きる』

佐渡郡　北部まわり

ＣＩＥ映画Ａ『アメリカの音楽』（22）Ａ『インターナショナルハウス』（156）／日本映画Ｄ『谷間の少女』Ｄ『動物腕自慢』

佐渡郡　南部まわり

ＣＩＥ映画Ａ『トロントシンフォニー』（11）／日本映画Ｄ『花咲く家族』

ナトコは映写機であれば一六ミリフィルムであればどんな映画でも上映できる。CIE映画の上映会とされるものは、実際は、CIE映画と日本のCIE映画に準じた教育映画が中心ではなく、娯楽的な劇映画が中心だったのだろうか。もしそうだとすると、占領軍の意図するところの、日本の民主化を推し進め、親米的にするという施策は極めて中途半端なものだったことになる。

発社一〇三号の規程によれば、「G日本側機関において入手した教育、啓蒙映画も貸与映写機（ナトコ映写機）を用いて上映してよいが、予め軍政部の許可を得ねばならない。右の映画は占領目的に一致し又CIE映画と同時に上映するに適当なものであることを必要とする」（文部省［1948］1958, 576）となっているが、ここにあげられている劇映画である『無法松の一生』（大映 稲垣浩監督 阪東妻三郎主演 一九四三年）、『銀嶺の果て』（東宝 谷口千吉監督 三船敏郎主演 一九四七年）、『花咲く家族』（大映 千葉泰樹監督 瀧花久子主演 一九四七年）、『緑の小筐』（大映 島耕二監督 夏川大二郎主演 一九四七年）、『母三人』（大映 小石栄一監督 水戸光子主演 一九四九年）、『静かなる決闘』（大映 黒沢明監督 三船敏郎主演 一九五〇年）などは、あきらかに娯楽映画であり、民主主義の教育啓蒙とは関係のない内容である。

どうしてこうした劇映画の上映を、地方軍政部は許可したのだろう。この問題について、佐藤は上映報告にCIE映画が難解であるという声があるとし、「映画に触れる機会の少い、農山村の人々から映画のもつ娯楽性を一挙に引離すことは、映画会に対する民衆の期待を薄くし、決してうまい方法とは言い得ない。娯楽性を加味しつつ、漸次、短篇映画に対する観方指導をすすめていく方法が、過渡期の社会教化に於ては許されなければならない」とする。その上で、こうした劇映画とCIE映画を併映しようとする時、「優秀な劇映画がなかなか十六耗版として出ない」（佐藤嘉 1949, 30）とも書いている。[7]

ところで、こうした劇映画の併映は、新潟だけではなく全国的に行われていた。亀井実は、ナトコの使命は「日本人の旧弊思想の打開と云う成人教育であるのだ。決して小中学校児童生徒への生活教育でもなければ寒村僻地への娯楽提供でもないのである。ナトコ映写機に理研の文化映画『或る日の干潟』をかけるのも間違いであれば大映の劇映画『姿三四郎』など決してかけられる筋合いのものではないのだ」とし、「然し、現実には漫画映画『狐とサーカス』もかけられているしお涙頂戴映画『母三人』などもお目見得している。あまりに出鱈目すぎる運営である」と批判する。しかし、一方で、「『母紅梅』がいかに村人を喜ばしているか、『酔いどれ天使』にどれだけ村人が拍手喝采を送っているか」とし、「今日の農村に於ては、ナトコの一と月半に一回の巡回でも村民の指折り数えて待つ楽しい一夜とまで現実の世界ではなつてしまつている」（亀井 [1950] 2009, 271）と指摘する。[8]

しかし、結局、こうした事態に対して、「軍当局から各県視聴覚教育係長宛に覚書が発せられた」と、亀井は記している。現在、その覚書は未見であり詳細は不明であるが、その後、新潟県は一九五〇年七月新潟県視聴覚教育計画において、一六ミリ劇映画を全面的に排除することを決めている。ただし、上映計画書と上映報告書によれば、九月まで劇映画の上映を行っている。のちに佐藤は、一九五四年に劇映画が併映せざるを得なかった事情について、ＣＩＥ映画と日本の教育映画だけでは、「地域の切実な課題と結ぶこと少く、民衆の興味から遊離する結果を生じた」結果であるとしている。しかし、このことはＣＩＥ映画の限界を示すものといえる。

「当時よく耳にした常套句は、村の人々の理解のレベルは低いので何か劇映画を、であった。このような状態は、十六粍劇映画の浸透にとって、有力な温床といってよい。しかも十六粍劇映画の教育性が正しく考慮され、教材提供源としての視聴覚ライブラリーの性格が十分吟味された結果というよりは、視聴覚ライブラリーの弱点を糊塗しようとする手段として、採り上げられたところに不幸がある」（佐藤嘉 1954）と、当時のことを批判的に振り返っている[9]。

佐藤は一九五〇年七月に、一六ミリ劇映画を全面的に排除した理由について、一言も触れていないが、既に述べたように軍政部の「覚書」があったことは間違いない。しかし、それとは別の背景として、一九五〇年に教育者側からの発案によって、学習指導要領に沿って各学校が定めるカリキュラムと対応する『社会科教材映画大系』が映画製作会社と協力して製作され、上映することが可能になったことがある。また、それを受け一九五〇年一〇月二四日〜二六日に「カリキュラムと結びついた視覚教材教具の充実と活用」として新潟で全国視覚教育研究集会が開かれ、参加者数七〇〇人、不参加県はわずか九県という盛会となっている（無署名映教 1950）。佐藤のように戦前から学校において視聴覚教育に携わってきたものにとって、ようやく報われる時期がやってきたことになる。視聴覚教育は、成人教育から学校という確かなシステムのなかで展開する方向へと、日本側の意思で、舵を切り始めたのである。

## 第四節　ＣＩＥ映画上映の主催者と上映会場

結局、ＣＩＥ映画による成人教育という目的は、人びとの映画に娯楽を求める心性のなかで埋没してしまったのだろうか。ＣＩＥ映画上映プロジェクトの効果、影響について、もう少し別の角度から考えてみる必要がある。ここでは、まず、その上映の主催者からみてみる。英文の上映報告書には、上映団体の内訳が記されており、一九五〇年の約一年分の割合をみると、OTHERS 五三・四%、C・P・H（公民館）二六・九%、SCHOOLS 一〇・六%、Youth CENTER 四・五%、P・T・A 四・六%となる10。一九四九年の日本側の資料『社会教育資料』の記載によれば、主催団体の三八%が市町村であったとし、それに続いて、公民館、視聴覚教育委員会、青年会、婦人会、その他があったとする。ちなみに、上映会場は、数値が記されていない上映会場の統計のグラフからの推測であるが、学校がおおよそ七〇～六〇%で、公民館、寺院、市町村役場、一般住宅、郡市自体のもの、その他となっている（吉川 1950, 9-12）。

英文の報告書の OTHERS は、市町村による主催と推定されるが、日本文の一九五〇年六月の上映計画書と上映報告書をもとに、ナトコの地域階層分けをし、主催者をみてみる。

（α）都市　新潟市の場合、上映回数四八のうち、公民館四二、沼垂図書館一、支所一、新潟刑務所一、救護院一、北越パルプ一、レッツラン・サークル一

（β）都市近傍　西蒲原郡の場合、上映会回数23のうち、町村二一、地方事務所二

（γ）都市遠縁　中魚沼郡の場合、上映会回数二八のうち、公民館九、ＰＴＡ八、村六、青年団二、婦人会一、民生委員協議会一、七一会一

ＣＩＥ映画の上映が占領軍の発意のものであり、それを実際に行うのは県教育委員会視覚教育係であり、視聴覚ライブラリーであった。当然ながら、それを受け入れる側の態勢は、各市町村であり、さらに一九四六年に文部省の設置奨励の通牒によって全国的に普及をみた公民館が中心となった。そこには当然、役所的な上位下達の

仕組みがあり、受入態勢そのものも、占領軍であるアメリカのCIE教育映画を見せるためという意識があったことは間違いない。当時の常套句として「村の人々の理解のレベルは低い」という言い方があったとするが、亀井が指摘するように、ナトコ巡回にあたって「どこでも頭割りいくらという戸数比率によつた分担金を村費で支出してい」（亀井 [1950] 2009, 271）たことを考慮すると、そうした対価の要望として、人びとが娯楽性を求めたとしても一概におかしいとは言えない。

地域階層別を詳しくみると、（α）都市では、各地で公民館が設置され、そこが中心になって上映会が行われていたことがうかがえるが、（β）都市近傍では、公民館の設置や専従職員が配置されていないなどの要因で、まだ市町村が直接主催していたと考えられる。しかし、（γ）都市遠縁の場合は、明らかに他の階層と様相が異なる。受入側である主催者にはさまざまな団体がなっており、地域の受け入れ状況は活発化しており、そこにはなんらかの主体的な意思が各団体にあったことが看取される。ここには何があるのだろう。

残念なことに、現在、CIE映画上映プロジェクトにおける受け手のこうしたことに関する資料については未見である。ここでは、占領期終了後の二つの事例から、CIE映画上映における受け手への効果、影響は、いかに、どうあり得たかを推定する。

## 第五節　へき地での視聴覚教育

CIE映画による成人教育という目的は、必ずしも十分に展開したとはいえないなかで、占領期が終了する。占領期の成果を踏まえつつ、ナトコから国産の映写機と映画を使っての視聴覚教育が、ようやく緒につこうとする時期、（γ）都市遠縁のいわゆるへき地である岩手県二戸郡一戸町面岸部落で、視覚的方法による学校教育と社会教育の実践を、一九五七年九月から一九六〇年九月までの三年間にわたって継続的に実施し、その効果、影響について調査、研究することがおこなわれた。この研究は、岩手大学学芸学部、岩手県教育委員会、岩手県地区視聴覚ライブラリー連絡協議会などの共同研究として行われ、昼は学校教育、夜は社会教育として毎月二回、スライドや映画が上映され、そのプログラムなどの計画は、岩手大学の石川桂司が作成した（岩手県 1964）。

当時、へき地においては経済生活が貧困であること、いまだ封建的な考え方、あるいはやり方を踏襲していることや、文化的施設に恵まれていないなどの問題があるとされていた。この研究では、直接的に、こうした問題の解決策を村の人びとに提示しおこなおうとするのではなく、映画、スライドなどを利用して、地域にあるさまざまな問題に対して、解決しようとする意識をつくりあげ、生活向上への意欲を青年たちや女性などの成人たちに起こさせることを目的にした。

当時、この村の人びとの娯楽として年に二～三回程度の巡回映画と、盆と正月に劇映画を招いて見ることしかなく、他にはラジオがあるくらいだった。そこで、研究チームは、一つ目に、CIE映画上映プロジェクトの経験を踏まえ、一つにはスライドを積極的に使用した。なぜなら、映画を見て考えるには、映画というメディアに慣れていない人にとって場面転換、カット割りはあまりに早すぎ、スライドのようにスピードを可変できるものの方が、内容を理解するには有効性があるからだ。また、二つ目に、人びとの興味を失わないようにするために、なるべく自分たちの身近な生活を通して親しめるような、娯楽性を加味した劇映画や社会教育映画を見せるようにした。三つ目に、当時、面岸部落では、生活改善の問題点として、一つに出生率が高いと同時に子どもの死亡率が高く、受胎調節と育児への注意喚起が必要とされ、二つに飲料水としてわき水を使っていたことによる、衛生と家事労働の過重を軽減するための意識改善が求められていた。そうした問題に意識がいくようなスライドや映画を見せ、自然に問題関心が高まるようにした。

① 最初の基礎的な段階として、しゅうとめも夫も嫁も子どもも多くの人びとが参加できるような大衆映画会を催し、映画を見た後に、短い時間でも話し合いなどをし、この映画会が勉強のためのものであることを徐々に理解させるようにした。一回目のプログラムでは、ニュース『メトロ No.17』、マンガ『子犬と狼』、スライド『一升飯の吾作』、映画『谷間の学校』『民謡自慢』をおこなっている。なお、その後の上映プログラムでは、アメリカ製のニュース映画や、社会教育映画としてCIE映画を引き継いだUSIS映画なども使われており、CIE映画上映プロジェクトの継続性がみられる。

なお、四回目に上映した劇映画『母親学級騒動記』は、しゅうとめの嫁いびりなどを喜劇的に扱い、しゅうとめの間違いに気づき夫がすすんで嫁を母親学級に行かせるという内容だが、そうした身近な話題の映画を見せることで、家に帰ってから、家族内でしだいに今までの態度を改めるような雰囲気を醸し出すようにした。この映画以降、婦人たちが映画会や、スライドや映画をもとにした受胎調節の講習会などに参加しやすくなったと語っている。

② その後、こうした映画講習会などを中心に、村の婦人たちがPTAや、あるいはさらにはそのなかに婦人会を組織したり、青年たちが青年会を結成したりと、いくつか組織づくりが始まることになった。また、そうした婦人会や青年会などの団体の議論のなかから上映会への要望などが出されるなど、上映会を契機として議論することが活発化した。

③ 組織化された青年会、婦人会や成人学級などを中心にして、村の直面する問題とは何かが議論され、それ

に関するスライドや映画などを見て学習し、実現に向けて実践することになった。部落振興計画が立案され、狭い農道の拡幅が行われたり、町と村をつなぐ道路の補修の必要性が認識され、町役場へ陳情し、また自らの手で作業をして道路を改善したりした。そのことで、車の通行が容易になり、町の保健所からレントゲン車が来たり、保健所員を招いて蚊や蠅の駆除の講習会を開き薬剤散布をおこなったり、あるいは、県の移動図書館を呼んだりとさまざまな活動をすることができるようになった。

④　最後には、三年の研究の終了を前に、自分たちで上映会をやっていけるように映写機の操作の講習会や、映写機そのものを独力で購入するなど、自分たちで学習会を続けていくことになった。

ちなみに、この三年のあいだに開かれた学習会は、青年学級で七七回、婦人学級二五回、成人学級で二〇回で、利用された視聴覚教育の教材は、大衆映画会で上映されたものはのべでニュース映画二七、マンガスポーツ一一、社会教育映画一一九、その他の映画九、劇映画七、スライド一一が利用され、青年学級では五一（録音テープ、スライドを含む）、婦人学級で一五、成人学級で六となった。

この調査では、毎年九月に社会調査が行われ、視聴覚教育によって、どれだけ村の人びとの意識や態度が変わったかを調べているが、当初の目標であった受胎調節の啓蒙によって、出生率は一九五六年では四四・九％が、一九五九年二〇％へと劇的に変化した。また、育児や教育に対する関心も高まり、学校の先生に対する希望も一九五七年の調査では意見を述べたもの一三人で、内訳はことば使い五、礼儀作法四、道徳教育一、しつけ一、乱暴な子どもの矯正一、社会教育の振興一であったが、一九六〇年の調査では二一人が意見を述べ、道徳教育六、ことば使い四、農業に関する教育三、技術教育二、農機具について一、裁縫二、そろばん二、季節保育所の開設一と、内容も具体的になり、子どもや村の将来を考えていることがうかがえる内容に変わり、明らかに教育に対する関心が高まった。また、わき水については、一九五七年に六八％が使っていたものが、一九六〇年では六二％となっただけで、あまり変わっていない。しかし、希望する飲料水として水道が、一九五七年では二五・七％が、一九六〇年には八三・七％へと意識が大きく変わり、入浴や洗濯、医療品などに対する態度が大きく変わったことが確認された。

この研究計画をプランニングした石川は、面岸部落において女性は家事労働と畑仕事をして、家の外の活動はすべきでないということが常識とされ、「子どもの成績表をもらうために学期末に学校に来たり、PTAの集まりに出て来るのも全て男性で、母親は参加しないのがこの地域の通例であった」ものが、「姑や夫の考え方が変わり、たくさんの主婦が学習のために学校に集まるまでに急激に変化した」とする。そして、当時を振り返り、映像による社会教育によって「地域の人々村づくりにかける意識が見事に形成され、これをきっかけとして人々の生活が急激にドラマチックに変貌していく姿」（石川 1992, 231）を見て驚いたと記している。

こうした占領期が終わった後、日本人による国産の映写機と映画を使っての視聴覚教育による社会教育は、あきらかに占領軍によるCIE映画上映プロジェクトの意図する方向性とその成果を引き継いでいる。そこで示される民主化や生活改善といった近代化は、物質的に豊かで社会資本や文化資本が整備されたアメリカの生活モデルを範としている。その意味で、このプロジェクトの遂行、展開は、土屋由香が指摘するアメリカの近代性や科学性を「自ら理想として内面化する」（土屋 2009, 190）という、CIE映画上映プロジェクトの効果や影響の一端が顕れたものといってよい。

しかし、こうした内面化は、プロジェクトの一つの局面である。（γ）都市遠縁のいわゆるへき地とは、明治以降の近代化のなかで、それまでの村々の共同体が含んでいたさまざまなシステムや共同性が解体した結果、生まれたものであり、へき地そのものが近代化の所産であった。村人たちの固着した規範や価値観は、自ら選択したものではなく選択させられたものにすぎない。面岸部落の人びとにとっては、村の共同性を再構築し、青年会や婦人会を組織化し、変化を阻害されていたコミュニティを変えていく、再近代化が必要であった。村人にとって重要なのは、映画というメディアとCIE映画の示す内容を、村の共同性を再構築し、引き継がれて来きた社会と文化を再創造する方向で解釈し、また、内面化していくことで、村そのものを変えていくことであった。そこでは、日本国家の敗北、アメリカニズムの到来、へき地からの脱却は、パラレルな現象ではなく、横断的な因果的関係をもつ現象となる。CIE映画上映プロジェクトが孕む変化への欲望は、人びとの所属する集団が同じではないにしても変化への欲望を内包していた時、顕現化する。CIE映画は、地域の共同性と結びついた時に、はじめて効果、影響を発揮するのである。

## 第六節　都市近傍での公民館において

こうしたCIE映画上映会による効果、影響がみられるのは、（γ）都市遠縁のいわゆるへき地だけであろうか。ここで、（β）都市近傍、新潟駅から信越線で二つ目にある中蒲原郡亀田町、現在は新潟市江南区に編入されている亀田地区公民館にあったスライド資料からみてみよう。

亀田町の公民館は、一九四九年四月に設置され、占領終了後の一九五二年には専属の職員が一人配置されたが、仕事は婦人会や文化団体の事務や、五〇〇冊の図書の貸し出しであった。翌一九五三年には職員が三人に増員され、三七〇〇冊の図書館が併設され、幻灯機によるスライドと、ナトコによる一六ミリ映画の上映などをおこなっている（亀田 1988, 320-321）。

戦前、地主王国であった新潟県では、一九二〇（大正九）年以降、小作争議が多発するようになり、各地で農民組合ができるようになる。日本三大小作争議といわれた木崎村小作争議が、阿賀野川を挟んで向こう側で起きていたが、亀田においても農民組合がつくられ同様な小作争議が起きている。敗戦後は、農民組合が再建され、農地改革の対応だけでなく、耕地整理組合がつくられ、耕地整理と用排水路や道路を整備し、沼田であった水田を乾田化するなどさまざまな事業がおこっている。亀田町の各部落内でさまざまな関係性や、共同性が深く張りめぐらされているだけでなく、占領期、各部落間の社会的ネットワークの構築も活発化していた。

公民館、あるいはそこを使う各団体が、こうした社会的背景のなかで、新津中蒲視聴覚ライブラリーのスライドや映画を借り出し、さまざまな上映会を行っていただろうことは間違いない。亀田地区の公民館での映画の上映記録などの資料は未発見ではあるが、現在、公民館自らが一九五〇年代の約一〇年間に購入したスライド一三五本が、亀田郷土資料館に移管され残っている。つまり、占領軍の指示としてではなく、村の人びとが自ら主体的にこうした視聴覚教育を企画し、村のさまざまな諸問題を解決するために利用しようとしていた。これは、それまでの村の人びとの意識、行動になかったことであり、ＣＩＥ映画上映プロジェクトの効果、影響として捉えるべきものである。

ところで、このスライド資料の内容を、ＣＩＥ映画の内容群でカテゴライズしてみる。

（Ａ）アメリカの社会・文化を紹介したもの、ならびに科学的な知識

アメリカ社会を紹介したスライドは『米国の家事指導官』『父母と先生の会／アメリカの学校教育』の二本の

み、他は科学を紹介した『生物の進化』『人工衛星』など、一九本
（B）日本を題材にし、民主主義の啓蒙、ならびに生活の改善を見せるもの
『新憲法の公布』『公民館をどの様に運営するか』『伝染病』『かまどの科学（台所の改善）』『正しい受胎調節』など、CIE映画的な啓蒙的な内容、三〇本
（C′）親共産主義的な独立プロ系の劇映画
『原爆の子』『真空地帯』『蟹工船』『太陽のない街』『死の灰の恐しさ』『基地沖縄の訴え』など、レッドパージ後に展開された左翼独立プロダクション系の劇映画など、二八本
（D′）娯楽的要素を多分に含む道徳、教訓劇、あるいは童話
『鉢の木』『孝子五郎正宗』『恩讐の彼方に』『父帰る』『坊ちゃん』『路傍の石』『母をたずねて三千里』『鉄仮面』『種痘の父ジェンナー』など五八本

CIE映画の内容群と比較すると、（A）と（B）は、基本的に共通している。（A）アメリカの社会・文化を紹介したものは、亀田公民館ではその数は少ない。しかし、これは視聴覚ライブラリーからのUSIS映画などを借り出していた可能性がある。（B）も同様に、視聴覚ライブラリーに同じ内容の映画があるが、スライドを補充しているのは、やはり、内容を見て考えるのに、スライドの方が自分たちの理解の速度でおこなえるからだろう。

ところで、（C）「反共政策などのプロパガンダ」と（C′）は、明らかに違いがある。CIE映画は反共政策を訴えるものであるが、亀田のスライドは左翼的な内容だからである。亀田の村々では農民組合運動の経験から、

写真14-1　（A）『アメリカの学校教育』

写真14-2　（B）『公民館をどの様に運営するか』

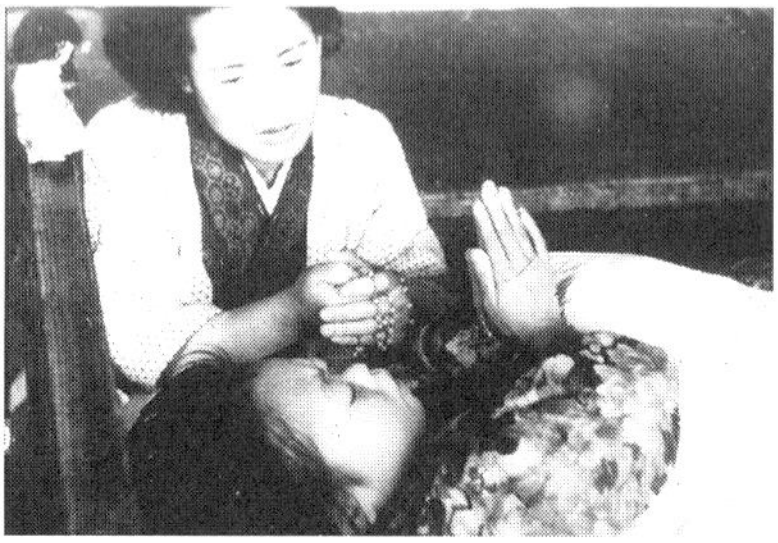

写真14-3　（C′）『死の灰の恐しさ』

写真14-4　（D′）『恩讐の彼方に』

社会主義的な政策、意識を支持する層が地域に根強くあり、対抗的に購入が決定されていた可能性がある。

（D）「劇映画ならびに教育映画」は、CIE映画上映における劇映画併映問題として、華やかな娯楽性の底にある旧い義理や人情、忠孝や復讐といった野蛮な暴力性が問題にされ、文化程度の低さとして批判されたものだが（亀田[1950] 2009）、（D′）購入スライドにおいても、穏やかな教養主義的な道徳、教訓的な内容のものが多く購入されており、当時、知識人からは封建的残滓と批判されるような旧来の人情物が根強い人気を誇っていたことが分かる。そこには、通底するものがある。つまり、亀田の村々では、その歴史や伝統の中で培ってきた価値観や行為の規範を、既存の流布される道徳、教訓的な慣習や物語に重ね合わせて、記憶し維持していたのだ。それは、小作争議を闘ってきた、よりよい社会を創ろうとする変革への意思と矛盾しないものとしてあった。

これらのスライドの内容群を、購入した人びとの集合的な意思、心の世界の表れとして捉えてみると、亀田において、(D′)が示すように伝統的な価値観や規範、生き方が、村の集合的な心の習慣として基層に形成されていた。その上で、小作争議など、それまでの村々でのさまざまな共同性の経験や歴史を踏まえ、占領軍によるCIE映画上映プロジェクトを理解・解釈し、アメリカ的な民主主義や科学性を取り込み、新たな体制に即応すべく生活を変えていこうとし、もう一方で、反共プロパガンダには対抗的に左翼的な映画を導入することでバランスをとった。その意味で、CIE映画上映プロジェクトによる態度の変容は、直ちに、生活の根にある伝統的な価値観や行動の規範の領域、集合的な心の習慣を変えるものではなかった。

## 第七節　CIE映画上映プロジェクトの効果と影響について

本来、映画の普及する過程は、文化的な問題である。日本の占領期におこなわれたCIE映画上映プロジェクトには、明らかな政治的な介入があり、その普及過程は、政治、社会、文化を映像メディアが媒介する複合的な問題として展開された。戦時中のプロパガンダが、どちらかといえば、敵国民の各個人、個人へのメディアによる広報、宣伝として直接的なものであったとすれば、占領期における上映プロジェクトは、より生活地域へと介入し、各地の共同体がかかえるさまざまな共同性の次元に映像が持ち込まれ、「媒介的諸要因」である人びとの関係性そのものに働きかけるものであった。結果的に、そのことが、より複雑な社会的な状況、出来事を生み出することになった。

市場の論理に従えば、映画の普及する過程は、都市を中心としたものであるが、上映プロジェクトでは、近代化が遅れているとされた都市遠縁の地域がなにより優先された。つまり、CIE映画の普及とその内容の効果と影響は、都市遠縁の地から、都市近傍、そして都市へと逆流し、メディアの構造は逆立した。こうしたことは、新しいメディアの導入をめぐって、政治的介入がある場合、しばしば起きることでもある。日本において、一九六〇年代にテレビが劇的に普及する背景にこうした下地があったことは、十分、検討する余地のある問題だ。

また、上映プロジェクトの効果と影響の過程は、当然のことながら、最初は、映画というメディアそのものの受容からはじまり、順応するのにあたって、内容的には、自分たちが既にもっていた伝統的な価値観や規範、生き方に近いものから、理解していったといってよい。当然のことながら、CIE映画が持ち込もうとする内容は、そうした村々のおかれている社会的状況と、そうした村々に保持されている集合的な心の習慣に適合するものから、順次、解釈され、自分たちの規矩に合うように修正され、取り入れられる。そこでは、メディアが媒介する、複合的な心的な世界が構築される。

どちらにしても、敗戦後、村々のさまざまな領域、共同性の次元に、意識的、制度的に映画やスライドといった視聴覚メディアが強制的に導入された。それは、一つの事件であり、出来事であった。そのことで、占領期の諸制度の改革や、一九五〇年代の農村の生活改善運動の諸連関のなかで、映像メディアは社会と人びとの心の世界へと深く関わり、多面的、多義的な態度の変容をもたらす、一要因となった。

（1）吉川浩次編「視聴覚教育」『社会教育資料』第四集、新潟県教育庁社会教育課、一九五〇年、九頁。第二表の数値より作成した。

（2）表2の作成については、映画館数については、時事通信社『映画芸能年鑑 一九四七年』（時事通信社 一九四七年 二三四〜二三五頁）によった。CIE映画上映回数については、『新潟県フィルムライブラリー MONTHLY NEWS』三号 一九四九年二月、六頁。同四号、一九四九年三月、二頁。

（3）吉川浩次編「視聴覚教育」『社会教育資料』第四集 新潟県教育庁社会教育課 一九五〇年、一〇頁。第三表の数値によったが、本論文掲載表一の一九四九年の観覧者数二五三万五四二九人と数値はあっていないが、そのままとした。

（4）「ナトコ映写機は行く」『新潟日報』一九四九年九月二九日二面。なお、文中の、『腰のまがる話』（CIE映画一三八）、『青少年赤十字』（CIE映画六五）、『スポーツシヨウ』は『スポーツ・レヴユー』（CIE映画一二九）と考えられる。

（5）Niigata prefecture Monthly Consolidated Report of Film Showings 1950.1-11, 1951.1, RG 331, CIE, Scripts & Related Files 1945-51, Box 5270, NACP.

（6）「昭和二五年度月別・郡市別CIE映画会予定表」「昭和二四年〜二五年 月別・郡市別CIE映画会実施報告」新潟県文書館、新潟県視聴覚ライブラリー資料、CE9808-3.

なお、「予定表」綴の表紙には、佐藤嘉市によって、「この予定表綴は、県内22名の担当者の当時の苦労を実証する資料である」と、一九九三年一二月三日付の記載がある。

（7）劇映画に大映が多いのは、大映が積極的に一六ミリでプリントしていたことによると考えられる。

（8）軍当局の覚書は現在、未見であるが、その内容は、劇映画併映の中止あるいは制限を求めたものではないかと推測され、時期は、この文章が掲載された刊行年月から推定し、一九五〇年四月、あるいは五月ではないかと考えられる。

なお、この文章には草稿として「劇映画使用についての抵抗」と、「劇映画の在庫凍結」（一九五〇年二月）が、新潟県文書館に残されている。

（9）Niigata prefecture Monthly Consolidated Report of Film Showings、前掲

（10）Niigata prefecture Monthly Consolidated Report of Film Showings、前掲

# あとがきにかえて——私的回想

本書の論考が成り立つ背景に、二〇〇〇年代以降のデジタル化によるメディア状況がある。現在、調査や研究もこうしたメディア状況を反映し、パソコン、インターネットによって検索、閲覧できる資料が増大するなど研究環境が大きくに変わり、研究そのものも変わりつつある。しかし、こうしたメディア・テクノロジーの進展の恩恵を受け、研究環境の変化が何をもたらしたのか、何を考えて私たちは研究しなければならないのか、あまり議論されることはない。メディア研究は本来、メディアが刻々と変動していく状態のなかで、つまりは、自ら研究の前提そのものが変容しつつあることを認識しつつ、変動する過程を記述する隘路なかであやうく成り立つものにすぎない。

メディアは本来、人と人との関係を媒介することで情報を伝達する性質をもつものだが、当然のことながら、メディアとメディアは互いに媒介しい、複層的で多義的な関係性を生み出す。映像メディアはこうしたものの最たるものであるが、多領域的で、多義的な意味を派生させる様態そのものを問題とし、分析、研究されることは少ない。例えば、映像を研究する場合、歴史学、民俗学、文化人類学、社会学、メディア研究、写真研究、映画研究、放送研究、映像学（芸術学）と異なった研究領域があり、それぞれが自らのディシプリンにしたがって研究することが普通である。そして、それぞれの研究が媒介しあい、複合化されることは少ない。しかしながら、メディアが引き起こす現象は多領域を複雑に結びつける、さらには、さまざまな関係をあいまいに結びつける。映像を研究しようとすれば、複雑なものを複雑に、そして、時にあいまいなものをあいまいに、どう記述できるのか、いつも問われることになる。それは、時に、複数の研究領域を複雑に、あるいはあいまいに縫合することになる。

本書の中心となるテーマは、戦争という過程において、具体的には戦時から占領というものが社会や文化、あるいは個人やコミュニティにもたらした亀裂やゆがみを、映像というメディアから、特に表現の位相から捉えようとした。それは、人びとの映像の記録と記憶の間を往還する過程であり、映像が生まれ、そして反復するあり方を明らかにしようとするものだ。そこにはノイズが、きしみとも叫びともつかぬ音とも声ともわからぬものが飛び交う。いや、それをノイズとするのは、新聞、雑誌、映画、放送といったマス・コミュニケーションの立場にたったときに感じるものにすぎないのかもしれない。コミュニティの、あるいは個人の日常生活の次元へと降り立ったとき、図と地は反転する。その意味でも、言葉が言葉となる瞬間へ、映像が映像となる何気ない関係へ、私たちは現実が生成し反復する現場へとおもむく必要がある。そうした現場のフィールドワークとして、本書が十分に応えるものになったのか、読む人びとの手にゆだねるしかない。最後に、私の心の底にあった小さなノイズを記述して終わりにしたい。

二〇〇七（平成一九）年四月二七日、原田堅固が亡くなった。その半年前頃から寝ていることが多くなったこともあり、起きて話をしていても先ほどまで見ていた夢の話をしているのか、現実の話をしているのかが分からなくなっている風があった。家族としては、きっと夢を見ていたのだなと思うしかないことが多かったのだが、死ぬ二、三日前、突然起き「むざむざと死んでたまるか」と言ったときには、左足を亡くしたときのことを思い出しているのだなと思った。

原田堅固は、新潟県長岡市（中之島村）鶴ヶ曽根の農家に、父・原田亀次郎、母・原田スイの五男（末っ子）として一九二一（大正一〇）年五月六日に生まれた。一九四二（昭和一七）年一月一〇日に、舞鶴海兵団に四等水兵として入団し、六月一七日に軍艦名取に三等水兵として乗艦。その後、上等水兵として一九四三（昭和一八）年八月三一日に横須賀海軍機雷学校に入学、同年一二月二八日卒業し、一九四四（昭和一九）年四月二六日に軍艦辰宮丸に乗艦、水兵長となり六月二日より軍艦能登呂に便乗するも、一九四四（昭和一九）年六月二九日ボルネオ方面にておいて戦傷し、膝下左足を切断する。六月三〇日昭南島第一〇一海軍病院に入院後、八月一七日にマニラ第一〇三病院へ移り、九月二六日、病院船高砂丸に便乗し帰国し、最終的には一九四五（昭和二〇）年一月一九日に東京海軍軍医学校第二附属病院に入院し、敗戦後の九月二五日に一等兵曹となり復員した。

子どもの頃、父から戦争中のことは断片的に聞いたことがあるが、筋道だって聞いたことはない。どちらかというと母親から、軍艦能登呂は最後レイテ沖海戦で沈没し誰も生還できなかったとか、マニラからの病院船高砂丸は日本に帰還する最後の病院船であったという話を聞いていた。今回の記録は、戦後、傷痍軍人の申請をするための書類が残っていたことで分かったことである。父は、どこか隠れてひっそりと暮らしている趣きがあった。それは、当然であるが、健常者でないことでの差別があったからでもあるが、どちらかというと、片足をなくすことで生き残ることができたというアイロニカルな思いがあったのだと思う。

ところで、ラマチャンドランは、手や足をなくした人（患者）たちにはその失った手や足（幻肢）を動かせる鮮明な感覚があったり、時に麻痺したり、痛みをともなった痙攣があったりするとしている。さらにラマチャンドランはそうした幻肢の症状に対し、鏡をつかった簡単な箱を使って、例えば麻痺と痛みのある失った左手を鏡の裏側に入れ、健全な右手を鏡の前におき、右側から鏡をのぞくようにすると、患者は失った左手が復活したように錯覚し、健全な右手を動かすと、鏡に写った左手（幻肢）が動いているように感じる。こうした作業を通じて、遂には、幻肢の痙攣やそれにともなう痛みが徐々に軽減されていったことを報告し、脳の神経回路（記憶）と視覚イメージが複雑にからみあったところで、切断した手や足が痛んでいたことを明らかにしている（Ramachandran 1998=1999）。

ラマチャンドランの報告は、父が夜、痛みにうなされ、生前、「おまえらには分からない」と言っていた言葉の意味をあらためて思い直すことになった。父には失った足の感覚があるだけでなく、その足が痛みをともなって存在していた。そして父にとって、それは痛みが苦しいということだけでなく、無い足が痛いという自分の意識に対する疑いとしてあった。父のおびえは、自分の頭がおかしいのではないかという、自身の意識の正常性に対するものであった。私は、ラマチャンドランの報告を読み、もっと早くにそれを知っていれば、少しは父の痛みや恐怖を軽減できたかもしれないと思った。

父にとって、海軍での生活は家や村から離れ、初めて自分の努力と能力で認められた世界であり、かけがえのない時間であったことは、言葉の端々に感じることがあった。しかし、気づいてみると、軍関係の徽章がいつのまに庭に捨てられていたり、押し入れにあった恩賜の杖がなくなっていたりと、戦後の堆積された時間のなかで、自分なりにいろいろな物と一緒に、思いや記憶を捨てていた。子ども心にそうした父の行為は分からない世界であった。多分、そうした物と一緒に自分の痛みと記憶を整理できないかと思っていたのかもしれない。父が亡くなったときには、戦争における遺品は、千人針と人びとの添え書きがされた日の丸だけであった。その日の丸は母の言葉もあり、葬式の時に、父の親戚の人びとに見てもらった。それは父の村の記憶とつながるものであったからだ。

　私たちの心の世界、記憶とイメージの世界には、幻肢のような隘路があるのかもしれない。失ったものの痛み、時に痙攣をともなった悲しみが私たちの心をおおいつくす。戦争という国民的ともいえる大きな経験のなかで、さまざまな社会的な痛みが、苦痛が響き合う。その多くは、出来事に遭遇した時の苦痛より、事後、死ぬまで続く見えない痛みとして、人びとを苦しめる。

　しかし、それはラマチャンドランのミラーボックスのように、意外に簡単な工夫で痛みの原因が見つかり、消しさることができるものかもしれない。研究というものが、役に立ちうるとしたら、こうした社会的苦痛を明らかにし、それが思ってもみないような原因によって引き起こされ、そしてそれを解消することが可能なのだということを示すことなのかもしれない。もしそうだとしたら、ニーチェの言葉を使えば、それは私たちにとって「曙光」である。

# 初出誌一覧

＊本書に収録するにあたって、全体に加筆・修正した。

はじめに　書き下ろし

第一章　a、b、cをもとに書き下ろし

a「一九三〇年代「報道写真」のメディア構造とその表現――伊奈信男の報道写真論」（『インテリジェンス』一号、紀伊國屋書店、二〇〇二年三月）

b「木村伊兵衛、写真人生の畏友――太田英茂・伊奈信男・原弘など」（『別冊太陽　木村伊兵衛――人間を写しとった写真家』平凡社、二〇一一年九月）

c「占領とプロパガンダ――木村伊兵衛の上海・南京」（『人文科学研究』一四二輯、二〇一八年三月）

第二章「映像アーカイブを使った比較研究――「東方社コレクション」を使ったレッスン」（『政治経済研究所リサーチペーパー』二四号、二〇一七年三月）

第三章「占領期における映像の戦線――戦後写真の見失われた視点、あるいは、写真家たちの戦後」（山辺昌彦・井上優子編『東京復興写真集1945〜46――文化社がみた焼跡からの再起』勉誠出版、二〇一六年七月）

第四章「綴方と映画――重層化したメディアにおける意味の変容」（『インテリジェンス』七号二〇〇六年七月　紀伊國屋書店）

第五章「屍体と映画」（『コレ、は映画だ』五号、一九九三年六月）加筆修正

第六章「今井正の戦争」（『コレ、は映画だ』三号、一九九二年三月）加筆修正
第七章「映画は、日本でいかにして普及したか――牧野守、加藤厚子、古川隆久三氏の研究をめぐって」（『メディア史研究』一六号、二〇〇四年四月、メディア史研究会）一部使用
第八章「映画雑誌などの娯楽雑誌にみる検閲」（『占領期雑誌資料大系』第一巻、岩波書店、二〇〇八年九月）
第九章「地方と中央の劇場事情」（『占領期雑誌資料大系』第二巻、岩波書店、二〇〇八年一一月）
第一〇章「映画調査を読み解く」（『占領期雑誌資料大系』第三巻、岩波書店、二〇〇九年二月）
第一一章「占領期、響き合う文化の諸相」（『インテリジェンス』一一号、二〇一一年三月20世紀メディア研究所）
第一二章「占領期における遭遇と記録――アメリカ公文書館所蔵の映像群をどう捉えるか」（『昭和のくらし研究』一五号、二〇一七年五月）
第一三章「浮浪児と映画――『蜂の巣の子供たち』の周辺」（『メディアを開く――占領期雑誌研究』早稲田大学出版部、二〇〇六年）
第一四章「ＣＩＥ映画／スライドの日本的受容――『新潟』という事例から」（土屋由香・吉見俊哉編『占領する眼、占領する声』東京大学出版会、二〇一二年）
あとがきにかえて　書き下ろし

# 新潟大学人文学部研究叢書の刊行にあたって

社会が高度化し，複雑化すればするほど，明快な語り口で未来社会を描く智が求められます。しかしその明快さは，地道な，地をはうような研究の蓄積によってしか生まれないでしょう。であれば，わたしたちは，これまで培った知の体系を総結集して，持続可能な社会を模索する協同の船を運航する努力を着実に続けるしかありません。

わたしたち新潟大学人文学部の教員は，これまで様々な研究に取り組む中で，今日の時代が求めている役割を果たすべく努力してきました。このたび刊行にこぎつけた「人文学部研究叢書」シリーズも，このような課題に応えるための一環として位置づけられています。人文学部が蓄積してきた多彩で豊かな研究の実績をふまえつつ，研究の成果を読者に提供することを目ざしています。

人文学部は，人文科学の伝統を継承しながら，21世紀の地球社会をリードしうる先端的研究までを視野におさめた幅広い充実した教育研究を行ってきました。哲学・史学・文学を柱とした人文科学の分野を基盤としながら，文献研究をはじめ実験やフィールドワーク，コンピュータ科学やサブカルチャーの分析を含む新しい研究方法を積極的に取り入れた教育研究拠点としての活動を続けています。

人文学部では，2004年４月に国立大学法人新潟大学となると同時に，四つの基軸となる研究分野を立ち上げました。人間行動研究，環日本海地域研究，テキスト論研究，比較メディア研究です。その具体的な研究成果は，学部の紀要である『人文科学研究』をはじめ各種の報告書や学術雑誌等に公表されつつあります。また活動概要は，人文学部のWebページ等に随時紹介しております。

このような日常的研究活動のなかで得られた豊かな果実は，大学内はもとより，社会や，さらには世界で共有されることが望ましいでしょう。この叢書が，そのようなものとして広く受け入れられることを心から願っています。

2006年３月

新潟大学人文学部長
芳 井 研 一

**原田　健一**（はらだ・けんいち）

1956年，東京都に生まれる。映像，音楽の製作を行う。2005年，東洋大学大学院社会学研究科博士後期課程修了学位取得（博士〈社会学〉）。2008年より，新潟大学人文社会科学系人文学部教授。

〔主要著作〕共著『岡田桑三　映像の世紀――グラフィズム･プロパガンダ･科学映画』（平凡社，2002），『南方熊楠　進化論･政治･性』（平凡社，2003），『映像社会学の展開――映画における遊戯とリスク 第2版』（学文社，2012），共編『懐かしさは未来とともにやってくる――地域映像アーカイブの理論と実際』（学文社，2013），共編『手と足と眼と耳――地域と映像アーカイブをめぐる実践と研究』（学文社，2018）。

〈新潟大学人文学部研究叢書 15〉

〔戦時・占領期における映像と生成の反復〕　ISBN978-4-86285-289-2

2019年2月15日　第1刷印刷
2019年2月20日　第1刷発行

著　者　原　田　健　一
発行者　小　山　光　夫
印刷者　藤　原　愛　子

発行所　〒113-0033 東京都文京区本郷 1-13-2
電話03(3814)6161 振替 00120-6-117170
http://www.chisen.co.jp
株式会社　知泉書館

Printed in Japan　印刷・製本／藤原印刷

# 人名・作品名索引

# 事　項　索　引

## ア　行



## カ　行



## サ　行

## タ　行



## ナ　行



## ハ　行



## マ　行

# 引用文献

＊引用文は，新字，旧かなとした。


相原佳之，2015「東洋文庫所蔵の近代中国資料のデジタル化事業について」，堤一昭・田中仁編『戦前期モンゴル語新聞『フフ・トグ（青旗）』のデジタル化と公開の可能性――東洋文庫政治史資料研究班・研究セミナーの記録』（OUFC Booklet 第7巻）大阪大学中国文化フォーラム事務局

秋元律郎，1982「戦争と都市災害研究」『現代のエスプリ 181 都市と災害』181号，至文堂

朝日新聞百年史編修委員会，1995『朝日新聞社史 資料編』朝日新聞社

亜細亜写真大観社，1935「楽土満洲」『亜細亜大観』第11冊，亜細亜写真大観社

阿部彰，1983『戦後地方教育制度成立過程の研究』風間書店

阿部・マーク・ノーネス，1999「中心にあるかたまり――『広島・長崎における原子爆弾の効果』」，ミック・ブロデリック編『ヒバクシャ・シネマ』現代書館

雨宮昭一，1997『戦時戦後体制論』岩波書店

アメリカ戦略爆撃調査団聴取書を読む会編，1998『福岡空襲とアメリカ軍調査 アメリカ戦略爆撃調査団聴取書を読む』海鳥社

有賀喜左衛門，1939［1967］『大家族制度と名子制度』（『有賀喜左衛門全集』第3巻，未来社）

有山輝雄，1996『占領期メディア史研究』柏書房

井沢淳，1946「空虚な一年（映画）」『婦人春秋』1巻8号，1946年10月

石井仁志，2009「第五巻「占領から戦後へ」解説」，石井仁志・谷川建司・原田健一編『占領期雑誌資料大系 大衆文化編』第5巻，岩波書店

石川桂司，1992『映画による態度変容についての研究』風間書房

石川光陽・松尾公就，1945「石川光陽筆『大東亜戦争と空襲日記』（2）」（=2010『昭和のくらし研究』8号）

板倉史明，2003「アメリカ日系移民と日本映画」『Cine Magazi Net』7号

逸見勝亮，1994「第二次世界大戦後の日本における浮浪児・戦争孤児の歴史」『教育史学会紀要』37集

伊奈信男，1932「写真に帰れ」『光画』1号（=2005，大島洋編『伊奈信男写真論集 写真に帰れ』平凡社）

――――，1934「報道写真について」『日本工房パンフレット』（=2005，大島洋編『伊奈信男写真論集 写真に帰れ』平凡社）

井上泰三，1949「夜の番組はどれ位聴かれているか」『放送文化』4巻4号 1949年6月

井上雅雄，2007『文化と闘争――東宝争議1946-1948』新曜社

井上祐子，2009『戦時グラフ雑誌の宣伝戦』青弓社
――――，2014「中国の人びとの暮らしと戦争被害」『戦中・戦後の記録写真――「東方社コレクション」の全貌』（科学研究費研究成果報告書　課題番号23520853）政治経済研究所付属東京大空襲・戦災資料センター
今井正，1950「思いつくまま（二）」『映画手帖』1950年12月号（=1990，映画の本工房ありす編『今井正「全仕事」――スクリーンのある人生』ACT）
――――，1951「ささやかな捨石『また逢う日まで』」『日本評論』1951年4月号（=1990，映画の本工房ありす編『今井正「全仕事」――スクリーンのある人生』ACT）
――――，1958「初めて時代劇に取り組む」『芸術新潮』1958年2月号（=1990，映画の本工房ありす編『今井正「全仕事」――スクリーンのある人生』ACT）
――――，1961「ヴィトリオ・デ・シーカ論」『キネマ旬報』1961年12月上旬号（=2013，今井正監督を語り継ぐ会『今井正監督読本』論創社）
今井正・鶴見俊輔，1957「映画と現実」『映画芸術』1957年4月号（=2012今井正監督を語り継ぐ会『今井正監督読本』論創社）
今井正・水木洋子，1990「手弁当で図書館通い」，映画の本工房ありす編『今井正「全仕事」――スクリーンのある人生』ACT
今井正・木崎敬一郎，1991「オープンセットにただ火をつけただけではこれほど空襲シーンに迫力は出ない」『シネフロント』178号
今井正監督を語り継ぐ会，2012「また逢う日まで」『今井正監督読本』論創社
今村三四夫，1949「清水宏監督にきく」『映画評論』六巻八号，1949年8月
色川大吉，1975『ある昭和史――自分史の試み』中央公論社
――――，1984「自分史と民衆史のあいだに」渡辺義雄・安岡章太郎・佐々木崑・田沼武能編『木村伊兵衛写真全集昭和時代 第一巻［大正十四年～昭和二十年］』筑摩書房
岩田豊雄，1938「新築地劇団の『綴方教室』」『東京朝日新聞』1938年3月11日
岩手県教育委員会・岩手県視聴覚教育共同研究推進委員会，1964『へき地の視聴覚教育』日本映画教育協会
鵜飼正樹，1993「民俗行事の発見と流通――市原のオコナイの記述と写真をめぐって」『国立歴史民俗博物館研究報告』第51集
潮編集部，1975「米国戦略爆撃調査団から三〇年目の訪問 匿名の庶民は戦後をどう生きたか」『潮』195号，潮出版社
牛原虚彦，1988「蒲田モダニズムの群像」，岩本憲児・佐伯知紀編『聞書き キネマの青春』リブロポート
江藤淳，1989a『閉された言語空間』文藝春秋
――――，1989b『昭和の文人』新潮社
大内秀邦，1948「映画はどれだけ普及しているか」『人間形成』創刊号，1948年10月
大岡聡，2014「文化社の活動と敗戦直後の東京写真」『戦中・戦後の記録写真――「東方社コレクション」の全貌』東京大空襲・戦災資料センター

引用文献

大木顕一郎・清水幸治共，1937『綴方教室』中央公論社
大串潤児，2004「戦後の大衆文化」『日本の時代史26 戦後改革と逆コース』吉川弘文館
大笹吉雄，1993『日本現代演劇史 昭和戦中篇Ⅰ』白水社
大島渚，1958「『夜の鼓』」『映画批評』1958年6月（=1963『戦後映画 破壊と創造』三一書房）
————，1975『体験的戦後映像論』朝日新聞社
太田英茂，1956「むざんに切りすてられた写真」『フォトアート臨時増刊 木村伊兵衛読本』
大塚恭一，1938「綴方教室」『映画評論』9巻12号，1938年10月
奥泉栄三郎編，1982『占領軍検閲雑誌目録・解題』雄松堂
尾崎浩次，1947「農村と演劇」『演劇界』5巻1号（=2008，石井仁志・谷川建司・原田健一編『占領期雑誌資料大系 大衆文化編』第2巻，岩波書店）
外務省，1995『外務省執務報告 文化事業部 昭和11年～14年』クレス出版
加島卓，2014『〈広告制作者〉の歴史社会学——近代日本における個人と組織をめぐる揺らぎ』せりか書房
合衆国戦略爆撃調査団戦意調査部，1947=1988『日本人の戦意に与えた戦略爆撃の効果』森祐二訳，広島平和文化センター；Reports of the United States Strategic Bombing Survey, 1947, “No.14 The Effects of Strategic Bombing on Japanese Morale, Morale Division”, 1947.6.
加藤厚子，2003『総動員体制と映画』新曜社
金子隆一監修，2002-05『復刻版 NIPPON』国書刊行会
加納竜一・水野肇，1965『ヒロシマ二十年——原爆記録映画製作者の証言』弘文堂
亀井実，1950「ナトコの次に来るもの」『映画教室』4巻6号（=2009，石井仁志・谷川建司・原田健一編『占領期雑誌資料大系 大衆文化編』第5巻，岩波書店）
亀田町史編さん委員会，1988『亀田の歴史 通史編 下巻』亀田町
川端康成，1946「選の言葉」『赤とんぼ』1946年8月
姜徳相，1975『関東大震災』中央公論社
ガンパート，1990『メディアの時代』石丸正訳，新潮社；Gary Gumpert, 1987, “Talking tombstones and other tales of the media age”, Oxford University Press.
菊池一隆，2009『中国抗日軍事史』有志舎
北井一夫，2011「古書市の棚の木村伊兵衛」『別冊太陽 木村伊兵衛 人間を写しとった写真家』平凡社
北村洋，2014『敗戦とハリウッド——占領下日本の文化再建』名古屋大学出版会
キネマ旬報社，1970『世界の映画作家3 黒沢明』キネマ旬報社
木村伊兵衛・渡辺義雄・高木寿蔵・高桑勝雄，1938a，「支那民情撮影旅行談を聞く」『カメラ』1938年3月号
木村伊兵衛（写真）／原弘（編修構成），1938b「報道写真—上海」『改造』1938年3月
木村伊兵衛，1941「アマチュアと報道写真——制作の実際」『写真文化』1941年3月号，アルス

――――，1943『王道楽土』アルス
――――，1956「作品鑑賞のために」『フォトアート臨時増刊 木村伊兵衛読本』
木村伊兵衛・伊奈信男・金丸重嶺・渡辺義雄，1966「日本の写真界の歴史―第3回・その2―戦後の写真家の動き」『日本写真家協会会報』14号
木屋三郎，1948「『蜂の巣の子供たち』ロケーション日記」『映画少年』23巻10号，1948年10月
工藤美代子，1985『聖林からヒロシマへ――映画カメラマン・ハリー三村の人生』晶文社
工藤洋三，2011『米軍の写真偵察と日本空襲』工藤洋三
クラッパー，1967『マス・コミュニケーションの効果』NHK 放送学研究室訳，日本放送出版協会；Joseph T. Klapper, 1960, “The Effects of Mass Communication”, The Free Press of Glencoe.
黒澤明, 1946「映畫が自由になる為に」『シナリオ』1946年8月号（=1987『全集 黒澤明』第2巻，岩波書店）
――――，1970「全自作を語る」『世界の映画作家3 黒沢明編』キネマ旬報社
――――，1984『蝦蟇の油』岩波書店
黒澤明・原節子・藤田進・凪陽介，1947「映画演技に就いて――“わが青春に悔なし”をめぐって（座談会）」『新映画』4巻1号（=2009，石井仁志・谷川建司・原田健一編『占領期雑誌資料大系 大衆文化編Ⅳ』岩波書店）
黒羽清隆，1979「『便衣隊』考――日本側史料による上海事変の一面」『十五年戦争史序説』三省堂
ゲイン , 1963『ニッポン日記』井本威夫訳 , 筑摩書房 : Gayn, Mark, 1948, “Japan Diary”, William Sloane Associates.
厚生省児童局企画課調 , 1948「全国孤児一斉調査結果（一九四八年二月一日現在）」（=1983『全国戦災史実調査報告書 昭和五七年度』日本戦災遺族会）
小林則子，1949「蜂の巣の子供達」『The Lamb』1949年3月25日
小日向学，1949「天狗批評罷り通る：日本映画二十三年度回顧漫録」『映画文化』4巻1号
榊原理智，2010「〈敗戦後〉への想像的読みに向けて 解説」，川崎賢子・十重田裕一・宗像和重編『占領期雑誌資料大系 文学編』第2巻，岩波書店
櫻本富雄，1993『大東亜戦争と日本映画』青木書店
佐々木啓，2015「総力戦の遂行と日本社会の変容」『岩波講座 日本歴史 第一八巻』岩波書店
佐藤嘉市，1949「県フイルムライブラリーに与えられた課題」『映画教室』3巻6号，1949年6月
――――，1954「視聴覚教育計画と十六粍劇映画」『視聴覚教育資料』1954年3月
――――，1978「視聴覚教育ことはじめ④ナトコことはじめ」『新潟教育月報』328号，1978年1月
佐藤健二，1996a「方法を読む――社会調査の水脈をたどりながら」『都市の解読力』勁

草書房
————，1996b「印刷革命と読むことの近代」『メディアと情報化の社会学』岩波書店
佐藤卓己，2007「日本型「世論」の成立——情報宣伝から世論調査へ」，岡田直之他『輿論研究と世論調査』新曜社
————，2018『ファシスト的公共性——総力戦体制のメディア学』岩波書店
佐藤忠男，1968「少年の理想主義について——『少年倶楽部』の再評価」『権利としての教育』筑摩書房
————，1996「山本嘉次郎」『日本映画の巨匠たちⅡ』学陽書房
佐藤洋一，2006『図説 占領下の東京』河出書房新社
————，2015『米軍が見た東京1945秋』洋泉社
三瓶長寿，1948「蜂の巣の子供たちを見て：美しい心情」『附中新聞』2号，1948年12月
時事通信社編，1947『映画芸能年鑑1947』時事通信社
————，1951『映画年鑑1951年版』時事通信社
清水幾太郎，1949「三つの子供映画——『手をつなぐ子等』『蜂の巣の子供たち』『風の子』」『婦人公論』383号，1949年4月
清水宏，1948「蜂の巣の子供たち」『婦人』12巻6月号（=2000，田中真澄・木全公彦・佐藤武・佐藤千広編『［映画読本］清水宏——即興するポエジー、蘇る「超映画伝説」』フィルムアート社）
————，1949「みんなの映画」『朝日新聞』大阪版1949年1月26日朝
————，1955「餓鬼大将とその乾分」『文藝春秋』昭和30年10月号
春風亭柳昇，［1969］2005『与太郎戦記』ちくま文庫
白井茂，1983『カメラと人生』ユニ通信社
白山真理，2014『〈報道写真〉と戦争』吉川弘文館
鈴木三重吉，1936『綴方読本』中央公論社
スノー，1988『アジアの戦争——日中戦争の記録』森谷巌訳，筑摩書房；Edgar Snow, 1941, “The Battle for Asia”, Random House.
千田是也，1995『もうひとつの新劇史—— 千田是也自伝』筑摩書房
高岡裕之，2011『総力戦体制と「福祉国家」——戦時期日本の「社会改革」構想』岩波書店
多川精一，1988『戦争のグラフィズム：回想の「FRONT」』平凡社
————監修，1989-90『FRONT 復刻版』平凡社
滝沢一，1948「グリムプス清水宏」『映画芸術』3巻8号
武智鉄二，1989『伝統と断絶』風塵社
竹葉丈，2017「大陸の風貌——櫻井一郎と〈亜東印画協会〉」竹葉丈編『異郷のモダニズム——満州写真全史』図書刊行会
田澤薫，1997「児童保護と教護」『東京都教育史 通史編四』東京都立教育研究所
田中幸次・北光二，1949「『風の子』と能登」『北国新聞』1949年3月6日
田中純一郎，1957『日本映画発達史Ⅱ』中央公論社

――――，1979『日本教育映画発達史』蝸牛社
田中真澄・木全公彦・佐藤武・佐藤千広編，2000『［映画読本］清水宏――即興するポエジー、蘇る「超映画伝説」』フィルムアート社
谷川建司，2000「資料解説――GHQ 民間諜報局／PPB 映画・演劇班日報」『メディア史研究』10
――――，2002『アメリカ映画と占領政策』京都大学学術出版会
――――，2009「第四巻「躍動する肉体」解説」，石井仁志・谷川建司・原田健一編『占領期雑誌資料大系 大衆文化編』第4巻，岩波書店
田宮虎彦編，1971『戦災孤児の記録』太平出版社
田村泰次郎・露原千草・田中実・三鷹圭子・三条ひろみ，1947「「肉体の門」座談会」『アンサーズ』2巻1号（=2010，川崎賢子・十重田裕一・宗像和重編『占領期雑誌資料大系 文学編』第3巻，岩波書店）
ダーレンドルフ（Ralph Dahrendorf），1998「ナチス・ドイツと社会革命」，加藤秀治郎・檜山雅人編・監訳『増補版 政治・社会論集――重要論文選』晃洋書房
千葉徳爾・萩原龍夫，1981「宮本馨太郎先生と東京の民俗」宮本馨太郎『東京都の民俗』慶友社
中央共同募金会編，1966『国民たすけあい共同募金――赤い羽根二〇周年』中央共同募金会
中央通信社，1948「肉体の門に抗議するラク町の彼女たち」『サタデイニュース』2巻3号（=2009，石井仁志・谷川建司・原田健一編『占領期雑誌資料大系 大衆文化編』第4巻，岩波書店）
中学二年生，1949「蜂の巣の子供たちを見て」『映画教室』2巻7号 ,1949年9月
辻村泰男，1948「戦災孤児と浮浪児」，厚生省児童局編『児童福祉』東洋書館
土屋由香，2009『親米日本の構築』明石書店
鶴見俊輔・粉川哲夫，1991「人間が去ったあとに」『日米映画戦』青弓社
寺西憲一，1949「『風の子』を見て」『北国新聞』1949年3月2日
東京朝日新聞社，1938「築地の舞台に　十一少女の名作」『東京朝日新聞』1938年2月12日
『東京大空襲・戦災誌』編集委員会，1973-74『東京大空襲・戦災誌』全5巻，東京空襲を記録する会
東京大空襲・戦災資料センター編，2015『決定版 東京空襲写真集』勉誠出版
東宝，1938「『上海』制作日誌」『キネマ旬報』1938年新春特別号
時実五郎，1946「映画興行グリンプス」『キネマ旬報』1号，1946年3月1日
得猪 = 山本祚登子 ,1946「神に導かれつつ」『白鳩』141号，1946年4月
得猪祚登子，1949「私の歩んできた道――風の子と共に」『白鳩』18巻10号，1949年10月
得猪祚登子・清水幾太郎・清水慶子，1949「座談会“風の子”はどうして生れたか」『婦人公論』385号，1949年7月
富田英三，1946「ヘロー！ Moo Soo mee Son」『新生活』2巻2号（=2008，石井仁志・谷

引用文献

川建司・原田健一編『占領期雑誌資料大系　大衆文化編』第1巻，岩波書店）
豊田正子，1938「懐かしい舞台『綴方教室』」『東京朝日新聞』1938年3月11日
————，1959『芽生え』理論社
————，1963『綴方のふるさと』理論社
————，1984『綴方教室』木鶏社
トレント&コリーナ，1990『ルイス・ブニュエル 公開禁止令』岩崎清訳，フィルムアート社；José de la Colina & Tomás Pérez Turrent, 1986, “LUIS BUÑEL: Prohibido Asomarse AI Interior”, Joaquín Mortiz.
永井秀明，1983『10フィート映画世界を回る』朝日新聞社
中根節子，1949「蜂の巣の子供達をみる」『芽』1号，1949年3月25日
中野重治，1937「日本語の問題」『都新聞』1937年11月20日
中野泰，2012「日本占領期における日本民俗学者とアメリカ社会人類学者の邂逅」『歴史人類』40号
中村元，2018『近現代日本の都市形成と「デモクラシー」――20世紀前期／八王子市から考える』吉田書店
中谷いずみ，2001「〈綴方〉の形成――豊田正子『綴方教室』をめぐって」『語文』111号，2001年12月
————，2003「プロレタリアの娘・豊田正子――1950年前後の〈書く〉場をめぐって」『日本近代文学』68号，2003年5月
名取洋之助，1963『写真の読みかた』岩波新書
成田龍一，2001『〈歴史〉はいかに語られるか』日本放送出版協会
難波功士，1998『撃ちてし止まむ』講談社
日本板硝子四日市工場従業員組合教育宣伝部・企画調査部，1948「文化生活調査集計」『労星』第9号，1948年10月
日本電報通信社調査部市場調査課，1950『調査シリーズ第127号 映画調査』日本電報通信社調査部
日本放送協会編，1977『放送五十年史』日本放送出版協会
根本正義，2004『子ども文化にみる綴方と作文――昭和をふりかえるもうひとつの歴史』KTC中央出版
野口悠紀夫，［1995］2010『1940年体制〈増補版〉』東洋経済新報社
野島康三，1956「愛嬌たっぷりの自画自賛」『フォトアート臨時増刊 木村伊兵衛読本』
ハーイ（Peter Brown High），1995『帝国の銀幕――十五年戦争と日本映画』名古屋大学出版会
筈見恒夫，1938「子供のゐる風景――『路傍の石』『綴方教室』について」『新映画』8巻10号，1938年10月
秦郁彦，2007『南京事件――「虐殺」の構造〈増補版〉』中央公論社
林進，1978「社会的コミュニケーション・システムの変動と中間コミュニケーション」，コミュニケーション研究会『社会的コミュニケーション・システムの変動』埼玉大学教養学部

原田健一・川崎賢子，2002『岡田桑三 映像の世紀』平凡社
原田健一，2008「データが語る占領①映画雑誌などの娯楽雑誌にみる検閲」石井仁志・谷川建司・原田健一編『占領期雑誌資料大系 大衆文化編 第一巻 虚脱からの目覚め』岩波書店
————，2012『第2版 映像社会学の展開』学文社
————，2015「映像アーカイブによる中間的コミュニケーションの分析」『人文科学研究』136輯
————，2016「占領期における映像の戦線」，山辺昌彦・井上祐子編『東京復興写真1945–46』勉誠出版
バルト，1985『明るい部屋』花輪光訳，みすず書房；Roland Barthes, 1980, “La Chambre Claire”, Gallimard.
久板栄二郎，1946「わが青春に悔なし」（=1987『全集 黒澤明』第2巻，岩波書店）
火野葦平，1938a『麦と兵隊』改造社
————，［1938b］1979「土と兵隊」『火野葦平兵隊小説文庫2』光人社
————，1940「僕のアルバム」，アサヒカメラ編『戦線写真報告』朝日新聞社
ヒュアコ，1985『映画芸術の社会学』横川真顕訳，有斐閣；George A. Huaco, 1985, “The Sociology of film art”
平岡正明，1971=1973「戦争の映画か革命の映画か エル・パイサーへ、『上海』からレバノンへ」『映画批評』1971年12月号（=1973『マリリン・モンローはプロパガンダである』イザラ書房）
————，1972『日本人は中国で何をしたか 中国人大量虐殺の記録』潮出版社
平野共余子，1998『天皇と接吻——アメリカ占領下の日本映画検閲』草思社
平松儀勝他，1937「顧る“南京への道” 疾風苦汗の驀進 敵首都南京で 本社報道陣座談会」『東京朝日新聞』1937年12月17日
福島鋳郎，1987『G.H.Q. 東京占領地図』雄松堂出版
福永文夫，2014『日本占領史 1945-1952』中公新書
藤井仁子，2001「撮られなかったショットとその運命——〈事変〉と映画 1937~1941」『映像学』67号
————，2004「上海・南京・北京——東宝文化映画部〈大陸都市三部作〉の地政学」，岩本憲児編『映画と「大東亜共栄圏」』森話社
藤野祐子，2015『都市と暴動の民衆史——東京・1905-1923年』有志舎
双葉十三郎，1949「日本映画月評」『映画芸術』4巻4号，1949年4月（=1992『日本映画批評——1932～1956』トパーズプレス）
ブニュエル，1984『映画、わが自由の幻想』矢島翠訳，早川書房；Luis Buñuel, 1982 “Mon dernier soupir”, Editions Robert Laffont.
古川隆久，2003『戦時下の日本映画——人々は国策映画を観たか』吉川弘文館
古川良範，1938「『綴方教室』について」『テアトロ』5巻3号，1938年3月
古山三郎，2000「『蜂の巣』のキャメラは、ぼく一人で回した」，田中真澄・木全公彦・佐藤武・佐藤千広編『［映画読本］清水宏——即興するポエジー、蘇る「超映画伝

説」』フィルムアート社
文化社，1946『東京一九四五年・秋』文化社
ベラー他，1991，『心の習慣――アメリカ個人主義のゆくえ』島薗進他訳，みすず書房；Robert N. Bellah, et al., 1985, "Habits of the Heart", University of California Press.
Boria, Dimitri, 2007a『GHQカメラマンが撮った戦後ニッポン』アーカイブス出版
――――, 2007b『続・GHQカメラマンが撮った戦後ニッポン』アーカイブス出版
本誌記者，1949「蜂の巣の子供たちを訪ねて」『ホーム』3巻7号
本間唯一，1938「綴方教室」『唯物論研究』64号，1938年2月
前田一男，1997「解説」，戦争孤児を記録する会編『焼け跡の子どもたち』クリエイティブ21
前田秀夫，1947「原子爆弾」『赤とんぼ』2巻3号（=2008，石井仁志・谷川建司・原田健一編『占領期雑誌資料大系 大衆文化編』第2巻，岩波書店）
牧野守，2003『日本映画検閲史』発行パンドラ・発売現代書館
牧野光雄，1947「映画・演劇界に君臨するマキノ三兄弟――新しき夢の創造へ…」『マキノ』1号（=2008，石井仁志・谷川建司・原田健一編『占領期雑誌資料大系 大衆文化編』第2巻，岩波書店）
松井翠聲，1938『松井翠聲の上海案内』横山隆発行
松岡昊，1949「『蜂の巣の子供たち』を見て」『雁のつどい』2号，1949年3月25日
松木久恵，1949「蜂の巣の子供たちを見て」『たちばな』1号，1949年1月24日
松田さおり，2009「ヌードとレヴュー 解説」，石井仁志・谷川建司・原田健一編『占領期雑誌資料大系 大衆文化編』第4巻，岩波書店
馬淵逸雄・火野葦平，1953「名作 麦と兵隊の出来るまで」『東海人』1953年9月号，静岡県学園文化協会
三木茂・松井翠聲・北川冬彦・滋野達彦・清水千代太・友田純一郎・飯田心美，1938「記録映画『上海』座談会」『キネマ旬報』634号，1938年1月21日号
南浩二，1948「蜂の巣の子供たち」『映画教室』2巻7号
南博，1950「演劇の観客層――社会心理学的調査と分析」『夢とおもかげ――大衆娯楽の研究』中央公論社
無署名，1938「映画時評」『新潮』35巻10号，1938年10月
無署名（読売），1948a「八人の戦災の子に 親代り二年の愛情」『読売新聞』1948年3月15日朝
無署名（読売），1948b「親、兄弟と涙の対面――その後の『蜂の巣の子供達』」『読売新聞』1948年12月17日朝
無署名（いずみ），1948「映画『手をつなぐ子等』『蜂の巣の子供達』」『いずみ』12月号，1948年11月
無署名，1949「『風の子』の父の場合」『レポート』4巻7号，1949年7月。
無署名（日報），1949「ナトコ映写機は行く」『新潟日報』1949年9月29日
無署名（映教），1950「特集 全国視覚教育研究集会（新潟）」『週刊映教ニュース』142号，1950年10月30日

無署名，1950「風の中の『風の子』」『週刊朝日』1950年12月24日号，32-33頁
森信三，1984『新劇史のひとこま――新築地劇団レポート』花曜社
森田富義，1939a「満洲国の嫌いなもの」『亜細亜大観』第16冊，亜細亜写真大観社
――――，1939b「満洲民族の建築と風物」『亜細亜大観』第16冊，亜細亜写真大観社
文部省，1948，文部次官通牒発社103号「連合軍総司令部貸与の十六粍発声映写機及び映画の受入について」（=1958，近代日本教育制度資料編纂会編纂『近代日本教育制度史料』第二七巻，講談社）
山住正巳，1995「解説」，『新編 綴方教室』岩波文庫
山之内靖・ヴィクター・コシュマン・成田龍一編，1995『総力戦と現代化』柏書房
山辺昌彦・井上祐子編，2016『東京復興写真1945-46』勉誠出版
山本映佑，1949a『風の子』実業之日本社
――――，1949b「風の子が生れるまで」『光の泉』10巻7号，1949年7月
――――，1950『引越物語』実業之日本社
山本嘉次郎，1946「ニュウ・フェース（社会時評）」『東宝』6号（=2009，石井仁志・谷川建司・原田健一編『占領期雑誌資料大系 大衆文化編』第4巻，岩波書店）
――――，1949「将来に希望持て――山本嘉次郎氏談」『週刊家庭朝日』32号，1949年9月24日
――――，1952「カツドオヤ微憤録――アメリカによる映画検閲滑稽譚」『文藝春秋』臨時増刊号，1952年6月
――――，1951『カツドウヤ紳士録』講談社
山本武利，1996『占領期メディア分析』法政大学出版局
山本安英，1987『鶴によせる日々』未来社
横山隆一，1946「フクチャンの放送　原子爆弾の試験が行はれました」『子供マンガ新聞』10号（=2009，石井仁志・谷川建司・原田健一編『占領期雑誌資料大系　大衆文化編』第3巻，岩波書店）
養老記者，1948「『みかへりの塔』にみる蜂の巣の子供たち」『サンデー毎日』27年38号，1948年9月19日
吉川浩次編，1950「視聴覚教育」『社会教育資料』第四集，新潟県教育庁社会教育課
吉見俊哉，2016『視覚都市の地政学――まなざしとしての近代』岩波書店
米沢秋吉，1938「南京 撮影日誌」『映画と演藝』15巻3号
ラマチャンドラン／ブレイクスリー，1999『脳のなかの幽霊』山下篤子訳，角川書店；V. S. Ramachandran and Sandra Blakeslee, 1998, "Phantoms in the brain: probing the mysteries of the human mind"
ロラン，1961「ピエールとリュース」宮本正清訳『ロマン・ロラン全集』第8巻，白水社；Romain Rolland, 1920, "Pierre et Luce", Editions du Sablier
和田敦彦，2010「プランゲ文庫の特色」，川崎賢子・十重田裕一・宗像和重編『占領期雑誌資料大系 文学編』第5巻，岩波書店